怎样继承孔子留给我们的遗产

超解论语

王大毛◎著

海南出版社
HAINAN PUBLISHING HOUSE

图书在版编目（CIP）数据

超解论语 / 王大毛著 . -- 海口：海南出版社，2017.10

ISBN 978-7-5443-7542-9

①超… Ⅱ . ①王… Ⅲ . ①儒家②《论语》– 研究 Ⅳ . ① B222.25

中国版本图书馆 CIP 数据核字 (2017) 第 231096 号

超解论语

作　　者：王大毛
监　　制：冉子健
策划编辑：冉子健　三　童
责任编辑：孙　芳
责任印制：杨　程
印刷装订：三河市祥达印刷包装有限公司
读者服务：蔡爱霞　郄亚楠
出版发行：海南出版社
总社地址：海口市金盘开发区建设三横路 2 号　邮编：570216
北京地址：北京市朝阳区红军营南路 15 号瑞普大厦 C 座 1802 室
电话：0898-66830929　010-64828814-602
E-mail：hnbook@263.net
经销：全国新华书店经销
出版日期：2017 年 10 月第 1 版　2017 年 10 月第 1 次印刷
开　　本：787mm × 1092mm　1/16
印　　张：19.75
字　　数：300 千
书　　号：ISBN 978-7-5443-7542-9
定　　价：49.80 元

题记

哈姆莱特：这家伙可以告诉我们一切。演戏的都不能保守秘密，他们什么话都会说出来。

奥菲莉亚：他会给我们解释刚才那场哑剧的奥秘吗？

哈姆莱特：会的。这还不算，只要你做给他看什么，他就能给你解释什么。只要你做起来不害臊，他解释起来也决不害臊。

奥菲莉亚：你真是淘气，真是淘气！不理你了，我看戏。

——《哈姆雷特》里，戏班子开演前，
两人关于“演戏”的对话

开场白

朋友，如果你想读《论语》，随随便便就能找到 100 个读本，为何要读我这本？尤其是，本书的作者是个无名之辈，所以我有必要说一说这本书有何特别之处。它确实很特别，如果你把这一本和那 100 本放在一起，就像把一个锥子放进布袋里，它一定会冒出头来。

本书第一个目标，是“为每一个想要读懂《论语》的人，提供一个畅晓明白的读本”。我的工作是把《论语》从高处降解下来，下降到你耳朵的高度。

我要用美丽的汉语、精致的思想、勇敢纯真的激情和通俗易懂的文风，为我的读者创造一次美好而难忘的阅读体验。

所以我只让注释在必须的地方出现，不让它成为你阅读的障碍。而大多数注本，都是比赛谁注释得深。学者们擅长于啮齿类动物挖洞的本领，比如他们研究一幅画，方法就是分析颜料和画布的质地，他们以为这样就是在求知，并接近真理了。然而一幅画必须从整体的角度去看，并对画家本人有深入的理解——就像鹰审视它的领地。

至少有十年，《论语》是我的枕边书。我曾与孔子其人热烈交谈过很多事情，内容涉及我人生中的所有事情，这就是我写《论语》读本的资格和凭据。不是凭着我的头衔，我是受了保罗下面这句话的感动。他在写给哥林多教会众兄弟的信里说：“我做了这宣讲福音的执事，不是凭着经上的字句，乃是凭着其中的精义。因为字句是叫人死，精义是叫人生。”

我的译文既非直译，也非意译。我在想，假如孔子活在今天，如果他打算重写这本书，他将说出怎样的现代汉语？肯定不是很多译本里那种文绉绉的译文，孔子宁可再死一次也不肯用那样的方式说话。

我这么说绝非轻视字词的考据，我重点参考了朱熹、钱穆和李零三个本子，汉字的知识我也反复掂量过。我把掂量的结果直接告诉你，而不是在书里再次表演一番掂量的过程，因为除了汉字的知识，我有更重要的话要说。

本书没有回避《论语》文本中的任何难题。在别的注经家面面相觑、闪烁其辞的地方，我吐字清晰。这种闪烁其辞的地方在《论语》里其实是很多的，而且由于他们全都彼此参阅，所以，你在一个本子里看到闪烁其辞的地方，其他本子同样在此语焉不详。他们"述而不作"，只知消费祖先的遗产而非使之增值。

我的文风和教授们温文尔雅的调调差别很大。我不像他们可以领到俸禄和课题经费，这就是为什么我的书更好看，因为我必须以卖书为生。凡·高和莫奈是印象派里最通俗、最好看的，因为他俩必须为卖而画。卖，就是命运加在我身体里的一根刺。

"一根刺"，这个说法来自保罗书信。这本书里有大量的尼采和《圣经》。我把尼采、孔子和《圣经》放在同一个锅里煮，因为《论语》必须接受全人类最伟大思想的熔炼，就像孙悟空必须经历炼丹炉才能脱胎换骨一样。局限在汉语语境的小圈子里自说自话，既没出息也没出路。

也有人把西方现代哲学嫁接在《论语》章句的注解之上，这还是中体西用嘛。只有粉碎中体，才叫熔炼，不然就是镀金。任何企图继续保持中体而大谈儒家重建的论调，如果不是因为懒惰与哲学的贫困，就是欺世盗名。人之所以撒谎和玩弄阴谋，根本原因是缺少才能与勤奋。

"论语"两个字读作"伦语"，没文化的都读成"论语"，为什么？

不为什么。这是垄断了最终解释权的知识精英们的规定。这个规定真正的意图，就是要把有文化的社会上层和没文化的社会下层分隔开来。读音上的这个小别扭，是他们知识精英分子之间的一种雅趣和上层社会身份识别的标志。就是说，《论语》有着极强的阶级属性。

我以马克思主义政治经济学视角带你重读《论语》。你们一直以为，《论语》是一本谈论个人修养与人生智慧的道德箴言录，我要让你看到那些箴言背后的权力本质。

《论语》全书一共500多个章句，我挑出了一半的章句都是后人伪造的伪经，我将一一指给你看。

我是猜谜高手，我猜出了孔子故意留给后人的两条谜语：第十篇的最后一章（“三嗅而作”）和十一篇的最后一章（“吾与点也”）。这是我的荣誉。虽然我无法向你证明我猜中了答案。猜谜靠的不是逻辑，也不能用逻辑证明。但你如果猜中了答案，你就会知道。

我希望上述这一番表白，可以帮助你确定你是不是我的读者。如果是，我还要借用保罗的话接着对你说：兄弟们，这是一个只看中名气、门第、口才和成就的世界。因此，我这篇开场白的真正用意，不是为了向你夸耀我的能耐，或者这本书有多牛。

“我不是在向你们举荐自己，乃是要叫你们晓得我身上的可夸之处，好对那凭外貌不凭内心论断人的人，有言可答。”（《哥林多后书》）

目录

孔子更不擅长讲什么是“仁”，而且因为这一篇被加入了大量伪经，所以更乱。

虽然《论语》满篇都是“仁”字，但从未有一处可以明确告诉我们什么是仁。未必是因为这个问题复杂，而是因为他在第四篇里只说了这个问题的一半。后一半必须读完十四和十五两篇才能获得完整的理解。

讲论各位弟子言行的得失，点评前辈与同僚的事迹和人品，这是孔子很擅长的。

给别人支招是容易的，也是很愉快的。孔子对此是非常警醒的，最后三章就是证明。高潮和要点也在最后的三章里，其光辉一下子照亮了全篇。

这一篇是上篇的延续，继续点评各位人物。最近读到《威尼斯商人》里鲍西亚的一段台词，感觉完全适合这里：“要是做一件事就跟知道应该怎么做一样容易的话，教堂就会被挤爆了。我可以教训 20 个人，告诉他们应该怎样做，可是要我做这 20 个人中的一个，履行我自己的教训，我就要婉言谢绝了。”说句题外话，莎士比亚有种孔子不具备的能把话说清楚的才能。

前两篇点评别人，第七篇是“夫子自道”：孔子在此坦言他是怎样的一个人。

如果你想要读懂《论语》，就不能眼睛只盯着“孔子说过的那些话”，而应必须理解“说这话的是个什么样的人”。

有人问：“何谓智？”孔子答“知人”。真可谓一语中的。

我完全不同意权威观点说的“《论语》是一部语录体合集”，因为我在各篇之内都找到了明确而连贯的主题。但确实也有例外，比如十六篇就是一部“语录体”，全篇各章句之间没有关联。

“入世还是不入”？这个问题是困扰孔子一生的死结。

入世必然遭遇各种烂人，不入又何必奢谈承受使命。这一篇里，孔子袒露心扉，向我们讲述了他真实的人生处境。有人在行动中解决他的难题，比如摩西。有人通过思想解决他的难题，比如佛教的创始人。

一个君子是很难被打败的，因为他有好几条路可走。除了“用之则行”和“舍之则藏”，如果他处在乱世，则还有最后一条退路：做隐士。

该篇很短，讲述了几个隐士的故事。孔子在此告诉我们：我为什么不做隐士？

当我把在《论语》里挑出哪条是伪经当作一种乐趣，而不只是任务之后，我就开始有点喜欢这些伪经了。该篇全篇都是伪经，不过它正好是理解造伪者究竟意欲何为的线索。

我发现，读懂伪经对于读懂中国历史大有益处。

我是怎样为《论语》辨伪的

最早的版本

我们能找到的《论语》最早的版本是何晏编校的《论语集注》。除个别字古今写法不同之外，与今本几乎一字不差。

何晏，179—240 年，曹魏后期吏部尚书，驸马，魏晋名士。《论语集注》距离孔子卒（前 481 年）已有 700 年，何晏的《论语》文本从何而来呢？他没说。

在《论语集注》序言里何晏提到，《论语》在汉代有三个版本：《齐论》《鲁论》和《古论》。其实这是照抄了《汉书 · 艺文志》的说法。

在这篇序言里何晏本应告诉我们：他看过这三个版本没有，如果看过，他就应该如实告诉我们这三个版本究竟有何不同。如果他没看过，他就应该告诉我们他的版本来自哪里，但他恰恰没说。

《汉书 · 艺文志》

《汉书 · 艺文志》是专门记述古代典籍在汉代版本流传与编辑整理的一卷书，而且是唯一记录这些事的书。关于《论语》，这本书说：秦始皇焚书坑儒，所以各种古籍都失传了，包括《论语》。西汉一朝，有人根据各种私藏版本重新整理出《齐论》和《鲁论》两个版本。武帝朝晚期，又从孔子家老宅出土了一部《古论》。于是汉朝一共有过三个版本：

1.《齐论》（就是"齐国版《论语》"）共 22 篇。比《鲁论》20 篇的版本多出"问王"和"知道"两篇，且"章句与《鲁论》有颇多差异"。但《艺文志》只字未提这两篇的内容，以及究竟有哪些与《鲁论》不同的章句。

2.《鲁论》共20篇，与今本相同。自宣帝朝以后,《鲁论》逐渐取代了《齐论》和《古论》，成为官方认可的正典。

3. 武帝朝晚期，鲁共王盖房子，拆毁了孔子家的老宅，从墙缝里出土的一部古文字版的《论语》，就是秦朝文字改革以前的古文版。《古论》共21篇，但第二十一篇只是将第二十篇一劈两半，所以篇目与《鲁论》相同。《艺文志》在此同样没说《古论》与《鲁论》在文本上究竟有无差别。

这时候，诡异的事情就出来了。

按理说《古论》出土于孔子家老宅，又是古文字版本，肯定比西汉人整理出来的《齐论》和《鲁论》更正宗。《古论》一出，另外两版之争就毫无价值，一切以《古论》为准就是。这不过是汉朝人古籍整理史上的一段小插曲,《汉书》甚至没必要记录此事。

可是《艺文志》一方面云山雾罩就是不说三个版本之间究竟有无差异，以及有何差异，另一方面,《古论》出土并没有终结版本之争。按照《艺文志》的记载，宣帝到王莽朝，给太子教授《论语》的博士张禹，以《鲁论》为基础底本，充分参考吸收了另外两论的精华，编成《张侯论》。

事实上武帝朝《古论》的出土，其版本的正宗性并未得到随后时代的认可。《艺文志》记载，宣帝朝甘露年间，皇家召集当朝最有名望的大儒聚集在未央宫内的石渠阁，讲论最重要的五本儒家经典。然而“石渠阁会议”的实质就是重新审校《尚书》《春秋》《诗经》《论语》《易经》的版本。这项郑重且浩大的官方文化工程最终形成了一批“石渠阁奏议”，就是在各位博士充分讲论之后形成方案，报请宣帝亲自裁定（根据《艺文志》记载），由皇帝最终确定。

随后的王莽掌权时期，张禹以《鲁论》为底本，参考了《齐论》和《古论》编辑而成《张侯论》。《艺文志》说，此本一出，即有“读《论语》就读张侯本”的说法。

可见武帝朝的《古论》，宣帝朝的“石渠阁奏议”，还有王莽朝的《张侯论》都是作为终结版本争论的最终定本而被它们的时代出版的。《论语》的正典化是一系列意识形态变化与斗争的结果。那种仅仅把《论语》正典化，也就是把《论语》版本演变的过程当作一个学术问题的人就是书呆子。

《古论》

《古论》确实可疑：汉武帝提出“独尊儒术”，随后《古论》就及时出土，地点是孔子家老宅，证人是刘彻的兄弟鲁共王，文本是孔子的后裔孔安国翻译今文。一切都无可挑剔，但只有一个毛病：上述所有细节过于完美，所以我怀疑《古论》有可能是汉武帝炮制出的官方标准版。

这种手法在《旧约》正典化的历史上就用过。《旧约·历王记》记载：前622年，耶路撒冷摩西圣殿翻修，从老墙墙缝里挖出一部古本《摩西五经》。国王随即宣布现有的文本背离了摩西的教诲，必须依照出土的古本重新回归到真正的摩西。

“石渠阁奏议”的方式与何晏的《论语集注》很像，就是汇聚当朝大儒，由这些最德高望重的名士确定版本的正宗性。然而155篇的“石渠阁奏议”没出东汉就片纸不存，你很难说这都是赤眉军一把火烧了。这么重要的文献不会只有一个抄本，而且赤眉军一把火并未烧掉《史记》和《诗经》。何况秦始皇烧光了所有儒家藏书，汉朝还是从民间重新整理出《论语》。

《论语》的作者是谁

《艺文志》曰：“《论语》者，孔子应答弟子时人，及弟子相与言而接闻于夫子之语也。当时弟子各有所记。夫子既卒，门人相与辑而论撰，故谓之《论语》。”

也就是说，《论语》是孔子应答弟子或其同代人之所问，各位弟子记录这些应答的笔记。也包括弟子之间转述的孔子语录，但也包括少量弟子们的对话应答。有些编辑此书的孔门弟子并未直接听闻夫子之言，而是听别人转述，故而是“接闻于”夫子之言。随后，《艺文志》曰夫子死后，“门人”——请注意，这里的用词不是弟子——互抄笔记，共同整理出《论语》一书。

和版本问题一样，这就是关于谁是《论语》作者最古老最权威的记载。后代所有关于《论语》作者的说法都是这一说法的推论，都是以这一说法为依据的。

它说，撰写和编辑《论语》的著作权人是“孔子弟子”，但没有说出任何一位弟子的名字。就是说这是一本没有明确的作者与编者的书。

第二，身为作者的“弟子”一词在后文中突然变成了“门人”。按照我的理解，“弟子”指的是与孔子同时代的直传弟子，而“门人”可能就是这些直传弟子各自招收的学员，仍属“孔门弟子”，称为“门人”或“门弟子”。这段话又说有些作者或编者们并未直接听闻于夫子所言，这或许可以被解释为夫子说那段话的时候他不在现场，而是事后从别的弟子那里听到的。然而“接闻于”也可以被理解为这位作者和编者与孔子并非同一时代，他们是从前人的记述之中“接闻于”这些语录的。

《艺文志》的这段话告诉我们：《论语》既无明确的作者也无明确的成书时间。孔子学派的无论多少代传人都有可能是其作者，其成书时间同样无法确定。

然而《艺文志》这段话并非什么都没说，它排除了孔子作为著作权人的资格，明确说出这本书的作者不是孔子而是“孔门弟子”。这个开放的作者体系和开放的成书时间为后代的造假者提供了大把的机会。

历代大儒如是说

郑玄（东汉末年）说，《论语》是“仲弓、子夏所撰定”，但没有解释为什么是这二人。我认为，郑玄是从《论语》文本中得出这一结论的：仲弓是仅次于颜回的孔门二弟子，既然颜回早死，不可能参与编书，郑玄于是认为仲弓担当此任最合适。子夏则因《论语》十一篇里有“子夏长于文学”的说法，这项才能正好可以用于编书。

柳宗元在《论语辨》里说，孔子弟子中唯有曾子、有子称子，为什么呢？“子”是弟子对老师的尊称，曾子、有子称子说明这二人有其门弟子。所以如果《论语》是直传弟子的门人们编撰的，极有可能是这二人。

朱熹扩大了作者的名单，他说比如第一篇里，第二章就出现“有子曰”所以这一篇极有可能是有子及其门人所作；第五篇极有可能是子贡及其门人所作，十九篇可能是子张及其门人所作。

上述几位前仆后继地重新讲论《论语》的作者，是因为他们也意识到《艺文志》那个说法有问题，于是一再在同一个地方修修补补。这说明这里有问题。

《史记》里的发现

《史记·孔子世家》是最应该告诉我们究竟谁是《论语》作者的文献，可是这卷书里甚至没有“论语”两个字，也没有提及有关这本书的任何信息。再看《史记·仲尼弟子列传》。只在结尾的“太史公曰”里间接提到“论语”一词。这也是《史记》全书中唯一的一次提到“论语”二字之处。

《论语》的成书无疑是一件大事，然而《史记》对此却完全失忆。这不正常，因为《史记·老子列传》里，老子写作五千言《道德经》就是那卷书的核心事件。我认为有人拿掉了这段讲述《论语》撰写过程的文字！李开元说，我们读到的《史记》是东汉明帝（刘秀之子）朝改过的版本。武帝朝撰写的《史记·孔子世家》里面有后朝认为不妥当的文字并非没有可能。

《仲尼弟子列传》曰，孔子死后，众弟子集体在孔子坟前守孝三年。这段时间不是正好可以用来编撰《论语》吗？至少可以一起讨论整理笔记。可是《仲尼弟子列传》对编书的事只字未提。如果他们就是《论语》最主要的作者，为何不提？

对《仲尼弟子列传》中提及“论语”二字的文本分析

我把这段文字中值得注意的地方标黑：

“太史公曰：学者多称七十子之徒，誉者或过其实，毁者或损其真，钧之未睹厥容貌。则论言弟子籍，出孔氏古文近是。余以弟子名姓文字悉取《论语弟子问》，并次为篇，疑者阙焉。”

翻译如下：“太史公说，诸位学者在评论孔门七十弟子时，毁誉多言过其实，都是因为年代阻隔不得见其真人造成的。比如诸弟子籍贯，还是依据孔氏古文最靠谱。我这里所记的诸弟子姓名与生平，全部取自《论语》文本师徒问答，按编年顺序编辑成篇，有疑问的地方，就存疑，宁可空着也不瞎编。”

这段文字明确提出孔子诸弟子研究的文献依据问题，然后提出“一切都必须以孔氏古文”为准。包括所有记录孔子弟子生平的文字，唯一的依据就是“孔氏古文”。

这段文字还告诉我们：《古论》当时还只是极少数人掌握的文献，所以很多人讲论孔子弟子生平时才会出现很多错误。

所谓“孔氏古文”只能是武帝朝出土的那部《古论》。《艺文志》里记载的唯一一部古文字的书简就是孔子老宅出土的这批书。它的出土，就是为了平息版本之争的。

《孔子》

《论语新探》一书作者赵纪彬提出：

《论语》原名就叫《孔子》。只是在武帝朝，孔子后人孔安国讲授《论语》之后，才有了《论语》一名。王充认为，这是因为汉人尊孔，欲将孔子抬高到高于其他先秦诸子的地位，才有了改名一事。

清儒长于训诂，乾隆年间进士翟灏云：《论语》是汉朝改的新名字。由于改名未久，很多汉儒在他们的书里依然沿用了《孔子》一名，比如：

“孔子称曰：居是国必闻其政。”《史记·田叔传赞》，这一条是子禽对子贡说，非孔子曰。

刘向有两条：“子曰，君子务本，本立而道生。”“子曰，恭近于礼，远耻辱也”。这两句话都是有子说的。

后汉章帝《正华义诏》：“子曰，博学而笃志，切问而近思，仁在其中矣”。这是子夏语。

此外还有王充、班固、郑玄、何休等人著作中都提到了《孔子》，他们都是汉朝著名大家。唯一的解释就是，他们文中的“孔子”就是书名，也即《论语》一书的真正名称就是《孔子》。而无论《史记》还是《汉书》的作者对此一清二楚。除了王充说的改名是为了让孔子高于先秦其他诸子这一目的之外，我在前文说过，“论语”二字指向的是这本书的著作权。也就是说《孔子》是孔子本人写的，和其他诸子一样，而《论语》是加入了大量“孔门弟子”写的另一本书。

尧曰章

很多学者说过“尧曰”章是伪经。顾颉刚说，这一章的内容参杂着尧舜禹神话，以及墨家尚贤、兼爱、天志、节用等教条。

这一章的内容是君王向天神忏悔自己的过失，也就是“罪己”。在这一表面之下，所谓“罪己”的真正目的就是建立“君权神授”的观念。这是与郡县制政体配套的政治学理论，孔子的时代对此闻所未闻。我在本书正文中对此有详细的讲述。

十九篇

《论语》十九篇的写作手法和编辑特点与其他所有各篇明显不同。先是几位孔门次要弟子讲论孔子曾经说过的话，争论孔子那些话语的确切含义；随后是曾子这种重量级弟子出场；这些垫场戏之后，是更加重量级的子贡登场，由他说出最后四章赞美孔子的那些话，结论是：孔子是神不是人。

我认为十九篇全篇都是伪经。因为孔子确实没把自己当神，也会旗帜鲜明地反对任何把他神化的行为。我无法想象《论语》是由这些非要把他说成是神的弟子们编撰的。

将孔子神话，是“独尊儒术”的汉武帝和董仲舒需要的，目的就是要将意识形态统一在《论语》之上。十九篇的写作背景，非常像是孔子死后，众弟子们聚集在一处继续讨论夫子生前语录的确切内容，研习夫子思想精髓的情境。这一篇与《仲尼弟子列传》所说的孔子死后，众弟子集体守孝三年的情节十分吻合。所以我怀疑，被篡改之前的汉武帝、董仲舒版本的《仲尼弟子列传》，原本就是打算让这些集体守孝的弟子们在这三年之中编辑完成了《论语》一书的。

季氏章

十六篇第一章“季氏将伐颛臾”，说的是孔子听闻季氏将伐颛臾，指责作为季氏家臣的两位弟子子路和冉求，既然不能说服季氏放弃这次错误的战争，又没有因为无法承担这个职位而辞职。其主题是讲论一个儒家君子退无可退的底线究竟是什么。

然而诡异的地方是，当孔子说完这些话之后，主题突然转向：

“丘也闻有国有家者，不患寡患不均，不患贫患不安。盖均无贫，和无寡，安无倾。”

原本是孔子对两位弟子讲论君子之道，这段话突然变成了孔子对君王隔空喊话，告诫他们必须警惕基尼系数。驴唇不对马嘴嘛。在权力与责任层层分解的封建制体制中，下层社会的不满很容易管控，但在大一统的郡县制帝国体制中，下层社会的民变则成为一个突出的问题，因为官僚体系（尤其是基层官僚体系）只是对上级负责，不具备封建领主那种责任感和权威性。这就是为什么大规模的农民起义都发生在郡县制政体时代。这也就是为什么，刚刚重新建立了郡县制的汉武帝朝如此看重这个问题。董仲舒在“季氏”章的中间添加了这么一段话，记录了这个时代对这个重要问题的思考。

刘宝楠的发现

刘宝楠是清朝道光年间的进士，《论语》研究大家。他发现“不患寡患不均，不患贫患不安”这一句有问题：“寡”和“贫”两个字写反了。刘宝楠因此还查阅了董仲舒的《春秋繁露》。《春秋繁露·制度》里就有“孔子说：不患贫而患不均”的句子。刘宝楠据此认为，《春秋繁露》里那句话是对的，《论语》里的这句话有误。

董仲舒，始作俑者也！他在自己的书里写的是对的，抄到《论语》“季氏章”的时候搞错了。汉儒用了200年的时间反复编校《论语》，硬是没发现这个校对错误，直到何晏出了定本《论语》，这一错误神奇地被保留下来了。

有了《春秋繁露》的原文对照，让我们清楚地看到董仲舒撰写《论语》章句的事实。

“修文德以服远人”

这还没完，就在董仲舒写的这句话之后，是这样一句话：

“夫如是，故远人不服，则修文德以来之。既来之，则安之。”

“修文德以服远人”就是建立华夏强大的文化软实力，以此怀柔北方游牧民族。这一国策是中国历史上的常态，但绝不是汉武帝的国家道路。这是王莽检讨武帝朝国家战略的结果，也是王莽朝儒家知识精英的治国理念。

我认为这段话是王莽加上的，他不排斥董仲舒加的“均贫富”那句话，因为新莽朝也是郡县制。但有所不同的是，他一定要加上“修文德”这句。这才是他所代表的儒家知识精英治国的核心理念。

辨伪的方法和目的

《论语》辨伪绝非只是一个学术问题，更是一个政治经济学问题。

在《论语》中辨伪应该从一种工作，变成一种趣味。即从中辨识孔子本人的趣味，以及伪造者的趣味和目的。

我们当然要继承祖先的伟大遗产，但问题是我们究竟要继承哪些遗产？辨伪就是一次盘点和清算。我完全不能确定我所辨识的真伪一定正确，但在这个过程中，真理和价值被重新称量了一遍，《孔子》原意得到昭雪，一个更真切的孔子变得更加栩栩如生了。

我人微言轻，而且我完全清楚我的辨伪缺少确实可靠的文献证据。然而学术圈为什么不能容忍一个认真的学者得出他的结论？就算这个人非常缺少“大胆假设小心求证”的精神，但他至少给《论语》研究带来了一些全新的思考。

定州竹简

1973 年，河北定州出土了一部《论语》。墓主人是西汉中山怀王刘修，葬于公元前 55 年。这部《论语》虽残损严重，整理工作是按照今本《论语》找相应的竹简，无法确定是否含有《齐论》《古论》版的内容。然而很多被我认为是王莽朝篡改的伪经已经存在。这一发现似乎足以推翻我认为王莽篡改了《论语》的结论。然而定州古墓考古发掘报告说：这座墓在西汉末年就被盗掘过，而且墓室内被放火烧过。

这部《论语》有很多疑点，而我也没有任何证据，所以对此存疑。

最近海昏侯墓已经发掘，里面也有一部《论语》，据说有《齐论·知道》篇。非常令人期待。

向孔子学习真诚

我们应当从孔子那里继承的第一笔精神遗产就是真诚。就是他说“知之为知之，不知为不知”的那种坦率。也就是他说出“一言以蔽之，曰：思无邪”之中包含的那种纯真无邪。孔子视真诚为生命，包含这个主题的章句在《论语》中比比皆是。这是一种既不骗人，也不骗自己的意志，想要做到这一点，首先必须做到一点也不会人云亦云。人是群体性动物，人属于群体太久了，想要摆脱群体加在我们身上的专制观点确实非常难。

这就是为什么，无论古今，真诚都是人间少有的珍品。因为真正高贵的，就是普通人难以企及的。

孔子对生活方式的态度

我认为孔子留给我们的另一个重要的精神遗产，就是将他的哲学融化为生活方式。这就是第十篇的核心主题。这一点，他是我们所有人的榜样。他乐于做这样的榜样，他用他的一生向我们展示了一个君子的人生可以有多么美好。

“学而时习之”这句话说的就是生活方式，谁不首先学会独处谁就永远不会理解这句话。这个话题我不想说太多，我希望你快点进入本书的正文部分，该说的话我已经写在那里了。

第一篇　学而

这一篇是全书的“序言”。其语文功力仍然是今天的作家们最值得临摹的典范。

在这一篇里，作者以一种朴实而又骄傲的语气带着我们兜圈子。他一点也不急于讨好读者，文风散淡而随性，一点一点地展示着一个君子生活方式熠熠生辉的美妙之境。“一个君子的生活方式可以有多美妙”，这就是这一篇的真正主题。

本篇共 16 章，只有 6 章出自孔子之手，其余 10 章都是伪经。不过这些伪经作为《论语》正典也已经存在了两千年，也值得认真对待。

朱熹说，第一篇说的都是“君子为学最基本、最浅显的道理”。朱熹肯定被这 10 章伪经弄晕了，完全看不出来孔子写作的本意，他看到的只是一堆堆砌在一起的道德教条。

论出身，孔子属于古代社会中操弄祭祀、文字、礼乐的高知识贵族阶层。他的神奇之处在于，他重新赋予了这个已趋没落的阶级一种全新的使命、含义和生活方式。他把一种全新的光彩和意义投射到这种生活方式之上，为这个阶级的成员（君子）找到了一种价值、一种趣味、一个值得为之献身的任务。他把一种戏剧性带入现实之中，从而摆脱了无聊、怯懦、厌倦、嫉妒。从小处说，他善于发明一些小而美好之物，把它们放在自己身边，比如钓鱼、唱歌、写信、宴饮，他有本事让这些事变得更优雅，提升了生活中趣味的密度。

1.1 子曰："学而时习之，不亦说（悦）乎？有朋自远方来，不亦乐乎？人不知而不愠，不亦君子乎？"

孔子说："学了又时常练习，不是很愉悦的事吗？有朋自远方而来，不是很快乐吗？不被别人理解，却也没有怨恨恼怒，不就是传说中的君子吗？"

《论语》第一章的三句话，文意并不难懂，但就是不知道这三句话之间有何关联。三个"不亦"，第一讲学习，第二讲交友，第三讲不知己。

柳宗元说，第一句话点出了这本书的核心重点就是"学"。还有人进一步说，第一句是向比你牛的人学习，第二句是向平辈，第三句是不如你的人，所以第一章说的是学习的三种境遇。

也有人说这一章的主题是"欢乐"。三个"不亦"说的就是孔子哲学的真正精

延伸阅读："学"与"习"的文字解构

"学"的甲骨文　"学"的金文　"习"的甲骨文

甲骨文的"学"，上半部的两边是两只手，意思是"老师手把手教学生"。中间有两个叉，一个是老师做的示范，另一个是学生临摹的作业。这个字的下半部是个"宝盖头"，甲骨文里凡出现这个宝盖头，说的都是宗庙。房子和仓库都用"广"表示。所以"学"的本义是向大祭司学习宗教礼乐。

金文"学"字在宝盖头下面加了一个"子"，就是"学生"。金文以此强调"学"这件事的主体是学生。加得好。

甲骨文的"习"，下半部是个鸟巢，上半部是两根羽毛，代表一双翅膀。两部分合起来，就是"一只雏鸟离开鸟巢，最初练习飞翔的过程"。这里的重点就是跌跌撞撞的尝试，然后就会了。

华：就是欢乐。而这，也是儒家哲学的最高境界。

下面是我的看法：

第一句，讲做一个学习者是很幸福的事。学习这件事很像牛反刍，既不需要旁观者，也不在乎别人的鼓励和理解，甚至忘记了目的和效果，完全地以自我为中心。这句话是在说：这种孤独的、自我的生活方式其实很牛很幸福的，尤其是当它像反刍那样，成为一种缓慢而悠长的生活方式之后。

牛从不暴饮暴食，因为没必要，可吃的东西遍地都是。对于知识的狩猎者而言情况也是如此，当别人热衷于关注舞台上的人物和表演的时候，我们把目光投向田野和普通人。每天，牛嗅闻着大地，每当它对食物和土地有了更多的理解与喜爱，它就“哞哞”叫着，它是多么愿意与人分享它的幸福。而当这种幸福无人听懂的时候，它又是那么无所谓。这是孤独者的喜悦和幸福。“不亦说乎”说的是一种无人听懂的金玉良言，以及那个不被理解的“牛”的骄傲。

“有朋”一句一直被误读，最离谱的是说“中国人很好客”。可是孔子从不认为好客算什么美德，他宁可认为这是一种假美德。“好客”就是灵魂空虚者因为受不了独自一人待在家里面对自我，于是把家装修得很豪华，等待贵宾光临。

我是在读到达·芬奇论友谊的一段话，突然理解了“有朋”一句的。达·芬奇说：“你若渴望友谊最好就在画室里找，那些与你志同道合的人可以给你珍贵的理解，诚实的批评，而且，同伴之间的良性竞争也非常有益于你的事业。”

凡精神高贵者必然伴随被误解和孤独，而友谊恰恰是只有孤独者才可以体会到的人间珍品。一般人所谓的友谊不过是“结伴而行”。“有朋”这句话完全不是说给凡夫俗子听的，而绝大多数人都是凡夫俗子。姜文给他的影业公司起名“不亦乐乎”，这个名字说明他完全知道《一步之遥》将遭遇到的误解。

第三句“人不知而不愠”也是鼓励我们要活在自己强大而丰富的内心世界中。这句话告诫我们不要和大众战斗，因为不会赢。你拿着苍蝇拍到处拍是不会获胜的，只会把自己弄成一个怪物。

《论语》开篇的三句话告诉你的并不是什么“哲理”，而是一种孤独的生活方式，贯穿在这三句话之中的核心就是“骄傲而孤独的自我”。这三句话是孔子为我们做的示范动作，连续的三个问句是在问你：是否愿意跟随我，走一条更有趣的路？

1.2 有子曰："其为人也孝弟，而好犯上者，鲜矣！不好犯上，而好作乱者，未之有也。君子务本，本立而道生。孝弟也者，其为仁之本与！"

被伪造出来的孔子的学生有子说："一个以孝为本的人做出犯上之事（弑君），非常罕见。不会犯上之人却会去为乱的，这种人从未有过。君子专注于本，确立了本，万物之道自然就会生发，就像一粒种子长在田里，自然而然地发苗那样，于是万事顺利。孝悌（孝指对上，悌指对下）这个东西，大概就是仁之本吧？"

我会在十九篇的最后，讲讲这个有子和曾子是怎样被伪造出来的，这里先不多说。我发现了孔子写作《孔子》的时候遵循的一套编辑原则，我也称之为"《孔子》编辑学"：

1. 每篇的第一章提出这一篇的主题。这一章也是全篇分量最重的一章；

2. 第二章往往提出第二主题，第一和第二主题既相关，又有所不同。就像一部奏鸣曲采用两个主题彼此呼应的手法。第二章是第二重要的一章；

3. 最后一章总是"意味深长"，最好还可以"出人意料"。

第一篇的主题是"展示孤独的高贵者的生活方式"，可是"有子曰"的这个第二章与之完全弄不到一起去。造假者破坏了"孔子编辑学"原则，非要在第二章这个位置上让有子这个道德傀儡出场，说出这句乏味透顶的话。汉朝以孝立国，皇帝的谥号无不追加一个"孝"字，比如孝文帝、孝武帝。我怀疑西汉皇帝对此并不知情，这个字是王莽追谥的。

1.3 子曰："巧言令色，鲜矣仁。"

孔子说："话说得很漂亮，神色令人愉悦，这种人身上的仁非常少。"

这才是《孔子》原书的第二章。它的意思是："请允许我在本书的一开篇，就明确地表达对巧言令色之徒的痛恨和厌恶。这个漂亮的妖怪是仁者的劲敌。”这一章说的就是真诚质朴，此乃孔子最珍视的第一美德，是抵达仁之境界毫不妥协的条件。

1.4 曾子曰：“吾日三省吾身：为人谋而不忠乎？与朋友交而不信乎？传不习乎？”

被伪造出来的孔子的学生曾子说：“每天，我要反复三次自我省察以下三件事情：为君王做事是否尽忠？与朋友交是否忠信真诚（信本义是真诚笃实，信任是其引申义）？我教给学生的东西是否出自我自己的实践？”

“传不习乎”有两解：一是，老师教的东西我是否练习了？二是，我教学生的东西是否来自于我的实践。“吾日三省吾身”章的三个问题很有可能包含三个方面，一是对上，二是对同辈，三是对下。所以我遵照第二解翻译。虽然非出自孔子之手，“传不习乎”还是值得今天当老师的思考一下，尤其大学老师。

造伪者塑造的曾子其人，厚重、迂腐、心胸狭窄、目光严峻、面露凶相、表面谦逊其实顽固不化。此人与孔子的轻盈、柔软、率真、风趣的格调形成很有趣的差异。曾子这个角色是个学者，他相信自己拥有真理，因而拥有权力。他总是固执于各种小真理，大真理却往往视而不见。你的一句话就可能激怒他，而他发起脾气来说话上气不接下气，语调尖利，行动怪异笨拙。

1.5 子曰：“道千乘之国，敬事而信，节用而爱人，使民以时。”

孔子说：“治理一个千乘之国（拥有一千辆战车这种规模的国家），为政要恭敬诚实，节约开支，爱护臣民，政令符合农时。”

这是伪经。孔子从未有过治国的经验，才不会开口讲论“治国之道”。而且这句话对于一个真正的治国者一点用也没有，其中所包含的哲理既平庸又乏味。这句话的作者是个书呆子，他写这句话的目的是要告诉别的书呆子：读好了《论语》这本书，就是治国这种大事情也是可以干的。

这一章道理乏味，格局可不小。蕴含着《大学》所说的“修齐治平”四个台阶：先是自我修行，然后全世界都是你的了。这倒不全是谎言，很多很多书呆子就沿着这条路成为了国家的主宰者。

1.6 子曰："弟子入则孝，出则悌，谨而信，泛爱众，而亲仁。行有余力，则以学文。"

孔子说："在我书院里读书的弟子，在家应当行孝，在外爱护兄弟，谨慎而真诚，爱一切人，崇尚仁德。如果这些都能做到，还可以学习礼乐文章。"

请比较一下"不亦说乎"的那种眉飞色舞，还有"巧言令色，鲜矣仁"那种正面直拳式的坦率。这一章和孔子的作文风格差异太大。朱熹说，《论语》第一篇记的，都是儒家弟子进阶的第一步，也就是那些最基本的东西。这些条目表面看着简单，其实极难做到。朱熹说错了，这些话并不难做到，道貌岸然就是了。

话说黑格尔为了写《哲学史讲演录》特意找来《论语》译本读，感觉完全摸不着头脑。他说他实在看不出来《论语》有啥意思，并完全不理解这本书何以会成为中华文明的基石。

1.7 子夏曰："贤贤易色，事父母，能竭其力，事君，能致其身，与朋友交，言而有信；虽曰未学，吾必谓之学矣。"

子夏说："以贤者为榜样，修炼自己的仪容和神情；侍奉父母竭尽全力；服务君主能全身心投入；与朋友交言而有信。这样的人即便从未在书院学过，我也要说他已经学过了。"

这也是伪经。其内容是前面"三省吾身"章的重复，包括：自我修行；孝；忠君爱国必要时奉献生命；友爱别人，不做亏心事。造假者制造这一章废话，是怕前面的伪经太孤单，太显眼，在杂草丛生的花园里突然冒出来什么妖怪都是可能的。

1.8 子曰："君子不重则不威；学则不固。主忠信，无友不如己者，过则勿惮改。"

孔子说："缺少笃实庄重就会失去威严，所学的东西也不能坚固恒久。君子要建立起强大的自我，忠诚实在。不与烂人为伍，有错则勇于改正。"

这一章可能是真经。但我宁愿这种空洞乏味的句子不是孔子写的。而且"无友不如己者"无论怎么解释都有问题，所以在十九篇里，子夏和子张就这个话题专门做了一次延伸讨论。算是对"无友不如己者"的深思与质疑。

1.9 曾子曰："慎终，追远，民德归厚矣！"

"慎终"："认真而庄重地办好葬礼"。"终"指"人终"。"追远"：祭祖。

曾子曰："认真而庄重地操办葬礼和祭祀，社会与时代的风尚就会日益淳厚。"

汉代极为重视丧葬，舍得花钱，为中国历史之最。"慎终追远，民德归厚"这句文绉绉的话，听上去很像当时的一句标语。

儒家一直说他们极为重视丧葬礼仪，但其实他们光说不做。看看基督教的葬礼，就明白中国人的葬俗至今还很原始了。比如，我们视尸体为禁忌，不敢触碰，似乎觉得有毒。我们的习俗把刚刚死去的至亲当作害我们的恶鬼，这是图腾时代极为古老的习俗。再比如披麻戴孝，其含义是提醒外人不要接近死者的家庭，还是禁忌的意思。

1.10 子禽问于子贡曰："夫子至于是邦也，必闻其政。求之与？抑与之与？"子贡曰："夫子温、良、恭、俭、让以得之。夫子之求之也，其诸异乎人之求之与！"

陈子禽说："夫子每至一邦，必闻其国政，你说他是从别人那儿听到的，还是人家主动告诉他的？"

子贡说："夫子凭着'温良恭俭让'五个字得到的。这种得到的方式，和一般人得到的方式是不是很不一样呢？"

子贡说起话来眉飞色舞，言辞华丽。这段话把孔子境界之美好说得天花乱坠。

注经家们热衷于从"温良恭俭让"五个字的词义，解说这种境界的含义。可是词语只是人类给一件事物起的名字，它最多只是这件事物的外表。词语既非一件事的精义，更不是事物本身。所以如果你觉得还没有完全把握住“温良恭俭让”五个字的准确含义，就带着这份好奇心继续往下读，去理解孔子究竟是个什么人。

1.11 子曰：“父在，观其志；父没，观其行；三年无改于父之道，可谓孝矣。”

孔子说：“父亲在世时观察他的志向，父亲去世后观察他的行为。如果一个人三年不改变他父亲的传统，就可以称之为孝了。”

“三年无改于父之道”，道理何在？第四年改变就不违背孝吗？

这当然是伪经。我没细数，《论语》里出现过七、八次“三年无改于父之道”，全部出自一个想要靠着多次重复把三年丁忧制度化的那个人。这些地方是《论语》文本里一个很大的污点。

1.12 有子曰：“礼之用，和为贵。先王之道，斯为美，小大由之。有所不行，知和而和，不以礼节之，亦不可行也。”

有子说：“礼的用处就是促进社会关系更加和睦。先王（造假者指的是‘尧舜禹汤文武’六王，后世君王效法的前代偶像）之道之所以伟大，是因为他们大事小事无不据此而行。关于为国以礼，有一个常见的错误，就是一味强调‘和’，为‘和’而‘和’。不以‘礼’来装饰、控制“和”，几乎总是要出问题的。”

这位“有子”说话含义曲折，语气疲惫不堪，仿佛临终遗言。而当我们认真听完他的话，发现不过是些并无新意的大白话。《威尼斯商人》里巴萨尼奥评价一位饶舌者时说：“他的话语中的道理就像两桶糠里的两粒麦子，你得花大半天才能找到它。可是当你终于找到它，就会发现费这么大劲一点也不值。”

1.13 有子曰：“信近于义，言可复也。恭近于礼，远耻辱也。因不失其亲，亦可宗也。”

有子说："真诚这种品质近似于义，义人的话也是靠谱的；恭敬这种姿态近似于礼，礼者的行为不会蒙羞。任用人才的时候顾念亲族，就是一个不忘本和靠谱的人。"

有子这个角色就是个意识形态传声筒。这完全不是个真人，没有一点子路、子贡这种真人身上的生命的气息。第一篇里，他出场三次，讲孝、讲礼、讲忠信，都是带着任务发言的。

第三次讲忠信，我怎么看都觉得像是王莽在忘情地自我标榜。我总觉得，有子就是王莽在《论语》中出场时戴的面具。

"不失其亲"意思是"善待旧臣"，意思就是"好的君王会善待他的臣子"。这哪里是孔子说的话，孔子只说君子之道，而这明显是为君之道。这是王莽借有子之口宣布他的基本国策：保护社会上层阶级的利益，团结起这个阶级的力量，与之共治、共享天下。王莽自己就出身于这个阶级，可是倾覆新莽王朝的力量表面上是绿林赤眉军，其实在背后兴风作浪的就是这一章里的亲们。

1.14 子曰："君子食无求饱，居无求安，敏于事而慎于言，就有道而正焉，可谓好学也已。"

孔子说："君子饭不求吃饱，住不求安逸，敏于做事慎于言谈，以正道为人生的标杆，这样的人，就是所谓好学者也！"

"食无求饱，居无求安"宣扬的是一种洁身自好的清贫，这是好的。不过"食无求饱"话说得过了头。孔子不是苦行派的道德巨人，他的生活充满了美好和欢乐、必要的舒适、随性而至的小奢侈、称心的用具（杯子、文具、帽子、马车等等），这都是要花钱的。他说"觚已经不是觚了，这还算是觚吗，这还算是觚吗"的时候，完全不是说出"食无求饱，居无求安"的穷光蛋的口气。所以我认为，这一章是伪经。激情很容易遮蔽道德的偏执，但孔子这个人身上的优点，就是从不把他的生活建立在道德之上，而是要把周身上下的生活方式无不打造得方方正正，这才是更持久更可靠的东西。

这一篇里，1.4"三省吾身"，1.6"行有余力，则以学文"，1.7"虽曰未学，吾必谓之学矣”三章都在说“学”。我估计造伪者和柳宗元上的是同一个当，以第一句话“学而”定义本篇主题就是“学”，所以出此三章。

1.15 子贡曰：“贫而无谄，富而无骄，何如？”
子曰：“可也。未若贫而乐，富而好礼者也。”
子贡曰：“《诗》云：‘如切如磋，如琢如磨’，其斯之谓与？”
子曰：“赐也，始可与言《诗》已矣！告诸往而知来者。”

子贡说：“贫而不谄媚，富而不骄纵，这种人生观牛不？”孔子说：“挺牛的，但不如贫而乐，富而好礼牛。”

子贡想了一下，又说：“《诗经》里有一句‘如切如磋！如琢如磨’，说的就是我们这样精益求精打磨心灵的品位对吧？”孔子说：“赐呀！（子贡名端木赐），可以跟你讲论《诗经》了！跟你说了一点，懂得延伸思考了。”

富二代最瞧不起富一代的骄横跋扈，子贡说的“富而不骄”就是对土豪的蔑视。然而孔子说的“贫而乐，富而好礼者”甚至无须把自我建立在对别人的优越之上，其强大而丰富的自我本身，已经包含了一个君子养成所需的营养。子贡只能在对别人的驳斥之中才能找到他的自我定位，这说明他还没有找到他的自我。

子贡说“如切如磋，如琢如磨”的时候，完全体会到了“像玉工一样缓慢而精细地驯化你的自我”的美妙境界，这与“学而时习之”那种“孤独的自我之喜悦”的主题完全一致。舞者驯化他的身体，跑步者用双脚触地的方式控制重心和节奏，作家反复甄别词语。这就是高尚者之所以高贵的奥秘。

这一段对话语文功力深厚，越读越觉得回味无穷。孔子其人最光彩的地方，就是他将生活与劳作艺术化。这就是孔子其人直到今天仍然历久弥新的原因。

1.16 子曰：“不患人之不己知，患不知人也。”

子曰：“不担心别人没懂你，需要担心的是你没懂别人呀。”

孔子写作每篇的最后一章，话题经常是交友。这一句话和“有朋”那一句，就像是我们从两条路走到了同一个地方。两句话都是在说：想要品尝友谊这坛佳酿的人，必须首先学会独处。

这章的重点是倾听。“倾听”的意思是：放下自我，站在对方的立场上体会整个事情。学会倾听有时可以很简单，就是闭嘴。拥有这种倾听力并不是什么难事，但在被对方误解和低估的时候依然保持倾听就不那么容易了。这句话真正有价值的地方，就是这种时候。

第二篇　为政

本篇讲“德”与“孝”。此乃孔子社会伦理学的两块基石。在讲述这一篇前，我们有必要先了解下“德”与“孝”的甲骨文与金文的原义。

2.1 子曰：“为政以德，譬如北辰，居其所而众星共之。”

北极星在古汉语中曰“北辰”，由于地轴向北指向北辰，所以在北半球观星，众星无不围绕着这颗星旋转。

这一章孔子讲了一个比喻：一个社会伦理关系最好的模型，就应该像北辰与众星一样——北辰以其核心引力牵引着众星，而众星，在这一引力的作用下沿着各自的轨道运行，彼此各居其所，各自承担着自己的命运和角色。一旦引力关系和轨道紊乱，要么彼此相撞而毁灭，要么飘散坠入黑暗之中。德就是维系这个社会伦理模型完美运行的万有引力。（一种浅薄的观点则把“为政以德”译为“对待下属和百姓要有恩惠”）。

这一章文字优美，饱含激情与智慧，它提出的就是第二篇全篇的核心主题。我把它翻译为：

“德是维系一个社会运转的核心力量。这就好比北辰，貌似一动不动，其实它以一种看不见的引力（道德力量）牵引众星围绕着它公转。每当我们仰望星空，就可以看到宇宙间这幅最宏大最壮阔的天象。天道把它的高级秩序如此清晰地映现在我们眼前，这就是人类社会组织模型的最佳样板。”

“北辰与众星”就是孔子社会伦理模型的典范，孔子尤其强调其中每一颗

延伸阅读：“德”与“孝”的文字解构

“德”的甲骨文

“德”的金文

“德”的小篆

甲骨文“德”这个字，左边的双人旁，读“赤”，意为“一个人走在路上”，指“一个人的行为”。右边的“目”，上有一道直线，意为“直视的目光”。这个字的意思是“在直视的目光下个人的行为”。谁的目光呢？是长者，或者是神，也可以是群体意志。所谓“直视的目光”就是社会伦理规范。所谓“德”，就是“社会伦理规范对个人行为的约束”。

金文在直视的目光之下加了一个“心”，这是对甲骨文很精妙的补充。其意图是：社会伦理规范说到底还是一种外力，而“德”就是将这种外力内化为我们内在的自我约束，也就是心理学所说的“超我”。弗洛伊德说“超我”最初来自于父亲的意志，并逐步将其内化成为内在的“意志的力量”，或“道德命令”。多说一句，超我的生成史也就是人类逐步变得更加文明的历史。

小篆在“心”的上面加了一横，这一横就是上文说的那个内化物（逐步进化出来的超我）的强调和指代。所谓“德”，就是凝结在我们内心的、一种高于我们个体行为的社会伦理命令。

“孝”的甲骨文

“孝”的金文

“孝”的小篆

甲骨文“孝”的上半部是“蓄发的长者”，下半部是一个小孩（光头就是未成年的披发的孩子）。上下结构表达的是一种伦理秩序。

金文中，长者把手放在幼者的头上，这是古代君王临终前传位于子的核心仪式，在《旧约·创世记》里，亚伯拉罕对以撒，以撒对雅各的“临终祝福”就是这样把手按在继承者的头上，从而完成父子交接与传承的仪式。二十篇“尧曰”章，尧对舜说：“咨！尔舜！天之永禄在尔躬”就是这个典礼。

隶书用自上而下的一撇贯穿父子之间。这是简化，也是强调这个字所包含的伦理学。

星独特而不可替代的存在。其实质，就是周天子分封各诸侯的封建制。道家以“无为而治”解释这一问题：北辰一动不动，众星自然绕其旋转。请注意道家的“无为而治”和孔子的“为政以德”之间的差别：道家希望北辰啥也别管，把一切事务和权力交给众星；孔子强调这其中每一颗星之间的力学关系。请注意这一差异，虽然孔子和那些伪经制造者的政治立场都是封建制，但两者的差异十分鲜明。

这一章所表述的伦理学理想，是理解孔子和他的写作——也是《论语》辨伪——关键性的一把钥匙。我逐渐认为，这一章超过了 12.1“克己复礼”章，是全书分量最重的一章。其中的政治经济学含义，一直回荡在整部中国历史之中。不求甚解的读者很容易被“为政以德”这句话的表面意思吸引了去，以为《论语》是一本道德箴言录，认识到这一章乃至这本书的政治经济学本质，是理解孔子，也是理解中国问题高级境界的开始。

2.2　子曰：“《诗》三百，一言以蔽之，曰：‘思无邪’。”

“思”在这里只是个发语词，相当于今天人说“说的就是……”，着重强调“无邪”二字之意。

孔子说：“《诗经》凡三百余篇，一言以蔽之，说的就是纯真无邪。”

这一章文意没什么不懂，但就是不懂究竟想说什么。尼采说过一句和这一句酷似的话，让我一下子明白了思无邪的含义。

尼采说：“文艺复兴的风骨就是勇敢与毫不虚伪。”

第二篇的第二章“思无邪”是对第一篇第二章“巧言令色，鲜矣仁”的回应，彼此映照，互相点亮。纯真无邪和毫不虚伪在古今都是稀有的珍品，孔子和尼采都是在前代的艺术之中寻找它曾经存在于世的证据。他们两人的这两句话想要告诉我们：纯真无邪与毫不虚伪虽然稀有，但它们确实存在，也必须存在。每当我们再次吟诵这些诗人们的诗句，就会感到我们今天坚持的信念并不孤单，他们的奋斗就会再次激励我们，他们的革命就会再一次获胜。这时，我们就会对他们产生一种兄弟般的情感。

《诗经》我没读过，就勇敢与毫不虚伪而言，我的榜样是凡·高。凡·高从不夸大他的苦难，而是极为严肃地与之斗争。他决不允许他的言谈和他的绘画里有一点点自我欺骗。凡·高的诚实和正直，一小半来自他的基督教信仰，一多半是持续他一生的贫穷和孤独所赐。如果你想和一个纯洁无暇的灵魂交谈，就去读读凡·高的书信吧。我发现很多第一流的画家也是第一流的文字高手，凡·高就是。

另一个让我着迷的人是卡拉瓦乔。卡拉瓦乔杀了一个人然后逃亡，他是教会的宠儿，教皇出面赦免了他的杀人罪。然而，他的画作里多次以杀人为主题，最著名的就是《手提歌利亚人头的大卫》。卡拉瓦乔通过绘画重返他的犯罪现场，如果说艺术是我们艺术家与神之间的私密交谈，卡拉瓦乔在这幅画里向神袒露的就是他的杀人罪。

基督教有一种写忏悔录的传统，就是剥去一切伪装，隔绝所有尘俗的声音，只与神交谈。伦勃朗和凡·高的自画像，尼采的《瞧，这个人》和《疯人院日记》，《杰克·韦尔奇自传》和《乔布斯传》都是忏悔录。中国人没有这一传统，中国人写的自传更像一个橱窗：在里面展示一些想让别人看见的东西，隐藏另一些东西。

2.3　子曰："道之以政，齐之以刑，民免而无耻；道之以德，齐之以礼，有耻且格。"

孔子说："以政令引导人民，以刑罚规训他们，可以培养出守法的良民，然而这种方式并不能帮助国民建立内在于他们内心的道德律令；以道德引导国民，以礼乐熏陶塑造文化，既能建立国民辨别善恶的内在道德，又能以道德诫命的作用建立文明的基础。"

孔子所说的"北辰与众星"，是一套运行于社会中上层之间的社会伦理模型。这种封建等级制把整个社会划分为四五个阶层，彼此隔离，权力和责任层层分解。反观这一章，说的是君王对全体国民的上下两层社会结构（所谓"扁平化组织"模型），这是大一统郡县制帝国的组织模型，是秦汉两朝郡县制实践之后才出现的崭新的政治体制，孔子对此既闻所未闻，他也不会关心君主的治国之道。造伪者应该是受到了第一章"为政以德"的诱导，写下了谈论治国者应当如何建

延伸阅读：卡拉瓦乔的《手提歌利亚人头的大卫》

《手提歌利亚人头的大卫》，卡拉瓦乔，1606 年。

大卫击杀歌利亚的故事情节很像关云长温酒斩华雄：非利士的勇士歌利亚在以色列军阵前挑战，说谁要是打败他，非利士人就向胜者称臣。结果年轻的大卫用鹅卵石一击即中打死了歌利亚，然后割下他的人头。米开朗琪罗那座著名的大卫雕像讲的就是这个故事，米开朗琪罗的大卫年轻俊美，正藐视地斜视着前方的歌利亚，搭在肩头的左手拿着甩石的机弦，右手掌心里不经意地藏着那块致命的鹅卵石。然而，卡拉瓦乔从未想过遵照《圣经》的原意或者米开朗琪罗的传统作画，他是天生的叛逆者。卡拉瓦乔的大卫是一个垂头丧气的胜利者，他刚刚割下歌利亚的人头，这是他的荣誉的凭据。可是这位胜利者严肃地皱着眉头，他意识到，他可以打败敌人，但不能征服他。这个世界依然如故，他的胜利一点也没有使之改变，因而也没有带给他荣誉。画家在此回归到他的宗教主题：任何在尘世中建立功绩的奋斗都是虚无没有意义的，一个人真正的胜利与荣耀只能来自天国。

这幅画的绝妙之处还在于，那个被割下的歌利亚的人头正是画家本人的另一幅自画像：这个狂暴、骄傲，并刻意回避对手的目光的人，就是那个曾经犯下杀人罪的卡拉瓦乔本人，那个外表英武，内心空虚的罪人。卡拉瓦乔知道，教皇虽然赦免了他的杀人罪，但他只能赦免尘世中的罪行，而问题在于，在上帝面前需问心无愧。

这幅画画的是两个灵魂空虚的罪人。这里没有一点点优美和优雅的“艺术气质”，其动人心魄之处在于，这两个焦渴的灵魂甚至不再盼望来自天国的甘露，而是来自上帝的惩罚。

立社会道德的一章。

这一章虽然内容很无趣，但却包含着儒家治国之道的精华：道德教化 + 文化建设。先秦儒和后秦儒有一个很显眼的政治经济学差别：后秦儒在郡县制也就是上下两层的社会结构框架内说事，这是郡县制与西周封建制两者妥协的产物。这一章就是郡县制框架内，传统封建贵族的诉求，现在他们化身为儒家，以道德和文化建设为支点（这是这个阶级的专业本行），占据社会权利的中高层。

那么他们做了什么呢？1930 年代，蒋介石宋、美龄搞了一个“新生活运动”，就是用中华传统美德移风易俗改造国民素质。但结果呢？为君者当然没有天真地认为“新生活运动”真的可以改变国民性，不过他们心想：以惩戒与教化的两手驯化出更多的良民，当然是有益无害的好事。历朝历代自上而下的道德教化运动都是瞎忙一场，因为它无法触及社会下层的生产与生活方式的变革，因而无法真正促进社会进步。

这个道理用心理学的术语可以讲得更明白，如果超我的意志仅仅到达自我的层面，而没有触及本我（肉体和生活）层面，自我表面上的改善都只是为了应付超我而所做的欺骗，而都必将遭到本我顽强的反叛和扭转。

孔子追求的是一种高贵人格的理想，当这一理想被国家意识形态利用，就是这套庸俗化的道德教化。

2.4　子曰：“吾十有五而志于学，三十而立，四十而不惑，五十而知天命，六十而耳顺，七十而从心所欲，不逾矩。”

孔子说：“我十五岁开始立志于学（甲骨文里，‘学’指宗教祭祀知识内容），三十岁有所收获，四十岁对世界间诸事不再疑惑都知道答案，五十岁方懂得天命之常数，六十岁时听到人们的各种话语都明白其含义，也能很好地应对（‘耳顺’指对人性的通达，于人所言无不知晓其背后的心理。‘耳顺’特别强调一种倾听力），等到了七十岁，终于可以从心所欲想干啥干啥，却又不会逾越天道的常规。”

孔子写这一章的本意是劝学，内容讲述的是他一生勤勉而自律的人生轨迹。

这句话的意思就是“我从未停止过自我教育，直至老了以后”。

这一章的另一个目的是回答世俗关于天才的一种很流行的偏见，孔子告诉他们：“我绝非谣传中那个获得了上天的赐予拥有卓异天赋的圣人。而且我实话告诉你吧，世界上并无天赋这种东西。至少我没有。但任何一个如我一样的凡人，如果也像我一样学而时习之、人不知而不愠，也可以最终抵达从心所欲不逾矩的美好之境。”

这一章妇孺皆知，然而极少有人正确理解了其中劝学的本意。

比如朱熹，把“不惑”“知天命”“耳顺”几个人生修行的台阶演绎得神乎其神，弄得我们既不知它是什么，更做不到。孔子本人是非常愿意做别人的榜样的，然而宋明理学说孔子是圣人，就是超越了你我之类凡人的偶像。这是阴毒的一招，它在本质之处隔断了我们与孔子之间的任何联系。基督教说“道成肉身”和“效法基督”，因为基督就是我们的兄弟，他就是我们抵达天堂的道路。基督教绝不会说“效法耶和华”，谁能效法神呢。

表面上，宋明理学是一条通往圣人的通天之路，但其实你寸步难行。他们一点也不想让你成为圣人，而是就让你老老实实地待在原地。他们用饶舌的学术词汇抽干了孔子人生实践中生动鲜活的成分（灭活），把生动的生命做成生命的标本。这是一种更具欺骗性的巧言令色，他们鲜矣仁！

2.5 **孟懿子问孝。子曰：“无违。”**

樊迟御，子告之曰：“孟孙问孝于我，我对曰，‘无违’。”樊迟曰：“何谓也？”子曰：“生，事之以礼；死，葬之以礼，祭之以礼。”

孟懿子（鲁国三卿之一孟孙氏族人）问孔子什么是孝，孔子说：“无违。”后来有一次，樊迟（孔子弟子）为孔子驾车，孔子重提旧话：“孟懿子曾问孝于我，我答曰‘无违’二字。”樊迟不解，问：“如何理解‘孝即无违’呢？”孔子好像存心要把樊迟弄晕，说：“生，事之以礼；死，葬之以礼，祭之以礼。”

请注意：孔子对“无违”的解释，并非“完全彻底地不违背尊长的意志”，而是“自始至终与之以礼相待，无论生时、死时、死后祭祀时”。这是什么意思呢？

在“北辰与众星”社会关系模型里，每颗星必须独立，也必须发挥自己无可替代的独特使命，既不能依附于别人，也必须在自己的角色中找到存在的方式和意义。这就是孔子说的孝。生、死、祭，就是北辰与众星这部社会伦理大剧中的一场戏，包括北辰在内，每颗星都只是其中的一个角色。

孝，就是这部剧总的表演原则：不是无条件地服从尊长，而是彼此独立不越界。换言之，“不在其位，不谋其政”。这和所有中国人理解的那个“孝”一点也不一样。

2.6 孟武伯问孝。子曰：“父母唯其疾之忧。”

孟武伯是孟懿子的儿子，问孝。孔子说：“如果父母除了疾病这件事之外，不再操心你的任何事情，就是我说的孝呀。”古汉语里，“疾”指大病。

这一章继续谈孝的真正所指是彼此独立，是基于理解和信任的人际关系。正如尼采所说：“我们不是因为爱，而是因为爱的松弛，才过得很好。”

鹰从不结伴而行，不像雀鸟，总是叽叽喳喳地，它们必须时刻分享同伴的感受。

2.7 子游问孝。子曰：“今之孝者，是谓能养。至于犬马，皆能有养；不敬，何以别乎？”

子游（孔子弟子）问孝，孔子说：“世人所说的孝，是承担养育的责任，可这是连犬马也能做到的事呀。没有敬，人与动物有何区别呢？”

敬：彼此独立，保持倾听。互相理解，互相鼓励。彼此帮助，但绝不把灵魂寄居在对方身上。

2.8 子夏问孝。子曰：“色难。有事，弟子服其劳；有酒食，先生馔。曾是以为孝乎？”

子夏问孝，孔子说：“孝，最难的就是始终和颜悦色地对待对方。有人说，有活儿我干，有好吃的长辈先吃，这难道就是古人所说的孝吗？”（“曾”是“古人曾经说过”的简略表达）。

“色难”的“色”指“表情”。表情既是内心情感的反映，也是人的社会性的表达。孔子在此强调的是其“社会伦理秩序表达”的一面。换言之，这里的“色”，正确的翻译是：一个人步入社会的姿态。它就像一个作家的文风，或者一只动物的身体构造特征，是其生存境遇的整体反映。

以上四章，孔子对孝的重新解释无疑是颠覆性的，但与其“北辰与众星”之独立的自我一脉相承。2000 年以来，历代注经家们无视这种一以贯之的孔子思想的精髓，他们被“三年无改于父之道”之类的伪经蒙蔽了双眼，按照国家的意志继续把孝解释为对尊长的绝对服从，从而走向了孔子的反面。

这件事背后的真正推手就是国家。因为家庭是社会稳定的基石，是化解社会矛盾的最佳方法，有哪一个国家的《婚姻法》不保护婚姻和家庭呢？又有哪一个国家不歌颂家庭的所谓天伦之乐呢？《论语》的正典化，这件事的实质就是：使之服务于国家。

2.9 子曰：“吾与回言，终日不违，如愚。退而省其私，亦足以发。回也不愚。”

孔子说：“我跟颜回讲论知识与道理，从未见他反驳或者争辩，我甚至怀疑他是不是没听懂我的话。可是私下里观察，我发现他完全可以做到反刍所学之物，并阐发进一步的思考和实践，这个颜回，一点也不傻呀。”

作为学习者的颜回，完全独立于他的老师，孤独地沿着他的轨道迎接他的命运。这是孔子第一次夸颜回之贤，其实孔子所夸的甚至不是颜回善于学习，而是在宣讲北辰与众星里的那个“独立的自我”。

子路急于表现，缺少倾听力；子贡喜欢穷极事理，但理论是对现实的简化，而且是对现实的简单化；子张追求标准答案，这种人缺少真正解决问题的耐心和才能，做这三个人的老师其实是很辛苦的，他们把他们的自我都依附在老师身上了。

2.10 子曰：“视其所以，观其所由，察其所安，人焉廋哉？人焉廋哉？”

孔子说：“视其做一件事的缘起，观其做这件事的方法和路径，察其做这件事究竟意欲何为，以此法观人，他又怎么隐藏得住？他又怎么隐藏得住呀？”因为自感得其所妙，孔子连说两遍。

古汉语里，“视”侧重“看见”；“观”偏重“整体把握”之意；“察”有种“仔细详查”之意。三个字有种一个比一个看得细的递进。

2.11 子曰：“温故而知新，可以为师矣。”

急火曰“煮”，小火曰“温”。孔子说：“反复重温一本书，并从中发现新意，强过耗费同样多的时间读了100本书。”

因为过于熟悉，我们已经很难从这一句里汲取营养或者产生共鸣了。为了使其再次陌生起来，我举出两句含义类似的话：

尼采说：“什么东西如果不是慢慢地得到，最后什么也得不到。”我发现一本书，如果没有读过两遍以上，就是不曾读过。

凡·高说：“我有牛一样的耐性。”

2.12 子曰：“君子不器。”

孔子说：“君子不把自己物化为一种功能性的存在。”

“君子不器”沿着并继续深化第二篇的核心主题：人格与精神的独立与完备。奴隶可以有不错的福利，甚至感觉很幸福，但在主人眼里奴隶不是人，他就是一种功能，是人格残疾的人。

谁把他的自我定义为一种专业、一项任务、一个角色，谁就必然固执于此，他的理性也必将服务于这种固执。比尔·盖茨曰：“如果你手里只有一把榔头，那你碰到什么事情都只会敲一敲。”

我们总是以一个角色和身份参与社会关系的，孔子号召我们为了获得独立人格甚至不惜走向孤独，就像众星中的一颗，虽然只能沿着命运分配给他的轨道独自运行，但他的心中始终映现着整个星空。这里并没有小角色，每颗星都是不可替代的存在。

有一次，尼采在旅途中偶遇一位同学，这位同学告诉他一句歌德的名言。尼采此后的一生都珍藏着这句话："放弃中道，坚定地活在整体、全部和美之中。"

"放弃中道"：谁想要做第一流的人物，就要无情地放弃自己身上一切第二流的优点和品质。

"整体""全部"：你必须超越你的处境和个体感受，超越你的民族和出身带给你的天然立场，超越性别，还要超越你的时代。以全人类和人化史的眼光看待所有问题。"整体"说的是空间，"全部"说的是时间。

"美"：美既不是"漂亮"也不是"优雅"，而是我们对于未来和下一个时代的愿望和趣味。我们意欲建设一个我们可以崇拜的世界，我们以属于那个世界的眼光看待、称量这个世界上的一切，这种创造者和超越者的价值观就是美。

我要去看得最远的地方，法国人阿兰说，当我们仰望星空，就会避免一种精神上的近视症，眼前的苟且就消失不见了，脚跟就会更加坚定。

2.13 子贡问君子。子曰："先行其言，而后从之。"

子贡问："何以称得上是一个君子。"孔子说："以行动践行自己说过的话。"

注经家们注这一章一般集中在两点上：一是因材施教，子贡长于言论，短于行动，夫子所言切中要害；二是知行合一。可是"因材施教"算得了什么，健身房的教练对我说，他可以专门为我量身打造一个运动方案，这不就是因材施教吗。商人的基本素质就是懂得顾客的需求并提供这一需求，商人都懂因材施教。关于"知行合一"，我总觉得这个文绉绉的成语把一个简单朴素的东西硬是弄成了一种只有少数专家才懂的深邃知识。

我以为这一章，孔子要告诉子贡的是：君子，其实质不是外表华美受人尊敬，而是一种朴素和真诚。如果子贡你能明白做一个君子的实质而非外表，才是抓住了要点。

2.14 子曰："君子周而不比，小人比而不周。"

"周"：全面，完整。"比"："结伴，密切，趋同"。

孔子说："君子是一个独立的个体，但他胸怀整体；小人彼此关爱、比附、同情，然其人格是残疾的，既不能独立，也没有整体格局。"

这一章被各位注经家翻译得歪歪扭扭，他们从东汉注本的源头上就歪扭了。三国何晏的《论语集解》引孔安国（孔子后人）注曰："忠信为周，阿党为比。"又曰："和于义，周；和于利，比。"东汉三国人不懂甲骨文，故而曲解了孔子文本中这两个字的本义。此外他们没看懂第二篇的主题是"独立之君子"，故而以泛道德的教化解释这一章。

2.15 子曰："学而不思则罔，思而不学则殆。"

孔子说："学习新知却不思考，越学越迷糊；终日思考而忽视了学习新知，则学不到东西。"

坦白讲，我看不出来孔子写这一章目的何在。对于善于学习者，这是理应如

延伸阅读："周"与"比"的文字解构

"周"的甲骨文

"比"的甲骨文

甲骨文的"周"的原意是"四周筑埂的田地"，其引申义就是四周的那一圈田埂代表的"一件事物的整体"，"完整的一圈"。甲骨文的"比"很像"从"，就是"两个人关系密切结伴而行的样子"。

此的常识，对于不学者，你教也教不会。如果它确实是一句真理，那么它曾战胜了怎样的谬误呢？真理不是一种知识，它极具战斗性。

2.16 子曰：“攻乎异端，斯害也已。”

孔子说：“专攻异端，这种人既祸害自己，也将祸害社会。”

没错，君子当坚定地活在整体、全部和美之中。这一章的目的也不是多数人以为的“搞异端邪说就是找死”，而是指向整体和君子不器。

2.17 子曰：“由，诲女知之乎？知之为知之，不知为不知，是知也。”

孔子说：“由，跟你说过什么是知了吗？知道就说知道，不知道就说不知道，这就是知呀！”诚实无欺地面对自我，而不是想在别人面前光彩照人，是获得真知的开端。

这一章与“思无邪”章内在联通，是这一主题的延续。我大赞这一章！有人即使多么精通《论语》，却不能做到诚实无欺，还不如没读过《论语》。

2.18 子张学干禄。子曰：“多闻阙疑，慎言其余，则寡尤；多见阙殆，慎行其余，则寡悔。言寡尤，行寡悔，禄在其中矣。”

“干禄”就是“薪水”，子张“学干禄”就是“问为官之道”。

孔子说：“多听别人讲话，即使他说得不对，也先将怀疑存于心里。对那些有把握的，说的时候也要谨慎，这样就可以少犯错误。多看别人是怎么做事的，即便并不赞同，也先存疑别说出来，即便是有把握的事，做的时候也要谨慎，这样就会少后悔。说话少有过失，做事少有后悔，这就是官场之道呀。”

这一章是伪经，而且很烂。第一，上一章里脱口而出“知之为知之”的那个快意真诚的孔子，在下一章里突然变成一个老于世故的不倒翁，我不信。孔子绝对鄙视这个人。第二，这个人的语文令人难过，它出自一个生命已经枯萎的书呆子；孔子是个欢乐的歌者，肆意的舞者，他绝不是说出这句话的人。第三，可能造假者以为第二篇名曰“为政”，故而把这一则官场之道塞进来了。

这种小道德和小智慧可能是有效的，但与其相应的也是一些小幸福和小生活。谁要是念叨这些玩意，就断绝了成为更高级的人的机会了。

2.19 哀公问曰：“何为则民服？”孔子对曰：“举直错诸枉，则民服；举枉错诸直，则民不服。”

鲁哀公问：“君主应该怎样做，可以让臣子顺服？”孔子对曰（下对上答话称“对曰”）：“举直错诸枉，弘扬和奖励好的、善的、正确的，打击和惩治恶的、错的、违逆的，在一切事和所有人之中明确实行这一套。如此一来，则民服。反之，则民不服。”

钱穆说，“举与错”乃人君之大权。这是为人君者，乃至任何一位卓有成效的管理者的第一要务。用心理学的话说，CEO 就是一个组织内的超我。超我是一种矢量，就是“一种具有意志和方向的作用力”，卓有成效的管理者的职责就是用这种力，牵引着整个组织走向预定的地方。

“举直错诸枉”就是北辰牵引众星为政以德的“德”的具体化。

2.20 季康子问：“使民敬、忠以劝，如之何？”子曰：“临之以庄则敬，孝慈则忠，举善而教不能则劝。”

季康子就是掏空鲁国国政的三家卿大夫之首的季氏，他问孔子：“怎样可以使下属懂得敬畏、忠诚、以及勤勉努力？”孔子说：“以庄重严正的姿态面对国政，则下层敬；以孝慈之心对待下层，则下层忠顺；表彰善行辅助弱小，下层就会努力奋进。”“劝”，“鼓励”之意。

这也是伪经，同样谈的是治国为官之道。而且其内容竟然是“怎样做一个好演员”！如果一个君王或者 CEO 没有真正的战略，他就会不可避免地死死抓住这些小道理。比如崇祯帝和蒋介石两位亡国之君，在这一章谈及的敬业、亲民、孝慈三个方面，都有上佳表现。

2.21 或谓孔子曰："子奚不为政？"子曰："《书》云：'孝乎惟孝，友于兄弟，施于有政。'是亦为政，奚其为为政？"

有人对孔子说："先生对社会伦理学的理解如此深刻，为什么不去从政，将其实施于社会？"孔子说："《尚书》有话云：'孝首先是在家建立起良好和睦的家庭伦理秩序，然后推及兄弟和睦，并将其推及全社会。'我现在不就是为政么，不然你说什么叫为政？"

这才是孔子讲话时那种率真直白的风格。这里有种无法模仿的随意和自然。听这样的人说话，浑身上下都会感到舒畅和清新。他态度诚恳，语气温和，却又极善于在平易中体现出深刻的远见。而这恰恰是造假者造不出来的部分。

2.22 子曰："人而无信，不知其可也。大车无輗，小车无軏，其何以行之哉？"

孔子说："人如果缺少了真诚与正直，我就不知道他怎么在这个世界上混下去了。这就好比大车无輗，小车无軏一样，驾着这种车子怎么可能行走于人世间呢？"

"輗"和"軏"是车辕与马鞍之间承担转向和传动功能的两个部件，相当于汽车的传动与悬挂系统。如今已经不用马车了，但在从前，这个比喻说的是人人明白的日常之物。

本章承接"北辰与众星"章，讲出了孔子社会伦理学的第二个比喻："连接马与车之间的枢纽和传动装置"。御者就是社会中上层，动力来自马（社会下层），车就是社会（国家），德与信就是连接与作用于社会组织各个部分之间动力与传导的关系。

"北辰与众星"说的是社会组织结构的地形关系（"地形学"）；"大车小车"说的是这架机器的动力学关系。

2.23 子张问："十世可知也？"子曰："殷因于夏礼，所损益可知也；周因于殷礼，所损益可知也。其或继周者，虽百世可知也。"

子张问："我们可以预测十世之后的时代吗？"孔子说："殷沿袭于夏礼，殷废除了什么又添加了什么我们都是知道的，周沿袭于殷礼，周废除了什么又添加了什么也是可知的。未来替代周的王朝，只要沿着礼的变革与传承这条线索去考察，不要说十世，就是百世也同样可知。"

这章是伪经。其用意有两个：第一，子张问未来，老师答历史。意思是说，未来的一切在历史上都已经发生过。这是一种封闭的世界观。第二点更重要，在历史中传承的核心就是"礼"。这既是儒家的专业，也是他们这个阶级的权利所在。他们垄断了知识，故而垄断了权力。这一章表面上说的是研究历史学的方法论问题，但其实质是"谁掌握权力"的大是大非。

此外，"如何预测未来""怎样研究历史""考察礼乐文化在历代的增损"这三个话题都背离了第二篇的主题，这是我辨伪的另一个依据。

2.24 子曰："非其鬼而祭之，谄也。见义不为，无勇也。"

孔子说："祭拜外族的鬼神，就是谄媚。见义不为，就是无勇。"

这是伪经。且前言不搭后语。前一句话意在抵制全盘西化，后一句竟然是见义勇为！如果我们硬要把前后两句话联起来，只能翻译为：抵制全盘西化，人人有责！我以为，这一章的真正含义与中国历史上的几次"灭佛"内容是一回事。其实所谓"灭佛"并不只是佛教，中国历史上反复清洗景教、祆教、伊斯兰教等来自西方的诸多宗教，佛教是其中的幸存者了。这个祆教就是尼采书中查拉图斯特拉原型的琐罗亚斯德拜火教，出自波斯，对殷商甲骨文文化影响巨大。考察一下中国人是从什么时候不认识甲骨文的，或许可以发现这次剿灭外族文化事件的线索。

回到文本分析。这绝不是《孔子》原作第二篇的最后一章，你只要和第一篇的最后一章比一下就知道孔子绝不会以这种不知所云的东西当作结尾。有可能"大车小车"章就是原来的结尾。

第三篇　八佾

“宰相”这个词现在的含义是指文官集团的领袖，然而其本义是“职业祭司”。“宰”就是宗教祭祀中宰杀与献祭这个核心仪式，“相”就是辅助主祭人（族长和君王）完成宰杀与献祭仪式的专业祭司。

此外，专业化的祭司阶级还发明了文字、戏剧、面具和舞蹈、音乐和酒、诗歌、各种礼器、星象和历法等等许多东西。可以说现代文明的一切，都起源于原始宗教祭祀仪式。上述所有这一切，就是孔子所说的“礼”。

礼乐的实质与目的是什么？所有的注经家们说是“促进社会和谐的文化建设”。表面上这与孔子的立场近似，但其实完全不同。孔子深知，礼乐一旦被“服务于国家”，就无法避免被工具化和庸俗化，这就是孔子一直没有入世的真正原因。尼采说：“哲学家躲进他的阁楼里，并非因为这里离天国更近，而是因为这里为哲学家提供了一个抵御（回避）专制的避难所。”同样的道理，僧侣们代表的教权一旦丧失了与君王所代表的世俗权力的平等地位，就是礼坏乐崩的开始。祭司一旦变成宰相，就丧失了“北辰与众星”之中一个君子的独立地位和独立使命。

这一篇的重点不是讲论礼是什么，而是说操弄礼乐的人，也就是这个阶级在礼坏乐崩的时代的处境与使命。

3.1 孔子谓季氏：“八佾（yì）舞于庭，是可忍也，孰不可忍也？”

论及季氏，孔子说：“他以八佾舞于宗庙之上，如果这种事也可忍，还有何事不可忍？”

鲁自桓公以后，桓公的三个儿子季氏、孟孙氏、叔孙氏瓜分了其父的封地，此即“三桓”，季氏是其中最大一族。孔子就出生在三桓分鲁之后的鲁国。

《周礼》规定，王（周天子）举行祭祀，乐队用八佾，（“佾”就是“列”，“八佾”就是八行八列共六十四乐手的乐队）；诸侯（比如鲁公、齐公）用六佾；大夫（如季氏）四佾；士二佾，即十六人。季氏僭越天子之礼，是对礼乐制度背后的封建制及其伦理关系的践踏。

礼乐是孔子及其阶级的专业职分与立身之地，这里就是他的舞台和战场。孔子告诉所有儒家弟子：你必须挺立于此，这里无路可退。第三篇第一章讲了一个礼坏乐崩的故事，他在拷问每一个以礼乐祭祀为职业的知识分子，面对这种情况你怎么办？

第三篇的开场方式很像贝多芬第五交响曲的头四个音符，都是一个严厉的提问。这是《论语》全书中孔子愤怒到顶点的一次，但即便如此他也始终保持着优雅的风度。这种优雅的贵族范其实是扭曲人性的，也是恼人的，相比而言贝多芬的粗野才更健康。如果一个英雄被命运击倒，表现出溃败、惊慌、萎靡和痛苦，这没什么，因为他是人不是神，他与神角力，输赢都是英雄。

3.2 三家者以《雍》彻。子曰：“‘相维辟公，天子穆穆’，奚取于三家之堂？”

“三家”就是“三桓”。“彻”，就是祭祖典礼中“将供奉给祖先的贡物从祭坛上撤下来”的仪式。这个过程是有音乐伴奏的。周天子祭祖，其中彻的仪式以《雍》为乐。三桓在自家祖庙里祭拜桓公，彻礼之时也演奏《雍》。

孔子说：“《雍》里面有两句歌词：‘相维辟公，天子穆穆’，意思是各位公侯辅佐于天子之侧，天子的威仪典雅庄严。两句话里说的天子与诸侯的伦理秩序，跟三家在家庙里摆弄的玩意儿有什么关系！”

普列汉诺夫曰，礼乐之下包含观念、情绪和仪式三个方面的内容。观念、情绪、仪式三个侧面，也是我们考察众多文化现象的好方法。比如基督教的成功，是建立在观念（基督受难）、情绪（效法基督的激情）和仪式（教堂和洗礼圣餐礼等等）三者都很成熟和饱满的基础之上。

仪式、观念和情绪必须互相匹配，相辅相成。这也是好音乐和好建筑共同的特征。“三家以《雍》彻”就是观念与仪式的明显错位。举办这样的祭祀，参祭之人内心与外表、思想与行动都是错位和割裂的。

3.3 子曰：“人而不仁，如礼何？人而不仁，如乐何？”

孔子说：“缺少了仁，把仪式操弄得再好又有何意义？缺少了仁，摆弄音乐又有何意义？”

仪式必须服务于观念，礼乐也必须成为表达一种秩序、一个理念、一种未来（孔子将其表述为“仁”）的媒介。

3.4 林放问礼之本。子曰：“大哉问！礼，与其奢也，宁俭；丧，与其易也，宁戚。”

林放问什么是礼之本，这个问题孔子已经想了很久了。这里写出林放的名字是一种赞扬。孔子大赞发问者：“好问题！问得好啊！”然后慷慨陈词：“礼，与其奢侈，不如节俭；葬礼，与其操办过程，不如真心哀悼。”承接上章，继续强调观念必须成为礼乐的主导。

这一章是两个高手之间的一段对话。孔子并未直接回答林放之问也就是“礼之本究竟是什么”，林放能有此问，一定有所思考。与其说这是在求教，不如说是共鸣。

3.5 子曰：“夷狄之有君，不如诸夏之亡也。”

孔子说：“夷狄就算有君王，也不如华夏之无君。”言外之意，两者的差距就是礼乐文化。华夏即便礼坏乐崩、弑君杀父，其恢弘的礼乐也将保证社会的运转强于夷狄。

这一章可能是真经，孔子相信礼乐在文明中发挥着核心作用。这是他的出身决定的。

不过这一章也有可能是伪经。春秋战国以及东汉末年华夏文明长期“无君”，从儒家地主阶级中崛起的各路豪强是时代的主角：三家分晋、董卓专权、司马篡魏，儒家认为这也比草原民族入主华夏强。这一章暗含着华夏对夷狄巨大的文化优势。

宋儒有意曲解本章，把这一章翻译为：“甚至夷狄还有君王，然我华夏大道不行，已经没有君王了。”宋儒之所以出此一解，是反思安史之乱和五代十国对文明的重创，呼唤赵氏王朝重建周天子的天下秩序。

3.6 季氏旅于泰山。子谓冉有曰：“女（汝）弗能救与？”对曰：“不能！”子曰：“呜呼！曾谓泰山不如林放乎？”

泰山为华夏群山之冠，按周礼唯天子可以登泰山祭天。季氏也登泰山祭天，再次践踏周礼和孔子的底线。孔子的学生冉求（冉求字有）当时正是季氏的家臣，于是孔子对冉求说：

“你就不能挽救此事吗？”意思是阻止季氏不获罪于泰山之神。冉求曰：“不能。”

孔子说：“呜呼！难道泰山之神还不如林放吗？”林放懂得祭祀的实质是与神对话，季氏以天子的身份祭拜泰山神，天神难道会悦纳你这个践踏天道伦理之人吗，肯定拍死你呀！

这章是伪经。3.4 章林放问礼之本，16.1 章里冉求正是季氏的家臣，且不能阻止季氏将伐颛臾，造假者据此二章编造出“季氏旅于泰山”一章。试想，如果此事发生在季氏将伐颛臾之前，孔子在季氏将伐颛臾之际又责问冉求能不能阻止季氏就很多余，也很别扭，如果在那件事之后，孔子就没必要多此一问。

登泰山封禅，我认为很可能是“罢黜百家，独尊儒术”的汉武帝和董仲舒为了抬高孔子的地位，而将泰山封为华夏群山之首的。此外我找不到独尊泰山的任何原因。而在武帝之前，并无一朝将孔子置于先秦诸子之上的地位。

这一章里季氏违逆周礼的事前面已经发生两次，16.1 章还将有一次，这一次出现并无新意。唯一的新意是提出泰山封禅是周礼的规定这一点。而汉武帝就是第一个在泰山举行封禅大典的皇帝，所以我以为这一章是汉武帝和董仲舒写的。

3.7 子曰：“君子无所争，必也射乎！揖让而升，下而饮，其争也君子。”

孔子说：“君子没有竞争，如果有，也就是射箭吧。箭道之礼是这样的：箭客们首先互相揖让然后登场，比赛结束后彼此饮酒祝谢，此乃具有君子之风的竞争。”

今天日本人依然保存着中国古代射术、剑道和茶道的古老形式。比如射箭，要点并不是正中靶心，而是人与弓、自我与目标、身体与世界之间的融合与体验。再比如茶道，要点已经不是口腔的味觉感受，而是主客之间的社会关系、人生智慧乃至天道伦常在喝茶仪式中的体现。仪式只不过是大家参与社会交流的载体，君子之风或者说贵族范儿才是重点。

欧洲人的骑马俱乐部、清朝皇家的骑猎都是等级森严的贵族俱乐部。骑马、射箭、喝茶、体育等等贵族发明的活动，都是贵族文化的一部分。日本遣唐使最早从中国学去的，就是强化贵族阶级文化软实力的射箭喝茶的俱乐部。

3.8 子夏问曰：“‘巧笑倩兮，美目盼兮，素以为绚兮。’何谓也？”子曰：“绘事后素。”

曰：“礼后乎？”子曰：“起予者商也，始可与言《诗》已矣。”

子夏问：“《诗经》里那句：‘巧笑倩兮，美目盼兮，素以为绚兮’，说的啥意思呀？”

“倩”：青春女子好看的脸蛋。“巧笑倩兮”：少女的笑脸是那么美好。“盼”：眼仁黑白分明的样子。“美目盼兮”：她秋波一转简直天旋地转。“绚”：渲染装扮使之更艳丽。“素以为绚兮”：以脂粉装扮使之更好看。

孔子答曰：“画工不就是遵循此法吗：首先画出外形轮廓，再用色彩粉饰装扮。”

听到这个说法，子夏又有所悟：“这是不是说，就像一个美女，虽然天生丽质，仍然要以脂粉把自己装扮得更美一样，君子即使已经拥有良好的修养，还需要研习礼乐使之更加完善？”

孔子说：“能给我启发的人就是商呀！（子夏名商），看来可以跟你谈论《诗经》了。”

子夏说的明明是男人对美女不可遏制的渴望，孔子硬是将其指向偏转到礼乐的作用之上。孔子把性欲看作是最可怕的怪兽，必须降服，方式就是性压抑。就像幼儿园老师看见小朋友摸小鸡鸡，会一声不吭拉出孩子的手，然后告诉他去洗手，并养成爱干净的好习惯。中国人直到今天也没找到比这种温和的性压抑更好的教育手段。

这是题外话，不展开了。我们说说这个“绘事后素”。这是《论语》文本中著名的难题，而迄今为止所有的注解都是错的：

首先出错的是东汉的郑玄、何晏，也就是今本《论语》的源头。郑玄曰：绘画一事，就是先上五彩，后以素色粉饰。然后朱熹觉得不对，并以错改错：绘画一事就是先以素粉为底，后施五彩于其上。钱穆又把朱熹改回来：绘画一事，就是画好色彩，后用白色线条勾勒一番。李零说：不，还是朱熹说得对，是先画白底然后施彩。既然是“先打好底色”，又怎么能说是“后素”呢？他们怎么说都对不上。

唐是中国绘画史的一个转折点。之前的中国没有文人画，比如王羲之阮籍之类的魏晋文士没人作画。唐朝初年再次打通西域，从波斯带回来全新的绘画技术（还有诗歌），于是唐以后的华夏突然出现了五言七言诗和文人画。而唐以前，中国人的绘画技术就是“先用线条画轮廓，然后往里填色”。“绘事后素”所说的就是这种画法，这和儿童绘画的画法是一样的，就是“轮廓加色彩”。中国人是在唐以后，才学会了怎样画出生动的衣服褶皱、花朵的欣荣、鸟的羽毛渐变这些高级绘画技术的。西方学者公认波斯和亚美尼亚人首先发明了这种技术，并由亚美尼亚人将其融入拜占庭艺术，最终孕育出文艺复兴绘画。而波斯后来被伊斯兰占领，伊斯兰禁绝偶像，这套技术最终只是在波斯地毯的图案中保留了一点点残余。

3.9 子曰：“夏礼，吾能言之，杞不足征也；殷礼，吾能言之，宋不足征也。文献不足故也。足，则吾能征之矣。”

武王伐商而立周，封夏的后人于杞，（就是杞人忧天的那个杞），封殷的后人于宋。武王伐商，但不灭国，此即“兴灭国，继绝世”（20.1 章）。

孔子说：“夏礼我还能说一些，但从今天杞人留下的文献和传统来看，已不足以完整再现夏礼的原貌；殷礼我也知道一些，但从宋的文献和传统来看，也不足以复原殷礼的原貌。是文献不足的缘故啊，如果足，我是能再现出来的。”

这一章表面上说的是历史研究的方法论：必须以文献和风俗仪式等古代遗存再现历史。可是这不是废话吗？

这一章是伪经，目的是借孔子之口把再现夏商周三代礼乐制度一事学术化、神圣化。从这一目的看，很可能是王莽写的。

3.10 子曰：“禘，自既灌而往者，吾不欲观之矣。”

“禘”：祭祀先祖的典礼。“灌”：洒酒于地（献酒于地神）的仪式。神祇两个字，天神曰“神”，地神曰“祇”，就是死去的祖先变成的鬼神。“禘”就是安慰这些亡灵的仪式。

孔子说：“今人操办的禘典，自洒酒于地之后的戏码，我就不想再往下看了。”

我想说，今天中国人办的婚礼，证婚人读完结婚证之后，我就待不下去了，太恶心了。今天中国人婚礼上的那些闹剧让我们在我们的子孙面前丢尽了脸面。

3.11 或问禘之说。子曰：“不知也。知其说者之于天下也，其如示诸斯乎。”指其掌。

有人问禘的仪式究竟是何含义。孔子说：“我也不知道。但我知道，得此真谛者看待人世，就像看自己的掌纹一样清晰明白吧。”一面说，一面用手指着掌心。

古人以星象和掌纹作为天道和自然规律的显现，孔子是职业祭司，各种算命的套路都不陌生。“禘”是延续一个国家或家族宗脉的重要仪式。（今天的黄陵祭祖就是禘）

孔子对曰“不知也”，未必是嘲弄对方，而是觉得意义重大。“不知也”我以为是出于敬畏。

3.12 祭如在，祭神如神在。子曰："吾不与祭，如不祭。"

祭祖，就好像祖先正活生生地在你面前。祭神，就好像神正在看着你，听你表白。孔子说："如果我不亲自参加祭典只是让人代祭，就是没有祭。"

这一章触到了今天中国人一直不忍直视的痛处。中国人号称不信神，但其实中国人并非无神论者，他们的神的名字叫"利益"。哪里无神，利益就会被尊为最高和最后的价值，强权与欺骗就会取代神成为人间的主宰；哪里不敬畏神，那里就只剩下人性的丑陋、罪恶、羞愧和卑贱。真正的无神论者极为罕见，尼采就是一个无神论者。中国人是不信任神的实用主义者。

中国人是从何时变成实用主义的？孔子的时代还不是这样。

3.13 王孙贾问曰："与其媚于奥，宁媚于灶，何谓也？"子曰："不然，获罪于天，无所祷也。"

灶神管吃，奥神管哲学义理。王孙贾是卫灵公的大臣，孔子在卫国时两人曾同朝为官。王孙贾素闻孔子知礼乐，于是问："俗话说'与其祭拜奥，不如讨好灶神更实惠'，这话你怎么看？"孔子说："不对吧，得罪了天，祷任何告也没用了呀。"

中国人把神仙当作解决个人困境与实现梦想的工具。商人拜关公，木匠拜鲁班，风水先生拜姜子牙，怀不上孩子的拜观音娘娘。有个很低级的马斯洛心理学在中国莫名其妙地流行甚广，说人的第一需求是吃喝，第二是安全，然后才是道德、艺术和哲学。

可是，昏聩者啊！你只拜那被造的物，不拜造物的主吗？

3.14 子曰："周监于二代，郁郁乎文哉！吾从周。"

孔子说："周继承了夏商二代之精华，礼乐典章繁荣而辉煌！我是周的铁粉。"

孔子生于东周，他忘情地赞美周，让我想起法国人都德说"法语是世界上最美丽的语言”。普法战败后，民粹主义在法国崛起，“法语是最美语言”的说法，强调法兰西语言和文化的伟大和不可战胜，很像中国人说“岁寒而知松柏之后凋”的意味。这种文化保守主义如果目的是重新凝聚民族精神抵御外族入侵，则无可厚非，但任何一个鼓吹民粹的人都必须明白民粹主义的危害性是什么。它把爱国绝对化，顽固不化地排斥一切外族文化。

孔子是文化保守主义者，但这句话不是他说的。我强烈怀疑这句话就是王莽本人写的，他以“有若孔子”这个面具参加了《论语》的写作，并成功地把周文王、周礼和周公塑造成为华夏文明辉煌的顶点和后世的样板。现在我明白了3.9章夏礼殷礼“不足徵”那一句的目的了，就是为这一章做掩护。他们说的“郁郁乎文哉”，完全就是一句空话，因为汉儒连甲骨文金文都不认识，何谈“郁郁乎文哉”？

相比而言，伊甸园曾经是人类的乐园，然而上帝把人赶出了伊甸园，并指引他的选民到迦南去，而不是重返伊甸园，他们把未来而不是过去作为目标。这是一种了不起的面向未来的开放世界观。

3.15 子入太庙，每事问。或曰：“孰谓鄹（zōu）人之子知礼乎？入太庙，每事问。”子闻之曰：“是礼也。”

孔子入太庙（国家第一大庙），每事必问。于是有人说：“谁说的这个鄹人之子（孔父是鄹的行政长官）知礼呀，他入太庙怎么什么事都问呀。”孔子听闻曰：“这就是礼呀！”

3.16 子曰：“射不主皮，为力不同科，古之道也。”

“皮”，皮制的箭靶。“主皮”，就是射出去的箭“穿透靶子”。

孔子说：“射箭的要点不是能射穿靶心，箭道不是比谁的力气大，领悟其道才是要点，不然为何叫箭道？”

尼采聊过一件闲事。上古人类曾经赖以谋生的某种技艺，比如骑马、打猎、射箭、跑步、钓鱼，只要这种技艺随着产业进步不再是人类谋生的手段，就会被贵族发展成为一种爱好。今天城里的有钱人都梦想着到乡下包一块地，自己养猪种菜。

贵族们在其中添加进了他们的文化和生活方式，这种文化自然就会向下层社会和周边较落后的国家传播。其实只有首先占据高端，才有可能向下传播。比如古代中国曾经把茶叶和瓷器传播到世界各地；再比如现代中国从欧洲学习喝红酒、咖啡。高端文化一定会流向低端文化，并从后者身上获取巨额的文化代差税。今天中国人把他们的孩子送去英美德法等文化列强那里读书，不就是在给高端文化交税吗。

3.17 子贡欲去告朔之饩（xì）羊。子曰："赐也，尔爱其羊，我爱其礼。"

"朔"就是"每月初一月牙最小的那一天"，"告朔"就是每月初一举行的"向新月忏悔，并宣告接下来的一个月我将怎样改正错误"的忏悔礼。"饩羊"就是在这个仪式中被祭杀的那只替罪羊，通过这个牺牲的仪式，忏悔者的灵魂得到净化。

子贡觉得，直接向神禀告与忏悔就可以了，每次都白白浪费一只羊没必要，提议节约这只羊。孔子说："赐呀（子贡名端木赐），你爱的是羊，我爱的是礼呀。"

时间的齿轮无情地磨光了孔子钟爱的那些仪式，即便是在孔子之后500年的汉代，"告朔"、"饩羊"之类的东西已经仅存于文献之中了。礼坏乐崩之后，仪式和器物是比观念和情绪更持久的东西，比如如今的春节各种仪式还都存在，但年味没了。在这一章里，孔子希望以仪式和器物强化观念，其结果并未挽救礼乐之坏崩。马丁·路德成功地重振了已经礼坏乐崩的基督教，引入这个参照系重读《论语·八佾》篇，会有很多新发现。

3.18 子曰："事君尽礼，人以为谄也。"

孔子说："完全彻底地以礼事君，在外人看来就像是在向君王谄媚。"

这句可能是在讲古代君臣之间的礼仪比现代讲究得多，如果完全照搬古法的君臣之礼，今人会觉得太过分。这一章的含义大概是说，现在的君臣之礼已经简化得多了，你还不尽心遵守就说不过去了。

有兴趣的人可以比照路德对圣餐、洗礼等基督教圣礼的认真和讲究。你会发现路德对仪式的理解远远超过孔子在第三篇里对礼乐的全部讲论。

3.19 定公问："君使臣，臣事君，如之何？"孔子对曰："君使臣以礼，臣事君以忠。"

鲁定公就是前文那个哀公之父，他问孔子："君指使臣，臣事奉君，君臣之道是不是这么个道理？"孔子回答说："君以礼使臣，臣以忠事君。"

定公说的是君臣之间服从与执行力的固有关系。孔子赞同这种君臣秩序，但在其中注入了"礼""忠"二字。经此点化，原本僵硬的君臣父子关系立刻焕然一新了。

3.20 子曰："《关雎》乐而不淫，哀而不伤。"

《关雎》:《诗经》第一篇，此处代指整部《诗经》。

孔子说："整部《诗经》，以《关雎》为例，始终保持着乐而不淫，哀而不伤的情绪。"

用心理学的话说，放纵本我、沉溺于快感曰"淫"；过度悲伤以致失去自我把控曰"伤"。遍观中华古代文化，充满了这种雍容华贵追求平衡的情绪，可以沉浸，但不沉溺。他们认为人生的最高范式，应该像斗转星移一样优雅恬静。范仲淹曰"不以物喜，不以己悲"，也是这句话的引申。

这是一个长期偏安于世外桃源的民族独有的悠然情怀。中国人确实是爱好和平的民族。长期以来，华夏文明就是一个被太平洋、西伯利亚和喜马拉雅山隔绝在地中海文明圈之外的一块盆地。当保罗说出"我要以这个标记（十字架）战胜一切"的时候，他为基督教注入了一种激情，大多数中国人对这个"基督徒的激情"一脸茫然，不知其为何物。

这章是伪经，这是我多次思考之后的结果。它太符合写下“修文德以服远人”的王莽的心态，坐享华夏文化软实力对四夷的优势。此外，这一章也不完全符合孔子文化保守主义的风格，他“三月不知肉味”超过了“乐而不淫”，他哀痛颜回之死也超过了“哀而不伤”。还有，王莽、刘向重新编写了《诗经》，这一章有为其伪作背书之嫌。

3.21 哀公问社于宰我。宰我对曰：“夏后氏以松，殷人以柏，周人以栗，曰使民战栗。”子闻之曰：“成事不说，遂事不谏，既往不咎。”

哀公问宰我（孔子学生）修建祖庙的礼制。宰我回答曰：“夏用松，殷用柏，周用栗树。”宰我还特意补充说：用栗木是取“令人战栗”这个字谐音的含义。

孔子听闻，说了三句特别含糊的话：“事已成，则无须再说；事既成，则无须再谏；以往之事，也不必追究。”

这一章含义模糊，无法硬解。清儒对此章有一个最靠谱的猜测：“社”是祭杀牺牲的地方，“哀公问社”的含义可能是问能不能杀掉三桓，宰我的回答意在强调君王的权威，意思是鼓励他杀三桓。而孔子对此的表态是：一切存在的都是合理的。我认为这段经文中间留下了太大的空白，仅凭现有文本做出上述联想脱离文本太多，不如就把这一章当作错简，不去纠缠。

3.22 子曰：“管仲之器小哉！”

或曰：“管仲俭乎？”曰：“管氏有三归，官事不摄，焉得俭？”

“然则管仲知礼乎？”曰：“邦君树塞门，管氏亦树塞门。邦君为两君之好，有反坫，管氏亦有反坫。管氏而知礼，孰不知礼？”

管仲，春秋五霸之首齐桓公的宰相，此人可谓丰功伟绩，桓公尊之曰“仲父”（二爸）。

孔子说：“管仲是个缺少真正远见的人啊！”（“器”指格局，“小器”就是容量小且容纳的方式狭窄）有人问：“管仲节俭吗？”孔子说：“他有三个居所

（“三归”也不一定就是指私宅），官员职能也不兼任，怎么能说节俭？”有人说：“那么管仲知礼吗？”孔子回答：“国君的居所大门外有屏（风水讲究），管仲家大门外也设屏风；国君会盟的宴会上有放置酒杯的托盘，管仲宴客也摆那样的托盘。若说管仲知礼，谁不知礼？”

管仲是早于孔子100多年的著名前辈，论身份也属于祭祀宰相阶层，所以孔子关注这个人。本章孔子批评管仲小器不知节俭不知礼，但在十四篇里又高度赞扬他。我倾向于这一章可能被人删改过，指向混乱不清。

3.23 子语鲁大师乐，曰：“乐其可知也：始作，翕如也；从之，纯如也，皦如也，绎如也，以成。”

“鲁大师”说的是鲁国的国家首席乐师。孔子与鲁大师讲论音乐，曰：

“我对音乐的体会是，好的音乐开头时音量一定不要大（翕如也），清新而漫无目标的旋律宛如清晨穿越湖面的薄雾款款而来；随后，音量开始增强，第一主题，第二主题和第三主题交替出现，却也彼此独立不混杂（纯如也），这时的舞蹈和韵律是那种无忧无虑，无拘无束的，它只关心自己，就好像此外不存在别的事情似的；随后，旋律越来越激越，慷慨激昂（皦如也），舞蹈一招一式都那么准确、有力、优美！最后，所有的事物汇聚在一起，如滔滔江水不可阻挡，（绎如也）。”

孔子是第一流的音乐家，可惜音乐无法保存，我们只能猜测与联想孔子心目中好音乐究竟是什么样子。

尼采在《快乐的科学》中有一段关于音乐的讲论可做类比：

甲：你想说点什么吗？

乙：我完全被征服了，所以无话可说。听，它又开始演奏了，我所能做的最好的事情就是再听一遍！

甲：这也不错。我想看看这一次我们能不能征服它。关于这部音乐我可以说说我的看法吗？

乙：好！我期待你的高见！请说——

甲：现在是序曲，我们现在听到的还不是作曲家真正想要对我们说的事情，到现在为止，他只是许诺说出某种东西，某种我们从未听过的东西。现在，他做出某些姿势，比如如何鞠躬，如何站得笔直，如何伸展手臂……，现在，激动人心的时刻到来了：几声号响之后，他牵来了他的主题，光彩夺目，珠光宝气，发出钻石一般叮咚悦耳的声音。这是一位绝代佳人？还是一匹宝马良驹？瞧！他炯炯有神地环顾四周，他的任务就是让人觉得他炯炯有神。只是到了现在，他才对他的主题感到放心；只是到现在，他的创造力才变得高涨起来，敢于挥洒自如和出其不意。我们且看他如何展开他的主题。啊！注意——，他不仅善于点缀，而且精通着色。是的，他知道什么是健康的颜色，知道如何才能显露出这种颜色，他比我们想象得更精于他的自我认识。现在他相信，他已经打动他的听众了，他把他的观念描绘得好像是天底下最重要的事情：他一点也不觉得羞耻地指点着他的主题，好像这个世界连聆听都不配似的。瞧他多聪明，他担心我们会疲倦，因此现在他让他的乐曲充满了甜蜜的音符。他还会利用我们的生理反应增加激动、陶醉和沁人心脾的感觉，好把我们再次置于他的影响力之下。听，他呼唤来狂风暴雨和隆隆雷声，眼看着这些力量把我们牢牢抓住。这时，他又不失时机地重新引入他的主题，这是要让我们这些哑口无言六神无主的听众相信，我们的昏迷和痉挛都是他那神奇的真理造成的后果。于是，这个主题竟然变成了不可抗拒的“魔笛”！他对灵魂的理解是多么透彻！他煽动我们，从而征服我们！但是现在，音乐停止了。

乙：我喜欢你的高论。但不接受！我宁可让自己100次受骗，也不愿跟随你的真理一次！

甲：你只感受音乐而不问音乐家的良心吗？你所谓的音乐不过是一种技巧及其制造的效果。如果这就是你对音乐的全部理解，那是因为你把你的正直和诚实扔在来音乐会的路上了，你这么做既毁了音乐也毁了音乐家！

音乐家如果发现你没有能力分辨纯洁的音乐和邪恶的音乐，他们会多么失望和不知所措呀！所谓“纯洁的音乐”是这样一种音乐，他完全沉浸在自身之中，沉浸在对自身的相信之中，沉浸在对自身的思考之中，忘掉其余的一切，是心灵深处的吟唱。自斟自酌，自己对自己讲述着自己的故事，忘记了倾听者、旁观者、影响、失败。我们刚刚听到的就是这种高贵的，不可多得的音乐。

乙：这么说你也喜欢这音乐！请让我先继续陶醉一阵子，回头再想想你说的音乐家的良心。

3.24 仪封人请见，曰：“君子之至于斯也，吾未尝不得见也。”从者见之。出，曰：“二三子何患于丧乎？天下之无道也久矣，天将以夫子为木铎。”

“仪”，卫国的一个领地，“仪封人”就是仪之领主。孔子一行途经此地时大概正是他人生的低潮。仪封人提出会见孔子，曰：“君子途经我地，我是一定要见的。”弟子于是带他见了孔子。出门后，仪封人对孔子弟子们说：“小子们，你们无须担忧夫子今日的逆境，天神有鉴于这个世界背离天道已经太久，欲以夫子做他的喉舌呢！”

木铎：带木舌的铃铛。仪封人以此比喻孔子及其阶级的使命：你就是天道的代言人！这话太励志了！尤其是在逆境之中。

然而这一章八成还是伪经。所谓“天道的代言人”，就是被上天赋予了特殊禀赋和特殊使命的人，但其实，并无所谓天神赋予特殊的禀赋与权力。另外，做“天道代言人”的人可以是一个学者，一个诗人，更可能的是一个预言家，但他不是一个真正承担责任的行动者。而每一个有志于开创伟业的人都需谨记马基雅维利的名言：“凡是武装起来的先知都取得了胜利，凡是没有武装的先知最后都成了烈士。”

3.25 子谓《韶》：“尽美矣，又尽善也。”谓《武》：“尽美矣，未尽善也。”

《韶》和《武》分别是文王和武王的乐舞。论及《韶》，孔子说：“尽美矣，也尽善也。”说《武》：“尽美矣，但还未能尽善也。”

流行的注释是：武王发动的灭绝商纣的战争，道德上有瑕疵，所以未尽善也。这种愚蠢的观点宣扬反战甚至是避战主义，他们似乎认为，武王可以不用武力而仅仅凭着道德的力量就可以取得天下。

什么叫“尽善尽美的音乐”？用心理学的话语说，就是那种本我欲望和超我道德两者都被合法化，都被充分满足，令人流连忘返的音乐。西川有诗曰：

我要养育尽善尽美的孩子，

我要写下尽善尽美的诗篇。

3.26 子曰：“居上不宽，为礼不敬，临丧不哀，吾何以观之哉？”

孔子说：“身居高位者，若不能宽厚待人，为礼不敬，临丧不哀，我怎么看得下去呢？”

这一章是伪经，而且很烂，就像最后吃了一颗烂花生一样败兴。“吾何以观之哉”大概是临摹“禘自既灌而往者，吾不欲观之矣”那句写的。指责君主失礼，是朝堂上的儒家文官最喜欢干的事了。

第四篇　里仁

这一篇讲仁。孔子不擅长讲论，加之这一篇有大量的伪经，所以不是很好看。

《论语》很多次讲论“仁”，但并无一个简单明确的答案。即便把所有关于仁的章句合参，也不能得到一个清晰的答案。

4.1 子曰：“里仁为美，择不处仁，焉得知？”

孔子说：“与仁同行才是美好人生。不以仁的方式度过人生，怎么能算智者呢？”

“里”就是“邻里”的里，“里仁”就是“里于仁”，我译为“与仁同行”。“里仁”，不是孟母三迁以仁为邻。仁是存于仁者内心的一笔财富和道德律令，而非隔壁。

尼采在谈到他读叔本华的感受时说：“如果我必须在尘世安家，那么，我但愿与他为伍。”换言之，里仁就是选择那个最高处的思想，不是因为这样可以给我们带来荣誉，而是因为这才是最精彩的、最值得一过的人生。

4.2 子曰：“不仁者，不可以久处约，不可以长处乐。仁者安仁，知者利仁。”

“约”，穷困，局促。“安仁”，安身于仁之境遇。“利仁”，获利于仁。

孔子说：“不仁者不可以长时间处于穷困和逆境之中，他缺少这份修养；他也不能长久安享欢乐的时日，他同样不具备安享欢乐的智慧。仁者安于仁的境界，或穷困，或富足，仁是他心灵中真正的财富。智者善于从他的仁德之中收获各样丰沛的益处。”

比如张楚和许巍，出名之前充满了愤怒和不安，可是有名有钱之后，他俩竟然一首歌也写不出来了。

保罗曰：“我因得了福音的恩惠而大大地喜乐，也因你们对我的思念而充满了信心。我并不是因为穷困需要你们帮助才说这话，因为无论什么样的境遇，我都可以知足，我已得了这个智慧。我知道怎么处卑贱，也知道怎样处富足，或饱足，或饥饿，或有余，或缺乏，所有这些境遇，我都得了秘诀。我靠那加给我力量的，凡事都能做。”

保罗令我非常着迷，他说话清晰，充满仁爱，这两条孔子都比不上。

4.3 子曰：“唯仁者能好人，能恶人。”

孔子说：“唯有仁者才能爱人，也才能恶人。”

小人以自我衡量这个世界上的一切人与事，对我好的就是“好”和“善”，对我不好的就是“恶”。仁者克服了他的自我，以真理评判人间诸事，任何人任何事如果符合真理就是好和善，反之就是坏和恶。

借用一句宗教用语，动物界不知善恶，它们一切行为皆属自然；善恶是神对世间万物的观点；人夹在两者之间，身上既有神性也有动物本性，这是人生之为人的独特困局。信神的人以神的眼光（真理）将他的自我与外部世界一分为二，丢下污秽的一半，留下另一半过圣洁的生活。

4.4 子曰：“苟志于仁矣，无恶也。”

孔子说：“如果一个人励志于仁，至少不会做坏事。”

这一章是伪经。这种话可以安慰那些假装有志于道的混混，更说到了君王的心坎上，他就是想用道德教化把百姓驯化为顺民。这件事真正的受惠者是儒家，他们可以从君王那里拿到财政预算，然后当混混们的老师。

孔子精神上的洁癖让他对这种混混很无情，比如对宰我、冉求、微生高。

4.5 子曰："富与贵，是人之所欲也；不以其道得之，不处也。贫与贱，是人之所恶也；不以其道得之，不去也。君子去仁，恶乎成名？君子无终食之间违仁，造次必于是，颠沛必于是。"

孔子说："富与贵，人人都想得到，可是不以仁道得之，君子是不要的；贫与贱，人人都不想要，可是不以仁道去之，君子宁可不去之。君子的真正品质就是仁，若违背了仁，还怎么能叫君子？君子与仁分离的时间不超过一顿饭的时长。无论怎样的境遇，哪怕颠沛之际，心中牵挂的也是这个！"

仁，是仁者的源泉、安慰和奖励。是他有异于人的标记。他是很骄傲的人，他知道自己比别人更美，是更重要的人。

4.6 子曰："我未见好仁者、恶不仁者。好仁者，无以尚之；恶不仁者，其为仁矣，不使不仁者加乎其身。有能一日用其力于仁矣乎？我未见力不足者。盖有之矣，我未之见也。"

孔子说："我还没见过好仁者，恶不仁者的人呢。所谓好仁者，仁就是世间至高之物；恶不仁者，意味着他不让任何不仁之物搅扰他的生活。有没有终其一日之力处于仁之境界的人呢？我没见过力不足者，也许存在这种无力为仁者吧，但我还没见过。"

兄弟，你是否至今还被别人误解，被这个世界过低估计了你的价值？孔子劝你别担心没有获得你应得的好名声，你要担心自己是否可以承受这个好名声。你敢说自己是好仁者，恶不仁者吗？这是极重无比的负担呢。

4.7 子曰："人之过也，各于其党。观过，斯知仁矣。"

"党"，不同类的"类"之意。孔子说："每个人的过失都不一样。遍观周围人们的过失，就可以知道仁的含义了。”

这章是伪经。其作者是一个内心僵硬、灵魂阴郁的学者，他无情地发起了针对自我的攻击，从青春期起，他的人生就乌云密布，并最终被性压抑的力量扭曲成为一个厚重、谦卑和顽固不化的人。仁是一种指向人的最高境界的理念，也是把你提升到这一高处的动力，然而观过只能让人不犯错误，你拿着把剪刀怎样抵达高处呢？

今本《论语》中有大量跟自己身上的每一处错误较劲的章句，全是伪经。孔子是个畅意直言开朗而又率真的人，绝非盯着自己的肚脐眼看个没完的心理学家。保罗对哥林多教会的兄弟们说：“我来是为叫你们更快乐，因为你们凭信才站立得住。”仁的方向不是向下（检讨自我），而是一种使人向上（超越自我）的力量。

4.8 子曰：“朝闻道，夕死可矣。”

孔子说：“有朝一日如若我可以得到天启，听闻天道的奥义，就算当晚就死也将在所不惜。”

保罗原名叫扫罗，那时他还是负责镇压基督徒的犹太教正统的法利赛人。一日，在前往大马士革的路上，扫罗突然领悟到，他正在追杀的耶稣正是神派到人间宣扬神的真理的神的儿子！扫罗立即匍匐在地，皈依基督。从此，他改名叫保罗，开始了把他得到的基督的福音传播给外邦人的工作。

这就是孔子和保罗的差距。孔子的理想是成为一位真正高洁之士，成为所有知识分子的榜样。而保罗服务于他获得的真理，他名片上的签名是“做了耶稣基督使徒，要把神的福音传给外邦人的保罗”。在保罗手上，真理是一种塑造世界的力量，而仁对于孔子，意味着一种美德，一种高级的趣味。

尼采有段话说的是歌德，放在孔子身上也完全合适：

“这是一个高级闲人。怀着改造世界的良好愿望和高贵的品位，却绝不付诸行动，最终只是作为一个愤怒者周游了这个世界。”这句话打开了我理解孔子其人的一扇窗。

4.9 子曰："士志于道，而耻恶衣恶食者，未足与议也。"

孔子说："一个人意欲以真理塑造自我，却受不了吃得不好，穿得不好，就别再跟他谈论真理（仁）了。"

请勿将此章理解为歌颂贫穷。孔子从不认为越穷越革命，而且祭司阶级一直都是社会的中高层，不会太穷。本章来自孔子的生活经验，他的弟子中间一定有这种人，他告诫我们：你最终还是要和他分道扬镳。

"士志于道而恶衣恶食者"的内心是分裂的，他们受到形而上的更高级东西的吸引，然而最终他们还是听从于自己的本我，他们的内脏才是他们真正的主宰者，他们最终的决定是内脏按照其欲望做出的。犹大因为 40 个金币出卖了耶稣，金币是内脏想要的。事后犹大万分痛悔，因为内心分裂者的内脏一旦获得满足，理想将再次升起。每一个有志于开创自己事业的人都需警惕你身边那些恶衣恶食者，他是终将背叛你的假兄弟！

4.10 子曰："君子之于天下也，无适也，无莫也，义之与比。"

孔子说："胸怀仁德的君子行走于人间，没有什么可以，也没有什么不可以。他可以充分享受做人的各样欢乐：音乐、爱情、朋友、欢宴、阅读、水果、敌人、工作，当然还有疾病、衰老、女人和假兄弟。我们对这个世界充满感谢，我们像一个旅行家或者美食家一样游历了我们的人生！只是，我们从未忘记，我们是有使命在身的特殊人物呀。"

请别漏掉最后一句"义与之比"：我把"义"翻译为使命，就是那个让我们有别于常人的特殊记号。

4.11 子曰："君子怀德，小人怀土；君子怀刑，小人怀惠。"

孔子说："君子顾念的是仁德与使命，小人怀想的是家室和故乡；君子心存诫命，故有所不为，小人贪念利益，逾越诫命之事也会去做。"

"怀德"与"怀土"：其实我们这种四海为家的人早就没有"故乡"了，故乡

延伸阅读：卡拉瓦乔的《犹大之吻》

《犹大之吻》卡拉瓦乔

画面的重心完全移向左侧犹大和耶稣所在的区域，一副憨厚又狡猾的犹大正要给耶稣一个吻，这个吻就是通知他背后的罗马兵丁抓捕耶稣的信号。耶稣预先就知道这个吻的含义，他的双手反扣在腿上，正打算安静地迎接犹大之吻，然而他的身体却不自觉地向后倾，因为这毕竟是将置他于死地的毒蛇之吻。在画面的最左侧，作为两人背景的人物是耶稣最喜爱的门徒约翰，他在向全世界大声惊呼："耶稣被那个自称是他的门徒的人出卖了！"他的红袍子因为激动而在空中飞舞，这一抹血红色正好衬托出画面核心处的耶稣。画面上的耶稣面容憔悴，预示着他即将接受的一系列肉体痛苦。这些痛苦的残酷性还反映在已经抓住耶稣的罗马宪兵手臂上的铠甲发出的寒光之中。他已经伸手越过犹大，好抓住耶稣，好让犹大告诉他是不是这个人。

画面的最右端，有个提着灯笼的人混杂在罗马士兵队伍中，此人就是画家本人自画像。他正把灯笼举到事件的中心，他将以他的画，让全世界记住这一令人心碎的瞬间。这位画家还不仅仅是这一幕的见证者，他也是参与抓捕耶稣的兵丁中的一个，就是说，他也是参与抓捕和迫害耶稣的罪人。

弗洛伊德讲过一个真理：凡是"神圣的"，也必是"被诅咒的"，这两种截然相反的心理倾向是同一个东西的两个面。一位父亲、一个大哥、一个领袖或者企业的CEO，享受着神圣的地位带来的服从和赞美，也必将承受来自别人的诅咒和背叛。在这一章里，孔子说"未足以议也"只是远离这些假兄弟，然而卡拉瓦乔绘画中的耶稣正在主动接受他的兄弟的背叛！兄弟们，凡是想要在人间建立一番事业的人，必将遭遇兄弟的背叛。这是他命运的一部分！所以，你要学会拥抱这一命运而不是躲闪。这是人世间至高荣耀加冕礼。

最后我还想说，这幅杰作的唯一缺点是对犹大的刻画。假如我是画家，我会把犹大画成一个相貌英俊的城里青年，卡拉瓦乔的犹大有点脸谱化。他吻耶稣时表情也不是犹豫和茫然，我会把犹大的表情画成无辜的，他选择性地无视他的罪孽。也许，教会要求他必须画成善恶分明的，便于下层人民一眼认出罪恶的面目。

这种东西说到底是一种安慰，一种对旧我的喂养。尼采说："哪里可以让我们感到一种父亲般的柔情，哪里就是我们的故乡。"

"父亲般的柔情"：就是像父亲一样，为了想要他的子女可以降生在一个更美好的世界上而努力工作的那种柔情。

故乡的另一个变形，就是一个人的出生地、种族、时代、性别这些先天的属性，谁是超越了这些先天属性的人，他对事物的态度和情感才值得我尊重。

4.12 子曰："放于利而行，多怨。"

孔子说："如果一桩事业最高与最后的目标是盈利，必然滋生各种怨恨。"

彼得·德鲁克说过与此很相似的话："一个企业的使命要尽量高远，只有这样的目标才能凝聚起更优秀的人为之奋斗。"

松下幸之助说：经营企业的第一条法则就是"必须赚到钱"。这我完全同意。但这和把赚钱作为企业的目标在本质上不一样。

4.13 子曰："能以礼让为国乎，何有？不能以礼让为国，如礼何？"

孔子说："以礼让治国的，这种国家还有吗？可是如果不以礼让治国，何必还要礼？"

孔子对他的时代很失望，并拒绝同流合污。可是所有的时代不都如此吗？孔子的愤怒难道不是他拒绝行动的借口吗？孔子这句话说得实在漂亮，这种"高贵的愤怒"真是一幅漂亮的面具。

真正的行动者不沉溺于诅咒时代和谩骂大众，他知道这是一种自我堕落。孔子缺少行动，因而无从在创造性的行动中消解他的怨恨。唯有去做一个创造者，才是孔子唯一的出路。

4.14 子曰："不患无位，患所以立；不患莫己知，求为可知也。"

孔子说："别去忧虑没有你的职位，就怕你缺少承担那个职位的才能；也别再说别人贬低了你，有本事就拿出你的作品，让作品说话。"

与其为自己没有得到好名声而忧虑，不如担心自己能否撑得住那个好名声。

哪有什么怀才不遇，说这句话的人是一个顾影自怜的懦夫。

4.15 子曰："参乎！吾道一以贯之。"曾子曰："唯。"子出，门人问曰："何谓也？"曾子曰："夫子之道，忠恕而已矣！"

孔子说："参啊（曾子名参），我的学说可以用一个东西全部贯穿为一体。"曾子说："正是。"

众弟子很惊奇，待孔子出，便问曾子："那个一以贯之的东西是什么呀？"曾子说："夫子之道，不外忠恕二字。"

这是伪经中很重要的一章，目的是把曾子塑造为夫子之道的正宗传人。"吾道一以贯之"这句话的出处，是 15.3 章孔子与子贡的对话。造伪者偷梁换柱，让孔子在这一章里将夫子之道单独传给这个曾参。而曾参又在孔子不在场的情况下把夫子之道解释为"忠恕"二字，真是睁着眼睛说瞎话。

有意思的是，曾子告门人说的话是孔子不在场时说的，这是造伪者的诚实。因为曾子对他的门人说话的时候，孔子已经死了 500 年了。

4.16 子曰："君子喻于义，小人喻于利。"

孔子说："君子以义凝聚众人，小人以利凝聚众人。"

君子以宇宙至高秩序作为他在人世间做事的原则，小人不知这天道，故而以人为本，也就是把为顾客服务，以及从这种服务中收获个人利益为做事的最高原则。然而小道一旦推而广之就露出马脚。彼得·德鲁克告诫那些 CEO 们，一定要把组织的使命建立得尽量高远。很多人或者很多组织，总是担心目标过于远大而无力实现，但对于真正勇敢和伟大的人或者组织来说，更大的危险在于目标定得过低而不值得完成。把赚钱当作唯一和终极目标的组织注定走不远，史蒂夫·乔布斯说："比尔·盖茨确实赚了很多钱，但我怀疑这未必是他真正的人生目的。可惜当他意识到这个问题的时候已经太晚了，他已经无力改变微软以盈利为目的的做事方式了。”

4.17 子曰：“见贤思齐焉，见不贤而内自省也。”

孔子说：“发现和理解了美德，就应当努力让自己拥有这种美德；反之，看到了别人的缺点，就当检讨自己是不是也有同样的缺点。”伪经。

4.18 子曰：“事父母几谏。见志不从，又敬不违，劳而不怨。”

孔子说：“父母如果有不对的地方，应当委婉地劝说，如果不听，还是要恭敬不违，无怨地服从。”伪经。

4.19 子曰：“父母在，不远游，游必有方。”

孔子说：“父母在世，不远离家乡；就算要出门，也须有一定的方向和去处。”伪经。

4.20 子曰：“三年无改于父之道，可谓孝矣。”

这是多次重复的一章伪经。(《学而篇》1.11)。造假者觉得，重复多次的东西就是事实。

4.21 子曰：“父母之年，不可不知也。一则以喜，一则以惧。”

孔子说：“父母的年纪不可不知，一方面为他们的长寿而高兴，一方面又为他们的衰老而忧虑。”仍然伪经。

4.22 子曰：“古者言之不出，耻躬之不逮也。”

孔子说：“上古贤人不喜欢高谈阔论，他们耻于自己的行动没能跟上说出来的那些话呀。”

这一章的含义与“敏于行而讷于言”相同。我怀疑是有人读那一章时写下的读书笔记。

4.23 子曰：“以约失之者，鲜矣！”

孔子说：“以节俭的风格做事的人，失败的概率会更小。”

4.24 子曰：“君子欲讷于言，而敏于行。”

孔子说：“君子说话时木讷，做事的时候行动敏捷。”

人类把太多的能量浪费在说话上了，这真是极大的浪费。

毛泽东读《论语》，读来读去，对这一句情有独钟。

4.25 子曰：“德不孤，必有邻。”

孔子说：“有德之人不会孤独，必然有很多人与之为伴。”

仁者不担心没有朋友。

4.26 子游曰：“事君数，斯辱矣；朋友数，斯疏矣。”

子游曰：“事君太逼催太琐屑，就会受辱；交友太逼催太琐屑，就会被疏远。”

《论语》各篇经常以讲论交友作为最后一章，第四篇最后两章都是交友，这本身并无不可，只是最后这一章“子游曰”令人生疑。第四篇通篇的子曰，最后突然出现一章子游曰很不恰当。就内容而言，这一章显然不如上一章。而且子游讲的尽是一个聪明人如何自保，其立足点是个人的幸福，而仁具有极为明确的社会性。把这一章放在最后违背了第四篇全篇的整体含义。

第五篇　公冶长

第五篇，孔子讲论各位弟子之得失，兼论同时代其他人物，这个他很擅长。给别人支招是容易的，也是很愉快的。这一篇，最后三章才是亮点。

5.1 子谓公冶长："可妻也。虽在缧绁之中，非其罪也。"以其子妻之。子谓南容："邦有道，不废；邦无道，免于刑戮。"以其兄之子妻之。

论及公冶长（孔子弟子），孔子说："可以把女儿嫁给这个人。此人虽然做过监狱（缧绁就是枷锁，代指入狱），然而罪责并不在他。"后来，把女儿嫁给他。

论及南容（孔子弟子），孔子说："天下有道，此人便有所作为；天下无道，也能保全自身。"后来，把哥哥的女儿嫁给了他。

彼得·德鲁克论及如何考察提拔管理者，讲过一个简单的标准：如果你认为可以把你儿子交到这个人手下做事，就可以提拔他。说的和本章完全一样。

注经家们发现，从孔子的评价看，南容略贤于公冶长，孔子以侄女嫁给人品更好的南容，把亲闺女嫁给略差一点的公冶长，体现了孝悌之道。这有多无聊啊。

5.2 子谓子贱："君子哉若人！鲁无君子者，斯焉取斯？"

论及子贱（也是孔子弟子），孔子说："真君子啊，这个人！如果鲁国并无君子，他又能从哪里获得这些美好的品质？"

我在大学和其后的很长一段时间内读的书，都是我称为“虚荣心驱动的阅读”。就是谁最有名最难懂我就读谁，普鲁斯特和弗洛伊德都是这样读起来的。后来读《论语》和《圣经》都是出于理性的选择。我已经忘了当时是怎样读起尼采的，现在想来，这些就是我一生中最重要的相遇。

5.3　子贡问曰：“赐也何如？”子曰：“女，器也。”曰：“何器也？”曰：“瑚琏也。”

“瑚琏”，镶嵌在漆器表面上的贝壳装饰品。子贡听到老师接连表扬公冶长、南容和子贱，忍不住问：“老师呀，在你心目中，我是怎样的人？”

孔子说：“你呀，是一种器。”子贡问：“什么器？”孔子说：“是瑚琏也。”

我高度赞赏孔子的坦率。这话既是对子贡的教育，也是对“君子不器”内在含义的形象说明。

子贡口才一流，并引以为豪。孔子告诉他：如果你存心想在世人面前光彩照人，这份虚荣心最终会把你塑造成一只好看的花瓶。你真的仅仅打算做一只取悦别人的花瓶吗？我怀疑这真的是你的人生目标。

5.4　或曰：“雍也仁而不佞。”子曰：“焉用佞？御人以口给，屡憎于人。不知其仁，焉用佞？”

“雍”：冉雍，字仲弓，孔子学生。“佞”：这个字现代汉语已经不用了，意思是“善辩，口才好”。

有人评价冉雍其人，说这个人“拥有一流的仁德与四流的口才”。孔子闻之，曰：“仁者需要很好的口才吗？那些伶牙俐齿，在辩论中占得口锋的人最最令人厌恶。我不知道冉雍是否是仁者，不过衡量仁者的标准怎么能是口才？”

孔子崇尚纯真质朴，故而对口才一事的态度甚至有点偏执。孔子对待口才一事很有当代意义。

5.5　子使漆雕开仕。对曰：“吾斯之未能信。”子说（悦）。

孔子对他的学生漆雕开说，你可以出去做官了。漆雕开对曰："我对做官这件事还没有完全的把握。"听到这个话，孔子打心眼里欢喜。

朱熹曰："请相信孔子的眼光，他让漆雕开做官，此人肯定具备这个才能。然而漆雕开不安于小成，宁愿继续跟随老师学习，假以时日，他将获得的成就岂能用斗称用瓢量？"朱熹恰恰说错了，因为什么也代替不了实践。

孔子身上有一个很坏的东西，就是拒绝行动。儒家所说的"学以致用"其实是一种自欺欺人，它把莘莘学子牢牢地固定在"学"而非"用"之上。因为对于"用"而言，你的所学永远不够。从"学"到"用"必然经历一个"失重状态"的阶段，这里完全不存在朱熹想象的那种华丽转身，那绝对是个华丽的陷阱。

比如登山，孔子开办了一个登山学院，招收弟子学习登山。有一天孔子对漆雕开说你可以去登山了，漆雕开曰，我对真的去登山还没有十足的把握，还要继续学习登山之道。结果呢，这个漆雕开后来做了登山学院的老师，教授弟子怎样登山。

5.6 子曰："道不行，乘桴浮于海。从我者，其由与？"子路闻之喜。子曰："由也，好勇过我，无所取材。"

人生低潮时孔子感叹曰："这个世界并不接受我的真理和价值，我就像竹筏的漂泊者，随波逐流飘荡在这茫茫的海上。这个时候仍然跟着我的，大概就是子路这种傻子吧！"子路闻之心中大喜，逢人便说，恨不得让全班同学都知道。于是孔子说："仲由其人论刚勇是胜过我的，其余则一无是处。"

孔子把这一章放在第五篇里，侧重点就是在教育子路，除了自己已有的禀赋，还应训练自己获得完备的美德，才能完成那光荣的任务。

其实这一章也可以放在讲述孔子其人的第七篇。从孔子的角度说，一方面他改造世界的梦想无法实现，另一方面他心爱的弟子颜回早死，一直跟随他的只有刚勇好胜的子路，这位弟子是无法理解孔子内心的孤独的。

海涅还说到堂吉诃德与桑乔·潘萨这对儿搭档。这位骑士的孤独，他那不合时宜的人生处境，在他和这位不如人意的伴侣的对话中体现得淋漓尽致。海涅接着说，我们可以在众多的英雄人物身上看到这种搭档关系，比如一位出版商把作者的傻劲看得很准，但他会纵容和鼓励作者继续冒傻气，因为这符合他的利益，他会忠诚地陪伴作者在一切通往理想的歧路上瞎闯。

5.7 **孟武伯问："子路仁乎？"子曰："不知也。"又问。子曰："由也，千乘之国，可使治其赋也，不知其仁也。"**

"求也何如？"子曰："求也，千室之邑，百乘之家，可使为之宰也，不知其仁也。"

"赤也何如？"子曰："赤也，束带立于朝，可使与宾客言也，不知其仁也。"

孟武伯（鲁国"三桓"之一孟孙氏族人）来孔子学院招聘人才，问孔子说："子路是否可以称得上仁？"孔子说："不知。"孟武伯想问的应该是子路的人品与才能，这两点孔子当然知道，但既然问的是子路之仁，孔子则答曰"不知"。对方不甘心，又问。这一回，孔子说："子路其人，千乘之国（一千辆战车规模的国家），他可以统领军队，（'治其赋'原意是收税，尤其指军备税，古代社会最大的赋税就是军备），不过是否是仁者还不知道。"

孟武伯接着问："冉求其人如何？"孔子说："冉求，千室之邑（一千户的一个乡），百乘之家（可以出兵一百辆战车的卿大夫家族。比子路那个小得多），他可以做一个称职的宰相，不过是否是仁者还不知道。"

孟又问公西赤。孔子说："赤，穿上礼服立于朝堂之上，可以做礼宾官员负责外交，不过是否是仁者还不知道。"

这一段问答，是在深问读者：那么什么才是仁？

5.8 **子谓子贡曰："女与回也孰愈？"对曰："赐也何敢望回？回也闻一以知十，赐也闻一以知二。"子曰："弗如也！吾与女弗如也。"**

孔子拉着子贡问："你说你和颜回比，谁更牛？"子贡说："我怎么敢和颜回比，人家颜回闻一知十，我最多闻一知二。"孔子说："确实不如呀，在这一点上你我都不如他呀。”

闻一知十：尼采说，智慧要求我们过的无牵无挂，机智灵活，无忧无虑，智慧是一个女人，她永远只爱一个斗士。

孔子说“咱俩都不如他”并非谦虚，而是坦诚，他自感不如颜回更加纯净，专注，心无旁骛。

5.9 宰予昼寝。子曰：“朽木不可雕也，粪土之墙不可杇（wū）也，于予与何诛？”子曰：“始吾于人也，听其言而信其行；今吾于人也，听其言而观其行。于予与改是。”

宰予白天睡觉。孔子说：“朽木不可雕也，粪土之墙不可杇也。（在粪土之墙上打腻子杇平墙面都是白搭）你让我怎么骂你才好呢？”后来又曰：“以前，我听其言就信其真的会那么做，现在我先听其言，后观其行，这是我从宰予这里获得的智慧呀。”

有人说白天睡觉就被老师骂得狗血喷头，过分了吧。但是这里的重点不是老师上课他睡觉，而是言行不一。上课睡觉是因为心思在放学后的内容上，学习不成为一种生活方式，就是一句空话。

5.10 子曰：“吾未见刚者！”或对曰：“申枨。”子曰：“枨也欲，焉得刚？”

孔子说：“我尚未见过一个可称为刚者的人。”有人对曰：“申枨可以算是一个吧。”孔子说：“申枨一肚子的欲望，怎么可能刚？”

很多人以“无欲则刚”解释这一章，我觉得不是。“无欲则刚”视“欲”为罪恶之源，是扰乱理性的生理冲动，这是在与生命为敌。

“枨也欲”，是说申枨听从于他的内脏欲望。而孔子说的刚是一种听命于最高理念的勇敢，是经过驯化的力量。或听命于来自最高之处的召唤；或听命于来自内脏的欲求，这才是这一章的正解。

5.11　子贡曰："我不欲人之加诸我也，吾亦欲无加诸人。"子曰："赐也，非尔所及也。"

子贡说："我不希望别人把他的意志强加给我，我也不希望把我的意志强加于人。"孔子说："赐呀，可惜你还做不到这一点呀。"

子贡的这种论调当下似乎很流行：

"每个人都是平等的，都有按照自己的方式追求他认为的幸福。"

"每个人甚至拥有不改正他的错误的权力。"

"虽然我反对你的观点，但我绝对维护你表达你的观点的权力，因为咱们是平等的。"

你去看看羊和狼这两个物种是怎样分配交配权的。春天里同时盛开的花朵，为什么只有极少数可以被蜜蜂授粉而产下后代？大自然从未打算赋予每一个生命平等的权利，就算这个世界不是上帝造的，它也绝不是按照平等、自由和爱的规则造的。那些把平等自由与爱奉为人类普世的最高价值的人们，他们真正捍卫和坚守的是他们拒绝改变的自我，他们的主义也不过是他们继续喂养他们的懦弱的漂亮借口。

尼采说："凡不能听命于自我的，就要听命于别人。"这就是孔子本应回答子贡却没有说出口的话。人道主义者不要以为你们人多势众，就可以在人间建立一种权力。这个世界听命于真理（尼采说是强力意志），而不在乎人数。

5.12　子贡曰："夫子之文章，可得而闻也，夫子之言性与天道，不可得而闻也。"

子贡说："夫子的文字很平实，没有一句我看不懂的，可是这些文字背后包含的性与天道，完全摸不着门啊。"

你注意到没有，其实不只是子贡说不懂，连颜回也说看不懂（"仰之弥高，钻之弥坚"），如果连颜回都觉得晕，我认为老师负有不可推卸的责任。

保罗向神祈求赐予他良好的口才（就是语文功力），好让他更清晰明白地宣讲神的福音。他非常在意用最通俗的话宣讲福音的奥秘，他写道："神的话就是我们得以存活的粮食，然而你们在神面前还是孩童。所以我给你们的是牛奶，因为那粮食你们还不能消化。”保罗的使命是要把十字架插遍地中海北岸，而且他成功了。如果孔子也像保罗那样，把他从天上获得的天启和神的恩典传播给我们这些普通人，《孔子》就不会是今天这个样子。

《论语》是中国古代社会高知识层的读物，而《圣经》是全民性的，甚至是贫民性的，国王、哲学家和车夫都读这同一本书，这可能就是两者本质上差别的根本原因。

5.13 子路有闻，未之能行，唯恐有闻。

子路每次听闻一个新知，如果还没有以实践加以掌握，就唯恐听到新知。

平时不爱学习的子路突然热心于学习，那股子认真劲很让人感动。子路知识容量不多，每次听到一个新知识，都意味着和他既有的知识和常识之间发生的一场遭遇战。他的知识库存几乎还没有和别的知识交锋过，他既无力判断对手的实力和价值，更无力驯服这些外来物，故而如临大敌，就像吃了不该吃的东西。他从此事得到的教训是：以后不要乱吃东西，就吃平时最熟悉的那几样好了。

5.14 子贡问曰：“孔文子何以谓之‘文’也？”子曰：“敏而好学，不耻下问，是以谓之‘文’也。”

孔文子，卫国大夫，死后被谥号为“文”。“文”是极高的荣誉，意味着此人在礼乐、哲学和文化上相当有成就。子贡问，他何以得到这样高的荣誉？孔子说：“此人‘敏而好学，不耻下问’，得此谥号恰如其分。”

史蒂夫·乔布斯在斯坦福大学演讲，结尾时送给大学生们一句格言：“保持饥饿，保持愚蠢。”这句话翻译成古汉语就是“敏而好学，不耻下问”。

“保持饥饿”就是保持一种清贫和进取状态。清贫会让你更纯洁，饥饿会让你如饥似渴地吸纳。“保持愚蠢”就是勇于问那种人尽皆知的傻问题。而绝大多数人因为懒惰和怯懦，只会重复别人已经说过一千万次的话和人生之路。

5.15 子谓子产："有君子之道四焉：其行己也恭，其事上也敬，其养民也惠，其使民也义。"

子产是郑国成就卓著的著名宰相，孔子前代人物。

论及郑子产，孔子说此人具有君子的四种美德："其行为端庄恭顺，事君恭敬谨慎，为百姓谋求福利，领导人民道义为核心。"

这里所说的"子产四点"，内容暗合"修齐治平"四个台阶。"修身，齐家，治国，平天下"是《大学》提出的儒家弟子人生的一号光明大道。《大学》成书时间可能是战国，假托孔子的孙子子思所作。当然这本书也被东汉儒家重新编修过，这一章肯定包含为其背书的目的。

《论语》正典化的创作班底里，有一个写排比句的风气，很傻也很书呆子。

5.16 子曰："晏平仲善与人交，久而敬之。"

孔子说："晏平仲善于交友，时间越久，越是可以赢得对方的敬重。"

可以做到这一点的人肯定不是普通人。《孔子》真正的主题就是塑造更完美的高洁之士，晏平仲应属此列。然而他是如何做到这一点的？孔子没说。我不认为这是含蓄，是他也不知道。孔子是非常重视友谊的，所以晏平仲交友之道的秘诀的缺失非常令人遗憾。

5.17 子曰："臧文仲居蔡，山节藻棁，何如其知也？"

臧文仲是与孔子同时代的鲁国大夫。"蔡"，大龟。"居蔡"，在家养大龟。龟是占卜用的通灵神物，臧文仲在家养大龟类似于今天搞推背图，推演国运。"山节"，把房子的斗拱雕成山的图案。"藻棁"，椽子的柱头用水草花纹做装饰。三者都是周天子宗庙的礼制。

孔子说："臧文仲在家里养大龟，斗拱也雕刻上山的图案，用水草纹饰椽子，做出这样的事怎么能说是个智者呢？"

臧文仲是与孔子同代的著名人物，孔子选择与这种实力相当的对手交战，而不是痛打落水狗，这是他的高贵。

5.18 子张问曰："令尹子文三仕为令尹，无喜色；三已之，无愠色。旧令尹之政，必以告新令尹。何如？"子曰："忠矣。"曰："仁矣乎？"曰："未知；焉得仁？"

"崔子弑齐君，陈文子有马十乘，弃而违之。至于他邦，则曰：'犹吾大夫崔子也，违之。之一邦，则又曰：'犹吾大夫崔子也，违之，何如？"子曰："清矣。"曰："仁矣乎？"曰："未知，焉得仁？"

子张问曰："令尹子文（令尹是官名，子文是人名）三次担任楚国的令尹，从未沾沾自喜；又三次被罢免，也不见他有怨恨。每次被免，一定把政务衔接告之接任者，你说这人怎么样？"孔子说："配得上忠这个字。"子张问："称得上仁吗？"孔子说："不知道啊，你说什么才算仁？"

子张又问："齐国的叛臣崔杼杀了主子齐庄公，陈文子是庄公的臣子，他家里还有四十匹马，陈文子直接不要了，逃离齐国。到了另一国，发现那里的执政者和那个弑君篡位的崔杼一个路子，再次弃之而去。又到一国，发现那里的执政者还是和崔杼差不多一样，再次果断离开，这个人你怎么评价？"孔子说："是个清者。"子张又问："可以说是仁者吗？"孔子说："不知道啊，什么才是仁呢？"

令尹子文之"忠"和陈文子之"清"都是个人的荣誉和节操，然而"仁"是将社会整合在一起的建设性力量。孔子所说的仁，绝非只是一种世间罕见的个人修养与美德，而没理解仁的社会伦理学含义，就是没理解仁。"仁"，即"二人"，就是"人与人之间的社会伦理关系"。

5.19 季文子三思而后行。子闻之，曰："再，斯可矣。"

季文子行事总是三思而后行。孔子听闻其人其事，曰："遇事想两次，足矣。"

朱熹注曰："凡事思考两遍，已经算谨慎周全，事情想到第三遍，私心泛起，最后则丧失大义，只剩下自己那点私心了。”朱老师心思缜密，这段话说得也很棒。

这段话包含的另一个意思是鼓励行动。因为事情往往不是想通的，而是做明白的。三思而后行说白了就是永远不决策，让事情永远处于思考阶段。“商界教皇”汤姆·彼得斯说他永远记得他爸爸的名言：“喂，汤姆，别坐在那儿，去做点儿什么吧。”

汤姆·彼得斯还讲过一句话：

以前的市场策略是：准备，瞄准，射击！

但如今我们生活在一个疯狂的时代，这个时代胜出的策略是——

射击！射击！射击！

我喜欢这个射击！射击！射击！意思就是行动！行动！行动！

5.20 子曰：“宁武子，邦有道，则知；邦无道，则愚。其知可及也，其愚不可及也。”

孔子说：“宁武子其人，天下有道就充满才智，天下无道就显得迂腐笨拙。很多人都具备他身上的智，然而他身上的愚，非常人可及也。”

在《论语》文本里，孔子一共五次赞扬君子的这种伸缩自如的两面性，这里是第二次，第一次是说南容，后面还有说蘧伯玉、颜回和他自己的三次。在北辰与众星的君臣父子社会关系中，祭祀文人阶层只是辅佐君王的“相”，这种修养和智慧是必需的。令尹子文和陈文子欠缺的正是这种智慧。

5.21 子在陈，曰：“归与！归与！吾党之小子狂简，斐然成章，不知所以裁之！”

“子在陈”是孔子离开卫国后一段颠沛流离的经历。此时的孔子叹曰：“回家吧！回家吧！我那些弟子们青春飞扬，已经学得有些模样了，他们一直期待我去引领呢。”

一位高洁之士步入尘世，除了堕落、污秽和苟且，他得到的只是误解而已。他一直拒绝行动，故而一直没有体验到胜利。然而什么也不能代替胜利。

我推荐你对比阅读《查拉图斯特拉如是说》第三卷“回家”一章，说的同样是“一个身心疲惫的漫游者对家的渴望”。尼采那段文字含义深邃，情感真挚，远非孔子可及。

5.22 子曰：“伯夷、叔齐不念旧恶，怨是用希。”

孔子说：“伯夷、叔齐不念旧恶，他们二人的灵魂里几乎没有仇恨。”

当孔子在自己的灵魂深处发现竟然还有仇恨的时候，他慌了。这让他觉得自己还不够高贵。有人从养生学角度理解这一章，说仇恨是毒汁，会侵扰我们一半的醒时和全部的睡眠，所以一定要慎用。然而我把仇恨看作是生命现象的自然表现之一，硬憋着不仇恨岂不更有害？正确的方法是把仇恨转化成战斗力的一部分。

5.23 子曰：“孰谓微生高直？或乞醯（醋）焉，乞诸其邻而与之。”

孔子说：“谁说微生高这个人直？有人到他家要点醋，他不说没有，而是到邻居家借了点醋。”

5.24 子曰：“巧言、令色、足恭，左丘明耻之，丘亦耻之。匿怨而友其人，左丘明耻之，丘亦耻之。”

孔子说：“巧言令色足恭，左丘明耻之，我孔丘也耻之。隐藏内心的怨恨，继续跟那个人做朋友，即使只是维持表面的关系，这种人左丘明耻之，我孔丘也耻之。”

“巧言”：善辩，能说会道，见人说人话，见鬼说鬼话，皆为巧言。“令色”：善于察言观色，善于调动身体谄媚逢迎。“足恭”：站不直，软骨头。

左丘明就是写《春秋左氏传》的那位著名作者。这两句话特别有血性。坚定而正直，一种君子坦荡荡的气派。

5.25 颜渊、季路侍。子曰：“盍各言尔志。”子路曰：“愿车马衣裘，与朋友共，敝之而无憾。”

颜渊曰：“愿无伐善，无施劳。”

子路曰："愿闻子之志！"

子曰："老者安之，朋友信之，少者怀之。"

有一天，颜渊、子路陪侍于孔子身边，孔子来了兴致，说："大家不妨说说自己的志向。"子路曰："我愿把马车、裘皮大衣之类贵重之物，无私地拿出来与朋友共享，就算弄坏也没有埋怨。"

颜渊曰："我渴望这样一种美德：不夸耀自己的成绩和优点，也不炫耀自己的苦难和辛劳。"

子路接着说："我很想听听夫子你的志向。"

孔子说："愿老者因为我而感到安心；愿同伴对我有信心；愿年少者怀有我的志向与希望。"

北宋程子曰："子路求仁而未得，他还做不到对朋友慷慨大方，（子路还想不到更有价值的目标，故而强调的是一件自己已有的美德）；颜回不违仁，他意欲剔除自己内心那些卑劣而细小的情感，渴望有朝一日清除所有的杂念，只留下高贵的情感；唯有夫子安于仁之境界的各种美好。先观二子之志，后看夫子之志，分明可以看出天地气象。"

子路和颜回之志高下分明，然而他们二人所说都是个人修行，夫子之志是创立一个美好的人间社会。

我认为夫子之志只有第三点还算靠谱，前两个，尤其是第二个，我认为是虚荣心在作祟。

5.26 子曰："已矣乎！吾未见能见其过而内自讼者也。"

孔子说："算了吧！我还从未见过一个发现了过失立刻检讨并努力改正的人呢。"

这是本篇倒数第二章，作者在此特意提醒各位读者：本篇讲论诸多人物的行为得失，然而智慧的用处如果只是点评别人而不是用于自省，又有何用？如果你能始终保持警觉，以别人的得失为自己指出道路，这一篇就算没白说。

5.27 子曰："十室之邑，必有忠信如丘者焉，不如丘之好学也。"

孔子说："即使是十几户人家的小村子，大概也能找到一位像我一样坦诚质朴的人物，只是未必找得到像我这样好学的人呀。"

"好学"是孔子唯一自夸的东西。作者以此作为第五篇的结尾，突然让我意识到整个这一篇其实都是在劝学。这样的最后一章，一下子照亮了刚刚读过的整个一篇。

第六篇　雍也

这一篇是上篇的延续，继续点评各位人物。但其真正的主题是“什么是仁”。

6.1 子曰：“雍也可使南面。”

孔子对弟子冉雍（字仲弓）的嘉许仅次于颜回。不过像这样夸人还是挺吓人的，孔子说：“冉雍完全具备面南背北（做人君）的品质。”

理解这一章的重点在于冉雍的平民出身（参见 6.6 章）。这句话暗含的用意是说：为君者，即便你贵为北辰，也只是众星之一颗，与冉雍这种平民弟子并无差别。

这是对以血缘为基础的贵族等级制的挑战。略有遗憾的是，这层含义孔子表达得比较隐晦。这就是孔子的问题所在，他试图以美好优雅的贵族风范拯救世界，反对任何真正的变革和行动，故而只是游历了这个四面楚歌的时代。

《费加罗的婚礼》有一段台词把与这一章相同的含义说很露骨。这部戏在法国大革命之前上演，事实上这部戏参与了酝酿大革命暴风雨的形成：

“只因为你是高高在上的伯爵，你就以为自己是个天才？高贵的血统、阶级、地位、财富让你不可一世。你之所以占尽优势，只不过因为出生在富豪之家。如果去掉头衔，你不过是一个凡夫俗子。”

如果说，《费加罗的婚礼》指向的是法国大革命，这一章就是科举制的先声。下层阶级被隔离在公共权利的最下层，这种社会制度的结构性矛盾是无法调和的。

6.2 仲弓问子桑伯子，子曰："可也，简。"
仲弓曰："居敬而行简，以临其民，不亦可乎？居简而行简，无乃大简乎？"子曰："雍之言然。"

仲弓问老师怎么评价子桑伯子其人，孔子说："还行吧，只是行事过于简单了。"孔子担心的是，行事过简则辱没了礼乐（参见"尔爱其羊，我爱其礼"）。

仲弓曰："心怀敬畏而行事简要，以这种姿态治理国政不是挺好吗？如果是因为内心粗陋故而行事简陋，才是你说的那种'过于简单'吧？"听闻此言，孔子转身对弟子们曰："冉雍说得很对呀。"

6.3 哀公问："弟子孰为好学？"孔子对曰："有颜回者好学，不迁怒，不贰过，不幸短命死矣，今也则亡，未闻好学者也。"

哀公问："先生门下，哪位弟子称得上好学？"孔子答曰："有个叫颜回的很好学，不迁怒于别人，也不在同一个地方犯两次错误。可惜这孩子短命死掉了，如今无人可称好学者了。"

哀公之问摆明了是给孔子垫话，好让他说出好学者的标准答案。此外，这段伪造出来的对话营造出孔子和哀公很亲密的氛围，儒家知识分子们真心渴望的就是君王的青睐。他们美其名曰：或处庙堂之高，或处江湖之远，都要忧国忧民。

"不迁怒"：就是不怪别人只怪自己。

"不贰过"：每天深刻检讨自己还有什么不足，然后一一改正。

我向你保证，连神也无力做到这两条。兄弟们别上这个当。

6.4 子华使于齐，冉子为其母请粟。子曰："与之釜。"请益。曰："与之庾。"冉子与之粟五秉。子曰："赤之适齐也，乘肥马，衣轻裘。吾闻之也：君子周急不继富。"

公西华接受公务出使齐国去也，冉求以贴补公西华母亲生活为由，向孔子请求一笔生活补助金。（这件事应该发生在孔子做鲁司寇之时，孔子当时掌握着官员的行政费用支出。冉求和公西华都是孔子的学生，也都在鲁国为官。给公西华申请补助一事是国家行政事务，不是孔门内部的事）。

孔子说："给他家一釜。"（一釜，相当于六斗四升粟米的禄米，是钱而不是米）。冉求觉得少，请求多给点。孔子说："那就再加一庾（二斗四升）吧。"加的很少。结果冉求私下里给公西华家拿去了相当于八百斗的一大笔钱。

事后，孔子说："公西华出使齐国，乘着肥马车子，穿着暖和轻便的皮衣。我记得上古贤者曰：君子救急不济富。"君子帮助需要帮助的人，而不是让有钱人更有钱。

这一章谈钱。孔子的态度是"君子周急不济富"：贵族阶级有责任扶贫，而不是帮助有钱人。

今人读《论语》有两个流行的误解：一是以为孔子很穷，二是以为冉求很有钱。其实孔子很幸运，基本上没为钱发过愁，断粮挨饿只是一时的事。孔子对钱的态度是一个真正的贵族对钱的态度，贵族未必就是有钱，而是不用金钱衡量一个人的地位和成功。冉求是不是有钱人不知道，但他是个掉进钱眼里的势利之徒。

尼采说"我只在需要用钱的时候才想到钱"，这是我听到过的怎样对待钱的最佳方式。但这种态度的基础是必须有点钱，才可以不为钱发愁。然而还有一种人，就是颜回和凡·高这种赤贫者，钱对他们发挥着一种残酷的力量，没钱是他们无可抗拒的寒风。强劲的北风呼啸着从门缝和锁孔里钻进房间，告诉他们："这个世界是按照金钱的意志和趣味运转的，无论你俩是否赞同。因为这就是事实。"与之相比，给公西华他妈多少钱的事轻如鸿毛。

6.5 原思为之宰，与之粟九百，辞。子曰："毋！以与尔邻里乡党乎！"

孔子聘请原思做他的家宰，薪酬是一年九百斗俸米（冉求一把就给公西华家拿了八百斗），原思推辞说不要。孔子说："不要推辞。如果真的用不上这笔钱，就分给你的邻居乡党吧。"

孔子是馈赠者，他这是在教原思也去做一个馈赠者。冉求的慷慨是市恩，孔子教原思做的馈赠者是希望别人也能走上和他一样的天堂之路。

6.6 子谓仲弓曰："犁牛之子骍且角，虽欲勿用，山川其舍诸？"

"犁牛之子"：犁牛，拉犁的耕牛，就是烂牛。祭祀和比赛典礼上的牛才是高级牛。仲弓他爸就是一普通的匹夫，孔子称之为"犁地之牛"，但他儿子生得美轮美奂，怎么看着都让人喜欢。

"骍"，深红色。"角"，一对儿牛角弧线优美匀称，形状周正。

论及仲弓，孔子说："耕地的烂牛小崽子却生得一对儿光泽红亮形状周正的角，就算世人故意贬抑它，山川之神怎可能弃之不用？"

这一章和第一章互为映照，且都有突破血缘世袭等级制的含义。

这也就是尼采召唤他的兄弟们时所说的话：兄弟们，我们是献给下一个时代的头生子，我们的骄傲与苦难都不属于这个时代，人世间的荣誉和幸福怎能满足我们对于荣誉和幸福的渴望呢。

我在本书中大量引述《圣经》，没有一点传教的意思。我以一种超越了民族性的含义谈论《圣经》尼采和孔子，不然的话重读《论语》就毫无意义。

6.7 子曰："回也，其心三月不违仁，其余则日月至焉而已矣。"

孔子说："颜回可以做到三月不违仁，其余那些孩子也就能撑几天，最多一个月。"这一句为下文"贤哉回也"章做了一个铺垫，说的都是内修之功。

6.8 季康子问："仲由可使从政也与？"子曰："由也果，于从政乎何有？"曰："赐也可使从政也与？"曰："赐也达，于从政乎何有？"曰："求也可使从政也与？"曰："求也艺，于从政乎何有？"

季康子来招聘人才，问："仲由可以从政吗？"孔子说："仲由做事果断，可是凭这个就可以从政吗"康子又问："端木赐（子贡）可以从政吗？"孔子说："端木赐通达人性，可是凭这个就可以从政吗？"康子再问："冉求可以从政吗？"孔子说："冉求多才多艺，可是凭这个就可以从政吗？"后来子路、冉求都做了季氏的家宰。

这一章我的翻译有异于其他本子。他们沿袭朱熹的译法，把"于从政乎何有”译为“对于从政一事有何困难？”“冉求多才多艺，从政有何困难？子贡人性通达，从政这点小事有何难？”我认为这个翻译是不准确的。

本章孔子告诉季康子：他们三人各有才能，然而仅凭才能就可以从政吗？所谓从政，就是以礼乐，按照仁道的模型，把全社会凝聚起来。如果不明白这个道理，谈何从政？康子选人选的是管理才能，孔子的用意，是告诉他何谓“从政”。真是鸡同鸭讲。

6.9 季氏使闵子骞为费宰。闵子骞曰：“善为我辞焉！如有复我者，则吾必在汶上矣。”

季氏派人请闵子骞做费的长官（费，季氏的一块封邑），闵子骞对来使曰：“你可以委婉地替我推辞此事，并请务必告诉季氏，假如他再派人召我，我只好逃到汶水河对岸去了。”道不同，不相为谋。

6.10 伯牛有疾，子问之，自牖执其手，曰：“亡之，命矣夫！斯人也而有斯疾也！斯人也而有斯疾也！”

《论语》里的“疾”指的是大病，推测冉伯牛得的是类似于麻风病之类的不治之症。根据 11.3 章，冉伯牛和仲弓、闵子骞都是修行很好的孔子高足。

伯牛大病垂危，孔子前去探望。他从窗外握着伯牛的手说：“怕是不行了，这是命啊！这么好的人怎么得这种病！苍天你怎么忍心让这么好的人得这种病！”

这一章含义并不清晰，我的译文有延伸之处。其本意大概是想说：偶然性在我们的命运中起着不可抗拒的决定性作用。我们的意志是一块纯净的黄金，然而偶然性这个魔鬼在一瞬间就能把它化为乌有。

6.11 子曰：“贤哉！回也。一箪食，一瓢饮，在陋巷。人不堪其忧，回也不改其乐。贤哉！回也。”

孔子盛赞颜回道：“贤哉回也！一箪食，一瓢饮，在陋巷，别人受不了这样的清贫和凄苦，颜回却完全乐在其中。贤哉回也！”

孔子赞赏颜回的，不是他安贫乐道，而是他拥有一颗自由自在、无牵无挂的欢乐心灵。我们当如颜回那样让自己置身在纯洁与艺术之中。当生活成为我们的难题时，我们需要艺术，好让我们充满勇气重新投入生活。写作这本书的这段时间里，我一直着迷于乃木坂，那些感受很丰富很细腻，我还很难用简洁的文字描述清楚我的感受。

6.12 冉求曰："非不说子之道，力不足也。"子曰："力不足者，中道而废。今汝画。"

冉求曰："不是不喜欢夫子之道，是我体能不足跟不上夫子您的脚步呀。"孔子说："如果真是体能不足，会在半途而废再也无力前行，可是你小子根本就还没上路啊！冉求，你的问题是给自己划了一道线，然后就裹足不前了。"

问题不是"做不到"，而是"不去做"。冉求多才多艺，尤其很会赚钱。事实上，真正阻碍冉求奋力前行的就是他的才能。冉求心想，天堂固然是个不错的地

延伸阅读：乃木坂的舞蹈之美

乃木坂的舞蹈很有特色，是"不会跳舞的人跳的那种心灵之舞"。那是一颗纯洁的灵魂挣脱了束缚之后的无拘无束。它超越了表演，而是像喷泉一样自动喷涌出内心的各种感受，自说自话地讲述着她们的心事。这种舞蹈并不想讨好你，并不在乎她们是否给你留下了好印象，那股子旁若无人的认真劲和一本正经的样子完全把我迷住了。

乃木坂第9单曲《夏之自由与欢愉》封面

方，但最终，人还是要在人间安家呀，人间多美好啊，有各种各样美好的娱乐召唤我去享用呢！

谁要是做了一个半截子孔子，就会沦为市侩和书呆子，这是中国文人的流行病。

正如耶稣登山宝训说："神眷顾那些走投无路的，笨的、瞎眼的、有罪的、穷的、卑微的你们有福了！"天堂就是给你们这种烂人准备的，因为这些人说走就走。而那些聪明的、眼尖的、有智慧的、老爸当官的，你们有祸了！骆驼即使可以穿过针眼你们也上不了天堂。

为什么孔子最好的学生，颜回、仲弓、闵子骞皆出自贫寒人家？因为这些人在他们的人生最关键的一段时间里，没有任何亮晶晶的诱惑，因为他们实在无路可去呀！

6.13 子谓子夏曰："女为君子儒，无为小人儒！"

孔子对子夏说："你要做君子儒，不要做小人儒。"

"小人儒"：有一种儒是"大众的智者"，他们为大众代言，替大众呼求幸福、平等、民主、怜悯、良知，还有美好、教养、公德、生命的意义。他们很懂大众的口味，更懂媒体、票房、舆论、得奖，对乌合之众心理学颇有心得。

"君子儒"：就是北辰与众星结构中的那个真正人格独立的人物。谁敢独立于大学和君王这两样东西之外，谁才是真正的独立者。这一点是连孔子也没有完全认清的真相。

6.14 子游为武城宰。子曰："女得人焉耳乎？"曰："有澹台灭明者，行不由径，非公事，未尝至于偃之室也。"

孔子的学生子游做了武城的行政长官。武城是个小地方，上任工作一段时间后，子游回来拜见老师，孔子不问天不问地，劈头问他："你得到人才了吗？"子游回答："有个叫澹台灭明的人，做事从不找捷径，不搞歪门邪道。而且他每次到我办公室只谈公事，从不闲扯，也不寻求和我建立工作关系之外的私人关系。"

从这段对话中可以看到三个牛人：

第一个人是孔子。孔子问的正是任何一桩事业最核心的问题：你得到人才了吗？比如，什么是巴塞罗那队？就是梅西、哈维、皮克、因涅斯塔一群明星的花名册。孔子问的就是，“你找到梅西和因涅斯塔了吗”，没有他们，基本上你什么也不是。就像《抓壮丁》的台词说的：“你要抓了一连的人，你就是连长，你要抓了一营的人，你就是营长。你想当多大的官，就看你能抓来多少人。”

第二个人是子游。子游发现澹台灭明其人“行不由径”。“径”是小路，“路”是大道。“行不由径”就是不走捷径。子游的智慧在于他不相信所谓捷径，行大事者按照某种战略做事，有计划地塑造未来。而捷径就是利用外界出现的某种机缘改变现状，捷径说到底是谋划于外的投机战术。

第三个人就是澹台灭明。此人并不寻求与领导建立私人情感关系。如果你忠诚于组织的战略目标，就会以战略目标作为衡量人事关系的标准；反之，私人关系一定会扭曲战略目标。

6.15 子曰：“孟之反不伐，奔而殿。将入门，策其马，曰：非敢后也，马不进也。”

公元前 484 年，齐鲁交战，鲁军溃败。孔子表扬了这场溃败之中一个人的表现：“孟之反不夸耀自己（伐即夸耀）。鲁军溃败时他殿后担任掩护，军队就要退进城门时，他才扬鞭催马赶上，并说：不是殿后，是马跑不快呀。”

这一章不知真伪，但肯定是败笔。

6.16 子曰：“不有祝鮀之佞，而有宋朝之美，难乎免于今之世矣！”

祝鮀是卫国治宗庙操礼乐的大夫；宋朝是后文 6.28 章据传跟卫灵公夫人南子有奸情的那个美男子。孔子说：“如果没有祝鮀的口才，却有宋朝那样的美貌，这样的人在当今之世怕是难以自保吧。”

这一章似乎是说：美男子必须口才好，才能混下去。又似乎是说：不义之人如果既无口才保护自己，又特别招摇过市，在当下这个乱世里就很难自保。这一章含义模糊，指向不清，难辨真伪。

6.17 子曰：“谁能出不由户？何莫由斯道也？”

孔子说：“出入居室当然要走大门，这是正路，可是世人为何就是不愿遵守同样的道理，在选择人生之路的时候选择那条光明大道呢？”

尼采说，每个思想家都有过下述“不愉快的时刻”。他心想：如果这个时代的人们连我最基本的学说都不听、不信，你说这能怪我吗？这时，一只幸灾乐祸的小鸟飞过他的头顶，啾啾而鸣：

“这能怪你吗？这能怪你吗？”

读这一章的时候请重新回想一下“人不知而不愠”，并思考一下究竟怎样做到这一句。

6.18 子曰：“质胜文则野，文胜质则史。文质彬彬，然后君子。”

孔子说：“无论做人还是做事，如果内容大于形式，就会简陋粗俗；如果形式大于内容，则会流于浮华，唯有两者均匀搭配，相伴相合，才是君子之道。”

这一章流传得很广，但它是伪经。就是说，不是孔子写的。

对于一个剽窃别人成果的仿制者，或者按照别人的命令从事加工工作的奴隶而言，他手中的产品具有“形式”与“内容”之分，就是一个产品的实质与其包装。然而如果你是一个真正的生产者或者说创造者，你的工作就无法区分形式与内容。一个舞者的形体是形式还是内容？一把椅子选择什么木材，以及扶手的弧度既是内容也就是形式；一个作家的语文是他的思想和他的美学的表达媒介，也是其思想和美学本身。

只有书呆子才会从形式和内容两个侧面看待他的工作，因为他们不是生产者，他们只是抄袭者和接受别人的指令加工产品的工人。史蒂夫·乔布斯说他的工作是“改变世界”，这个目标让他疯狂地在乎电路板和机壳的表面材料，也疯狂地在乎体验店的装修方案。

有人说，我在所有环节上都选择最好的（其实他们说的就是最贵的，或者时下最流行的），结果就会是最好的。这种人对于未来世界没有一点点真正具有超越性的设想，他们只能勉强用“最好的”这个词表达他们心中的最高目标。那都是别人已经造出来的东西中最吸引眼球的。而“改变世界”的人的眼中看到的，是这个世界上不存在的东西。

6.19 子曰：“人之生也直，罔之生也幸而免。”

孔子说：“人生就应沿着正道而行，那些不以正道而行却活得很好的人，不过是一直活在侥幸之中罢了。”

凡·高在米勒的书里读到一句话：“你务必努力正直地活着。”感觉如获至宝。对于他这个依然在黑暗中继续奋战的人来说，米勒所获得的伟大成就的奥秘就包含在他这句宝贵的遗言里了。就算下个月甚至下一个春天都不会有好消息来到，凡·高也会因为这句话而知道，他已经走在正确的道路上了。

我们选择哪位前辈大师作为效法的榜样是一件很重要的事。因为我们信任他，甚至超过了信任我们自己。而且更重要的是他已经变成了唯一带给我们安慰的兄弟一样的人，超过了任何一个活着的人。

6.20 子曰：“知之者不如好之者，好之者不如乐之者。”

“知之”：接收到一个来自于外部的事物。比如接收到一种知识、一道美食、一种舞蹈、一次旅行、一首歌。

“好之”：主动拥抱这个外来之物，全身心地爱它、感受它、吸纳它。

“乐之”：终于，它已经化为我们身体的一部分，成为我们的习惯和生活方式。现在我们终于可以享受它带给我们的各种美好之物了。

6.21 子曰：“中人以上，可以语上也；中人以下，不可以语上也。”

孔子说："中等以上的人，可以与他谈论至高之物；中等以下，别跟他谈论这些。"

此话与尼采的观点不谋而合，尼采说："不同的东西是给不同的人准备的；罕见的东西是为罕见的人准备的；粗糙的东西是为粗糙的人准备的；下一个时代的遥远之物是为下一个时代的遥远之人准备的。"

6.22 樊迟问知，子曰："务民之义，敬鬼神而远之，可谓知矣。"问仁，曰："仁者先难而后获，可谓仁矣。"

樊迟问什么是智，孔子说："抓住农业社会的根本，敬鬼神而远之，就算是智。"樊迟又问仁，孔子说："先做困难的事，后考虑报酬，就是仁。"

孔子好像一直都不待见这个樊迟，偏偏此人特别爱问。孔子每次总是告诉他一些他根本做不到的事情。《论语》文本中有关樊迟的章句大概 5、6 条，我以为可能只有 1、2 条为真。这一条为假，孔子不谈治国术。

6.23 子曰："知者乐水，仁者乐山；知者动，仁者静；知者乐，仁者寿。"

这句话流传甚广，因为话说得很漂亮，充满书卷气。但其实，极少有人理解为何仁者乐山、智者乐水。包括那些注经家们，一到关键处就语焉不详。我的解释如下：

"仁者乐山"：仁是极少数顶尖的高洁之士需要用一生去奋力攀登的境界。这里是高山之巅，远离尘世；这里氧气稀薄，唯有仁者才喜欢这种清冽的振风。

"智者乐水"：智者的身体和灵魂都具有良好的柔韧性，唯其如此，才可以承受命运之神各种偶然性的遭遇，并将其转化为有益于我们的人生的正物质。这就是智者对养生的态度，他喜欢像水那样无可无不可。

"知者动，仁者静"：智者身体敏捷具有很好的爆发力，这种力量感和行动力让他感到快乐；仁者死守善道，他知道，这正是他优于其他人的根本之处。

"智者乐，仁者寿"：智者天真，好奇，因为一点小事就可以由衷地快乐，像孩子。仁者的生命单纯而清澈，没有良心的不安和虚荣心的焦虑，这种人长寿。

6.24 子曰："齐一变，至于鲁；鲁一变，至于道。"

孔子说："齐一变，可以成为鲁国；鲁一变，可以合乎正道。"

所谓"一变"就是以周礼实现文明。

这里的潜台词是：谁来完成这个"一变"呢？就是我们这些文人阶级呀！

6.25 子曰："觚不觚，觚哉！觚哉！"

"觚"：祭器，祭礼上盛酒的瓶子。形似今日的高脚杯，但有四棱。有人把觚的形状造得不伦不类，孔子看到这只新觚浑身不爽："觚已经不是觚了，这还是觚吗？这也算觚吗？"

这句很生动，勾勒出孔子其人一个坚定的文化保守主义右派的形象。时下，"保护非物质文化遗产"和"国学热"之声不绝于耳，热心此事的就是儒家的现代传人，比如梁思成。我把此事看作是因哲学与文化的贫困而产生的虚热。这些文化保守主义的调子是：凡是前代的、传统的就是好的，就必须继续存在下去。所以当他们看到陕北窑洞不再用窗纸而是改用玻璃的时候就感叹传统衰微，不过他们自己家从不用窗纸。

尼采说："哪里有坟墓，哪里就有新生。"汉字不就是一再演变吗？换言之，许多落后的文化被埋葬了，好腾出空间让位给新文化。

6.26 宰我问曰："仁者，虽告之曰：'井有仁焉。'其从之也？"子曰："何为其然也？君子可逝也，不可陷也；可欺也，不可罔也。"

宰我问曰："假设有人对仁者说：你跳井吧，跳了才能证明你果真是一位仁者，那么仁者跳不跳？"孔子说："这是证明是否为仁者的方式吗？君子可以赴死，但不可死于敌人的陷阱里，他也可以受到别人的欺辱，但不能因为别人的质疑就必须证明给对方看。”

有人对耶稣说：“从这悬崖上跳下去吧，你的神会伸手接住你的。”耶稣答曰：“《圣经》上说：‘不可试探神’，你没听说过吗？”

6.27 子曰：“君子博学于文，约之以礼，亦可以弗畔矣夫。”

孔子说：“君子广泛地学习知识，以礼制约束自己，也就不会离经叛道了。”

这一章提出的是儒家教育的最低理念：他们哪怕只是装装样子，至少不会上街造反呀。你看看晚清那些革命党，全都是没有科举可考的精力旺盛的动乱分子啊！所以一定要让他们有学上，有证书考，有职称去评，有诺贝尔奖去得，这花不了几个钱，一定要制造足够多的咸蛋让他们用一生去扯。

6.28 子见南子，子路不说。夫子矢之曰：“予所否者，天厌之！天厌之！”

史书曰，南子是卫灵公夫人，与美男子宋朝通奸，有恶名。孔子见了这个有争议的话题女子，子路因此很不高兴，于是孔子对天发誓：“如果我做了被你厌恶的那件事，就让天厌弃我吧！就让天厌弃我吧！”

孔子见南子到底发生了什么？别的注本说：南子跟孔子说，卫灵公接见了你，我也可以接见你，这是礼。孔子爱礼，所以就见了南子。可是，一个男的见了一个淫女就不行吗？子路到底不悦什么？难道子路认为孔子一见美女就把持不住吗？这些疑问原文没有任何解释。

甲午及辛丑战败后，《论语》受到重创，于是有不少人提起这一章就特别兴奋。大家七嘴八舌把这一章搞得乌烟瘴气。林语堂编过一个舞台剧《子见南子》，演出后孔子族人控告他侵害名誉权。

我的态度是忽略这一章，既然文本不愿意告诉我们那天晚上究竟发生了什么，我们不妨眼观别处。

6.29 子曰：“中庸之为德也，其至矣乎！民鲜久矣。”

孔子说：“中庸其实是一种最高的道德呢，今天的世界对此已经久违了。”

这一章是伪经，目的是为假托子思之名编撰的《中庸》一书背书。

有人说“中庸”的“中”读作四声，“庸”的含义就是“常”，“中庸”就是“巡道、守常”之意，我以为无论他们怎么解释，中庸也不是孔子第二篇里“德”的含义。孔子绝口没说过“中庸”二字。

6.30 子贡曰：“如有博施于民而能济众，何如？可谓仁乎？”子曰：“何事于仁？必也圣乎！尧舜其犹病诸。夫仁者，己欲立而立人，己欲达而达人。能近取譬，可谓仁之方也已。”

子贡说：“假若有人能广泛施惠于民，救济穷困，怎么样？这种人称得上仁者吗？”孔子说：“岂止仁者，这简直是圣人！尧舜都还没能做到这一点呢。”子贡之病在于总是把话说得很宏伟。子贡长于言辞，修习仁道也止于语言层面。孔子针对性地接着说：“所谓仁，就是已欲立而立人，已欲达而达人。能从自己身边的人与事做起，就是实行仁道的方法了。”

孔子告诫子贡，别尽整那些宏大的，从身边小事做起吧。如果你能帮助身边的某一个人获得成功，就算是仁。

第七篇　述而

之前两篇点评别人，这一篇是夫子自道。

7.1 子曰："述而不作，信而好古，窃比于我老彭。"

述，传述前代。作，始作，创始。老彭，据说是"殷之贤者"，但并无更多记载。

孔子说："只是传承前代已有的传统与伦理、形制与审美趣味、个人理想与社会体制，并不发明任何新思想。我是真心热爱古代的老派人物，并暗自把老彭视为同道与知音。"

在《论语》文本里，"古"是个褒义词，"今"就是后来歪嘴和尚念错的经。考虑再三，我认为这一章是伪经，(之前就有人说过这一章是伪经)，虽然它与孔子的文化保守主义右派立场是吻合的。造伪者把这样的一章镶嵌在第七篇第一章这个位置上也是深思熟虑的，他们希望通过孔子之口为这种封闭历史观定调子。这种视未来为前代的重复，视过去为理想与目标的历史观，不就是王莽复兴周礼文王盛世的那一套吗？

这一章的另一个作用类似于《新约·启示录》里为《新约》文本加盖七个封印的做法，是《论语》正典化工程的句号。"七个封印"就是断绝后人再篡改文本的七个封条。

基督教文化里有一种不同的东西，我们可以称之为"且述且做"。观察历代耶稣的画像可以清楚地看到这一点。《圣经》里并无耶稣年龄与相貌的记载，但按照历代教会的传统，耶稣一直都被画成是一个 30 岁的青年男子。然而不断会有画家锐意打破这一传统，画出令人震惊的全新的耶稣形象。事实上，这些画家恰恰是极为认真地研读过《圣经》，并做出全新理解的创新者，比如伦勃朗的耶稣画像。

我个人最喜爱的一幅，是伦勃朗画的耶稣。伦勃朗画的耶稣是一个天真质朴的农民，如果你在乡村的集市上偶遇这个人，完全可能与之擦肩而过。我不想过多讲述这幅画了，简单地说，二流画家喜欢那些壮丽的风景、绝妙的人物、经典的动作，而第一流的画家偏爱那种普通的人、物、场面和风景。

7.2 子曰："默而识（zhì）之，学而不厌，诲人不倦，何有于我哉？"

"默而识之"：识，记住。"默而识之"就是颜回在 2.9 章里那个样子，一声不

延伸阅读：伦勃朗画的耶稣像

伦勃朗画的耶稣像

吭，全都记住，回家反刍。

“学而不厌”：头悬梁锥刺股不是“学而不厌”，因为这个姿势你坚持不了五分钟。真正的好学者是身体柔软灵活、充满快乐与骄傲的超级猜谜者。

“诲人不倦”：孔子教学的良好趣味，并不是人们常说的“因材施教”，而是惜字如金和轻言细语。惜字如金给听者留下了思考的空白，轻言细语最适合真理迈着猫步走进我们此时敞开着的心灵之窗。

“何有于我哉？”：这就是注经家们所说的谦虚吗？我宁可相信孔子认为谦虚是一种假美德。

7.3 子曰：“德之不修，学之不讲，闻义不能徙，不善不能改，是吾忧也。”

孔子说：“品德没能持续修行，学说没能宣讲，闻道而不能跟随，知错却没能改正，这就是我忧虑的事呀。”

这是一个僵化且顽固的道德教师写的伪经。他只懂得把世界划分为善恶两个部分，并认为只要纠正了错的、恶的，就是积累了善的财富。西蒙娜·德·波伏娃把这种只知善恶二元论的人比作那些努力保持自己的房间一尘不染的家庭主妇：盯着所有的毛毛，敌视所有的闯入者，哪怕是自己的孩子：“别进来！”“看看你的鞋！”其实即便扼杀了所有的恶也不能因此而成为善。善与恶不是一对儿反义词，而是两件事情。善恶二元论者尤其不懂的是：世间万事万物本无善恶，善与恶皆为上帝的偏见。

这一章的作者，其灵魂和身体都是僵硬的，而孔子则“无可无不可”。孔子可以三个月循环播放一首歌，此外什么正经事也不干。这种飘逸和享乐这位作者敢吗？他懂吗？

7.4 子之燕居，申申如也，夭夭如也。

孔子赋闲在家时，身体舒展流畅，神态悠闲而轻盈，像鱼一样自由自在。好像脱离了地心引力，怎么做都对，怎么做都美，自己对着自己微笑，感觉到自己

延伸阅读：刘寀的《藻鱼图》

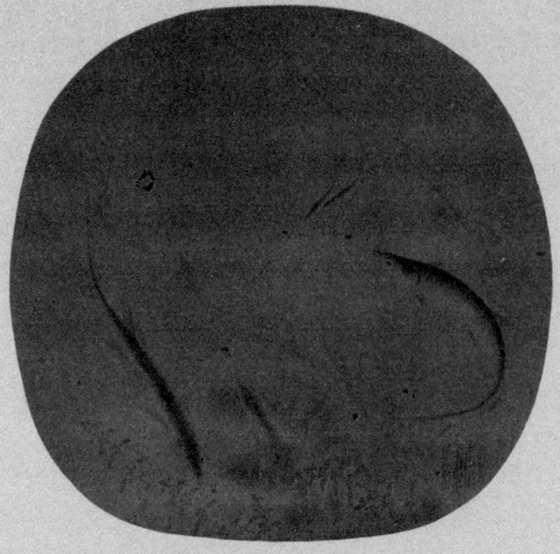

《藻鱼图》，刘寀（北宋）

我们可以把刘寀的鱼和米开朗琪罗的大卫雕像当作同一艺术原则的范例：世界上既不存在这么生动有力的鱼，也不存在如此完美无瑕的人。这两个作品貌似写实，其实都是超越现实的形而上世界才有的事物。画家把它们画出了，是在向我们预告一种属于未来的更高贵的生活方式。刘寀和米开朗琪罗用最细腻的笔触，描绘了那个充满了力与美的形而上的世界可能是什么样子。

确实很美。

“申申”，身体柔软舒展之意。“夭夭”，原指花朵在风中摇曳之貌，这里引申为孔子燕居在家时身体翩翩起舞，一派欢乐不纠结的样子。

这一篇前三章都是伪经。“子之燕居”才是出自孔子之手，并为“夫子自道”的第七篇定调子的第一章。

有人说欢乐是孔子的天性，这我不信，如果他天生就如孩子般欢乐，就没必要每天歌唱舞蹈，也没必要追求欢乐。因为欢乐会追逐他的。总体而言，生活是阴郁的，甚至是过于阴郁的，这就是为什么欢乐是必要的。孩子可以为一点小事就充满欢乐，甚至什么也不为。耶稣说的“若不变成孩子的模样，断乎进不得天堂”就是这个意思。

7.5 子曰：“甚矣吾衰也，久矣吾不复梦见周公。”

孔子说："我果真衰老很多了，很久不再梦见周公了。"

请注意这句话里孔子对自己老之将至的忽视，仍然是一派无忧无虑的样子。我在前面说过，一个真正独立、自由的人必须超越他的出生地、阶级和性别，这一章提醒我，他还要超越他的年龄。他因独立而必然孤独，因勇敢而得到自由，并因这两者在别人眼中是异类，甚至是疯子。

比如尼采说他自己，作为一个思想家，常常会感到他的整体被思想的洪流推动着，甚至在睡梦中都被这股力量推动着前进。这个时候他就会渴望从生活中得到休息。写完《查拉图斯特拉如是说》，尼采说他像在六天之内创造了世界的上帝一样，在第七天走在波河岸边。

这些话是凡夫俗子听不懂的，比如朱熹从孔子这句话里听到的就是怀旧之情，他说这是孔子在怀念壮年创造力依然强盛时期的美好年代。怀旧是凡夫俗子渴望超越他们的命运的软弱努力，其结果就是自私和悲观的宿命论。

7.6 子曰："志于道，据于德，依于仁，游于艺。"

孔子说："有志于领受天道的启示；以德为行动的准绳；以仁为力量和源泉；研习并精于各样才艺。"我愿意用这几个简单的信条构成我生活的全部，此外，什么也不要来打扰我。

7.7 子曰："自行束脩（xiū）以上，吾未尝无诲焉。"

"脩"，腊肉；"束脩"，十条腊肉，穷人家孩子以此为学费来孔子书院读书。

孔子说："即便拿十条腊肉当学费的孩子，我也会收他。"

孔子向下层社会开放教育资源，暗含着对于封建门第体制的反叛。然而这一反叛过于晦暗不明，也没什么力度。西汉的察举制和隋唐的科举制似乎是向社会下层开放了向上的通道，但其实它回避了消除阶级差异，实现社会平等这一根本问题。自孔子以来，旧中国的教育体制仅仅止步于改良了旧制度中的血缘世袭制，这与真正全民性和贫民性的教育目标还有很大差距。

7.8 子曰：“不愤不启，不悱（fěi）不发。举一隅不以三隅反，则不复也。”

“愤”，心求通而未得之意。“悱”，口欲言而不能之貌。这两个字的古意今天已经失传，所以这一句读起来很费劲。

孔子说：“如果学生没到快要明白但还是不明白的时候，我不会给他启发；如果学生没到想说出来但又说不出来的时候，我也不会替他说出来。告诉他事物的一个面，如果他没能举一反三理解到另外三个层面，就不告诉他新知。”

这章是伪经。因为孔子对子路说“知之为知之，不知为不知”的时候就不是“不愤不启”，他对子贡说“你就是个胡琏”时也不是“不悱不发”。这一章的作者没有弄懂孔子教育的精髓，不动脑子就把因材施教当作教育的最高境界。而且，这句话里隐藏着一颗希望赢得所有人赞美的虚荣心。顺便说一句，如果说孔子是“伟大的教育家”，我认为这是因为孔子为我们树立的榜样作用，也就是他的生活方式。

上帝把宇宙一劈两半分为天地两界，把灵气吹入亚当的鼻孔，降下大洪水灭绝罪人，在荆棘的火焰中显示给摩西看，有哪一样是按照人类的理解力与喜好做的？上帝给人类的都是他自己的东西，而不是人类想要的东西。

7.9 子食于有丧者之侧，未尝饱也。子于是日哭，则不歌。

孔子与服丧者一同吃饭，从不吃饱。这一天他整日哀哭，不唱歌。

7.10 子谓颜渊曰：“用之则行，舍之则藏，惟我与尔有是夫！”子路曰：“子行三军，则谁与？”子曰：“暴虎冯（píng）河，死而无悔者，吾不与也。必也临事而惧，好谋而成者也。”

孔子当面对颜回说：“得到机会就有所作为，失去机会则把理想怀揣于内心深处。有此修养者大概只有你我二人吧！”子路听到老师又表扬颜回，于是说：“假如夫子统帅三军，需要选拔将才，我们这些弟子中你选谁？”那意思就是选我嘛！孔子说：“那种徒手打虎、徒步过河、死而无悔的赳赳武夫我是不用的，因为这种人其实没什么用。我要挑选的人，是那种临事而惧、小心翼翼、善于谋划并最终赢得胜利的人。”

子路以勇著称。然而孔子告诉他，士兵有士兵的勇敢，将军有将军的勇敢。子路之勇是一种血性的士兵之勇，而将军之勇是一种围绕战略目标，以各种手段赢得胜利的一系列行动。这就是为什么打架和打仗完全是两回事。

血性之勇在孔子眼里是不值钱的。尼采说：“义无反顾地冲入敌阵，可能恰恰是一种怯懦的表现。”比如赵子龙大战长坂坡，反复冲入敌阵营救幼主，他这么做完全表现了他的英勇和忠诚。然而刘备的军队此时正面临着一场大溃败，这个时候最需要的是那种可以挺身而出扭转败局的人物。灌两碗烈酒你也可以像赵子龙一样勇猛大无畏，可是赵子龙恰恰用两碗酒摆脱了责任的重担。

7.11 子曰：“富而可求也，虽执鞭之士，吾亦为之。如不可求，从吾所好。”

孔子说：“如果凭着努力就可以获得富足，即便是做马夫，我也会做的。但如果得不到，那就还是做我喜欢和擅长的好了。”

我相信孔子真的会去做马夫，出身高贵的好处之一就是生活方式的自然与无拘无束。

7.12 子之所慎：齐 (zhāi)、战、疾。

孔子对三件事情格外谨慎与重视：斋戒，战争，疾病。“疾”，大病。

三样东西均体现为“命运之偶然性”。当我们大谈意志、行动和目标的时候，很容易忘记偶然性这个外在物才是我们的命运之父。

7.13 子在齐闻《韶》，三月不知肉味，曰：“不图为乐之至于斯也！”

孔子在齐国时第一次听闻《韶》，竟三个月尝不出肉的滋味。曰：“人间至乐竟然可以达到这样美妙无比的境界呢！”

古代乐师皆为瞽者，这种职业其实很像阉人，就是从贫寒人家选一些小男孩，用一勺热油浇到孩子眼睛里弄成瞎子，专心发展这个孩子的听觉感受，这种人在音乐方面的技巧和成就很可能远非现代人可比。所以我毫不怀疑孔子三个月无限重播的这段音乐，肯定是人间奇迹。可惜音乐是活体存在，很难保存。

尼采和孔子有一个共同点，都是第一流的音乐鉴赏家。尼采《快乐的科学》334 节的小标题为“必须学会喜爱”，很美。对照这一章一起读很合适：

对待音乐，我们首先必须学习把握音乐所表现的形象和旋律，学会把音乐当作一种孤觉的自我体验，需要做出很多努力，才能接受它。尽管它陌生怪异，我们仍要对其意境和表现方式保持忍耐，对其神奇保持友善之心，久而久之，我们终于习惯它了，我们现在开始期盼它了，缺少它时，就会感到若有所失……这时，它开始源源不断地施展其魅力，一发不可收拾，直到我们完全爱上它，对它俯首帖耳，心醉神迷，乃至不知世上还有什么更美之物。

我们就这样学会了喜爱音乐。其实对其他事物也是如此，如果我们总是对那些陌生怪异的东西保持良好的意愿、耐心、谦逊和温和的态度，最终都会获得激赏：陌生怪异之物现在一层一层地揭开它的面纱，呈现出新奇的、无可言状的美，这是对我们殷勤好客的酬谢呀！

凡是自爱的人，都是经由此路学会了喜爱。如果你也是自爱的人，必须学会喜爱。

我发现，尼采的这段文字不仅可以作为“三月不知肉味”的最佳注解，对于“学而时习之”也完全合适。跟随孔子和尼采的脚步舞蹈，才是领受他们伟大财富的大智慧。

7.14 **冉有曰：“夫子为卫君乎？”子贡曰：“诺，吾将问之。”入，曰：“伯夷**

叔齐何人也？”曰：“古之贤人也。”曰：“怨乎？”曰：“求仁而得仁，又何怨！”出，曰：“夫子不为也。”

卫灵公的儿子聩谋反，失败后被迫流亡国外。灵公驾崩，国人拥立蒯聩的儿子辄即位，然而聩以前太子的身份在境外宣布即位，于是卫国同时出现父子两位国君。此时，国内的辄托人找到冉求，请他游说孔子参加自己的政治集团。孔子是文化名人，地位不稳的新君很希望有孔子这样重量级的人物加盟。冉求知道老师不喜欢他，于是找到子贡做说客，子贡说“行，我问问”。

伯夷叔齐二人是殷的旧人，武王伐纣时，二人拦住武王的马车劝谏武王不要动杀伐，武王不从。武王立周后请二人做官，二人拒绝，遂隐居于首阳山上，以露水为食，不久饿死。子贡很有脑子，以此二人问孔子心事：“你说伯夷叔齐是什么人？”孔子说：“古之贤人也。”子贡说：“他俩拒绝了武王荣华富贵的邀请，去过这种清苦的隐居生活，是否会因失去了这个好机会而心生怨恨？”孔子说：“求仁而得仁，又有何可怨？”子贡出来告诉冉求曰：“夫子不做。”

很美的一章。

7.15 子曰：“饭疏食，饮水，曲肱而枕之，乐亦在其中矣。不义而富且贵，于我如浮云。”

孔子说：“吃粗粮，饮清水，弯起胳膊当枕头，这种生活我也乐在其中。不义之人的富与贵，在我眼中就是一抹转瞬即逝的浮云。”

承接上章，求仁而得仁者自有他打不倒的欢乐。

7.16 子曰：“加我数年，五十以学《易》，可以无大过矣。”

孔子说：“自五十岁这个知天命的年龄开始读《易经》，再给我数年时间研习，应该可以做到不犯大错了吧。”

孔子七十三岁死，五十以后有大把时间学易，然而未见他谈及研习《易经》的任何心得。如果孔子认为天道的奥秘就在《易经》之中，这个说出“朝闻道，夕死可也”的人却完全不去探寻天道之谜，这可能吗？

其实《易经》是战国时传入中国的一种新哲学，假托周公旦所作。造假者特意提及“五十”，是为了应和“五十而知天命”。造假者觉得，领悟《易经》的真谛就是所谓“知天命”。这一章很明显是主张“儒道互补”的学派添加进来的，很有可能是董仲舒。还有那个著名的“孔子向老子（李耳）问礼”一说，也是这个学派编造的。

7.17 子所雅言，《诗》、《书》，执礼，皆雅言也。

雅言，官方标准语。注经家们说，如果周是以京畿之地设立标准口音，那么所谓雅言应该就是陕西关中方言。

孔子说的雅言，包括读《诗》、《书》，还有祭祀仪式上，都执雅言。

这是伪经。其用意就是表达孔子对周文化的崇尚，这和“郁郁乎文哉，吾从周”那一章的造假目的相同，就是让孔子出面做出表率，将周文化推向至高之地。“雅言”的实质是官方推行的意识形态统一工程。汉朝官家将其制造的《论语》以雅言确立为正宗经典，这是他们《论语》正典化工程的重要组成部分。从结果上看，他们完全成功了。

7.18 叶公问孔子于子路，子路不对。子曰：“女奚不曰，其为人也，发愤忘食，乐以忘忧，不知老之将至云尔。”

叶公问子路，“孔子是个怎样的人物”，子路支支吾吾地什么也没说。回来告诉孔子后，孔子说：“你怎么不告诉他：这个人‘废寝忘食，乐而忘忧，不知老之将至’这些话呀。”

这三句话太棒了，是我的榜样。

7.19 子曰："我非生而知之者，好古，敏以求之者也。"

孔子说："我肯定不是那种生而知之者，我只不过是热爱古代、勤奋追求而获得了的人。"

或者这样翻译："其实我和你一样都不是天才，所以，你和我一样也可以成为你们口中的天才。"

或许，这一章就是造假者伪造出"述而不作"章的底本。

7.20 子不语怪、力、乱、神。

孔子回避"怪、力、乱、神"四个字，他把这四个字看作贬义词，他崇尚的是这些字的反面。

朱熹曰："孔子语常不语怪，语德不语力，语治不语乱，语人不语神。"

孔子注重必然性，也就是他所说的天道运行的常数和规律。其实所谓必然性就是生命与人类社会命运的秘密。

正如尼采说他热爱那永恒之"恒"，那是他唯一渴望与之结婚并且生子的女神。在真正理解了必然性之前，所有的理想和意志都不过是胡言乱语。他还有一句话很值得注意："我把我生命中遇到的每一个偶然都放到我的锅里煮，直到它们变成柔软可口、富于营养的食物。""放到我的锅里煮"：就是排除杂念，专注于此，在长时间的散步中找到答案。

7.21 子曰："三人行，必有我师焉！择其善者而从之，其不善者而改之。"

孔子说："三人同行，其他两人必有其可以做我的老师之处。我细心甄别其中的优点并努力效仿，也从别人的错误中引以为戒。"

7.22 子曰："天生德于予，桓魋（tuí）其如予何？"

根据"最权威的解释"，此事发生在孔子六十岁途经宋国之时。桓魋是宋国的司马总兵，孔子在大树下讲习礼乐，桓魋派人拉倒大树砸场子。孔子于是说："天生德于我，桓魋能把我怎样！"桓魋是大权在握的地头蛇，如果要砸场子，只需告诉他们这里不许集会即可。如果拉倒大树是为了加害孔子，这个方法既笨又很难达到目的。

这一章是伪经。因为任何得自于上天赐予的命令和天赋，都是对孔子其人的贬低。如果孔子真有这份天赋，他又何必奋力修行。基督教的一个伟大发明，就是神的三个显现的第二格，既道成肉身。耶稣一定要被说成有"肉"的一面，也就是和你我一样的凡人，不然的话他在人间的所有行迹就不再有示范意义。

《旧约 · 撒母耳记》的开篇讲了一个故事：撒母耳还是个孩子的时候在教堂里做先知以利亚的书童，晚上睡觉的时候他听到有人唤他"撒母耳，撒母耳"。孩子跑去问以利亚"先知，是你唤我吗"，先知说没有你去睡吧。睡下后他又听到有声音唤他"撒母耳，撒母耳"，他又跑去问先知是你唤我吗，先知又说没有。等到第三次他又跑来问的时候，先知明白了：这是上帝在唤他，这个孩子就是上帝选中的下一代先知。今天的人们没人相信这个故事了，他们不迷信。然而兄弟们，我实话告诉你吧，我们确实是有使命在身的人，只是这使命不是来自上天，而是我们自己加在我们头上的。既没有人告诉你"你被选召"，也没有人会因此赐予你完成这项使命的才能，这一切都是你自愿的。你求仁得仁，忍饥挨饿，不知下一步将向何处，这种命运都是你自找的呀！

7.23 子曰："二三子以我为隐乎？吾无隐乎尔，吾无行而不与二三子者，是丘也。"

孔子说："小子们，你们以为我对你们有所隐瞒，没告诉你们夫子之道的全部奥秘吗？没有啊！我的斗争、我的欢乐、我的算计和我的困境，全都写在我的书里了，我想要你们看到的是我全部的人生。"

保罗在《哥林多后书》里说过和这一章很像的话："哥林多人哪！我们向你们，口是张开的，心是宽宏的。"后面说："我们告诉你们我们经历的患难，是为叫你们可以获得安慰，也是为了叫你们更加坚定，从中获得力量，因而可以同样承受我们所经的这种患难。”

伟大灵魂勇于裸露，那其中不都是他找到的光明，还有他的苦涩与孤独，以及黎明前的灰与黑。

7.24 子以四教：文、行、忠、信。

孔子以四个方面实施教育：学问，德行，人伦，真诚。

这是伪经。孔子从未按照以上四科实施教学。这是后世儒家教育体系化的结构设计。科举一度就是按照这四科进行的。

7.25 子曰：“圣人，吾不得而见之矣！得见君子者，斯可矣”。子曰：“善人，吾不得而见之矣！得见有恒者，斯可矣。亡而为有，虚而为盈，约而为泰，难乎有恒矣。”

孔子说：“圣人我恐怕是见不到了，见到君子就满足了。”

在另一个地方孔子又说：“修养完美的善人我也见不到了，能见到始终如一者，就可以了。无知佯装为有知，空虚却假装充实，匮乏却假装富有，这种人难有恒心呀。”

如果孔子根本就不相信他的弟子以及再传弟子之中可以出现一位圣洁之人，那么他宣扬的圣洁之路就是一个骗局。这一句肯定是伪经，其作者的目的是从灵魂上扼杀那些莘莘学子，使之灵魂弱化为一个有用于国家的良民，防止他基因突变成为一个质疑体制和秩序的思想者。

7.26 子钓而不纲，弋（yì）不射宿。

夫子钓鱼，而不张网捞鱼，猎鸟从不射杀归巢夜宿的鸟。“弋”，是一种带线绳的弓箭。

今人多以人与自然的生态和谐解释这一章，显然是跑偏了。这一章讲的是孔子的贵族范儿。参见“射术”3.7 章。

7.27 子曰：“盖有不知而作之者，我无是也。多闻，择其善者而从之；多见而识之，知之次也。”

孔子说：“大概是有那种无须学习、天生就具备某种禀赋的人吧，但我肯定不是这样的人。我的方法是：多听别人是怎么做的，并将其优点化为己有，多看天才人物是怎么做的，并将其记住。这里的重点是将别人的财富转化为自己的，如果只是知道，是不够的。”

这一章谈怎样“变得强大”。孔子在这里谈的方法说白了就是山寨。在西方人眼中，今天的中国人不仅粗俗而且是一个抄袭大国。他们认为，中国人模仿他们的各种杰作的程度超出了礼貌与合法的程度。可是西方人不要忘记：美国的白宫和林肯纪念堂，英国的白金汉宫，都是抄袭文艺复兴大师们的作品，而且文艺复兴的大师们不也是兴高采烈地抄袭古希腊的作品吗？

我曾听到一个法国人说：你们中国有 13 亿小偷。这不是法国人的傲慢，而是他们的焦虑。他们担心中国人把他们最后的那点好东西都抄袭了去，他们已经好久不再创造新东西了，他们就剩下那点好东西了。事实上，中国人是令人敬畏的模仿者，就让他们说我们抄袭和剽窃吧，我认为中国人应该把他们的好东西都抄袭过来才好。

7.28 互乡难与言，童子见，门人惑。子曰：“与其进也，不与其退也，唯何甚？人洁己以进，与其洁也，不保其往也。”

互乡是个地名，当时人们普遍认为这里穷山恶水泼妇刁民，（相当于福音书里的撒玛利亚人）。一日，一个互乡来的青年求见，孔子接见了这个孩子。弟子们议论纷纷，意思是为什么要见这种烂人。孔子说：“我是与其优点交往，又不与其缺点在交往，有何不妥？一个烂人渴望进步，我发展其纯洁的部分不可以吗，何必在意他的过去和基因呢？”这一节意思不大。

7.29 子曰：“仁远乎哉？我欲仁，斯仁至矣。”

孔子说：“仁离我们很远吗？我欲仁，仁就来了。”

孔子说：“仁是一种简单的东西，这是我长期的自我教育累积而成的美德和财富。现在，我可以自由地运用这笔财富，就像从口袋里掏出钥匙一样简单易行。”然而这句话并没有告诉我们“仁究竟是什么”，它甚至让我们更晕。这确实是孔子的缺点，缺少对仁的哲学思考。在孔子心里，仁只是一种修行得来的美德，是一种行为准则，但不是一个概念，就是说不是一种经过与别的思想战斗而获得明晰特性的思想。

7.30 陈司败问：“昭公知礼乎？”孔子曰：“知礼。”孔子退。揖巫马期而进之曰：“吾闻君子不党，君子亦党乎？君取于吴，为同姓，谓之吴孟子。君而知礼，孰不知礼？”巫马期以告。子曰：“丘也幸，苟有过，人必知之。”

司败是主管司法的官职，陈司败就是陈国主管司法的官员，他问孔子：“鲁昭公知礼吗？”孔子说知礼。孔子离开后，陈司败向孔子的学生巫马期说：“我听闻一句话说：君子不结党营私对吧。你们鲁国的鲁昭公，娶了同为姬姓女子为妻，为了遮掩还让她改姓吴，如果昭公如你家夫子所言知礼，那还有谁算不知礼？”

巫马期把这番话告诉了孔子。孔子听闻，说道：“我这个人真是幸运啊，一旦有了过失，别人会告诉我让我知道。”

7.31 子与人歌而善，必使反之，而后和（hè）之。

孔子与人一起歌唱，如果对方唱得好，一定要请他再唱一遍，还要应和着他一起唱。

孔子是非常善于交友的人，他看到别人的优点，就把它显现出来，就像把点亮的灯放在高处的灯台上，而不是放到床下，好让整个屋子共享这光亮。这是对于美德的嘉奖，尤其是当它是来自朋友的时候。我感觉这一章很像是“有朋自远方来”那一句的另一个版本。

尼采说，朋友是人间的节日，是射向超人的一支箭。凡·高在巴黎见到修拉、雷诺阿、毕沙罗和高更时就是如此。

有一次尼采收到一位朋友寄来的一束鲜花，然后他给寄送人写了一封回信，这封信可以说字字句句都说到了孔子的心坎上了，尼采写道：

“有生以来，这是第一次有人送鲜花给我。我现在才知道，这些花朵虽然默默无语，但它们那无限鲜活的色彩，却能直接与我们交谈。它们现在正在我的房间里开放呢……

在我们灰暗凄苦的生活中，这些花朵似乎在向我们展示这个世界隐藏的奥秘。这些花朵提醒我们不要忘记，想要在这个世界上找到美好和希望，找到光明和色彩，还是可能的，也必须是可能的！我们是多么容易丧失这一信念呀！正在奋战中的人们，以寄送鲜花和书籍的方式作为象征，坚定我们彼此的信念，唤醒我们曾经共同的誓言，这是一件多么美好的事情啊。”

这让我想起有一次，我打电话给一位朋友，询问她对我的新书的看法，她说：“嗯，优点的部分我就不多说了，我重点说说可以改进的地方。”我说：“不，咱们重点谈谈这本书的优点吧，我非常需要赞美。至于缺点，当我得到了足够多的赞美之后，自然会有无穷的力量去改正它。”

7.32 子曰：“文，莫吾犹人也；躬行君子，则吾未之有得。”

孔子说：“努力学习，这一点我和大家差不多是一样的；然而完全按照君子的标准行事，则我还不够呢。”

这是伪经。说起“躬行君子”的心得，孔子应该口若悬河掏心掏肺地跟你讲半天才对。

7.33 子曰：“若圣与仁，则吾岂敢？抑为之不厌，诲人不倦，则可谓云尔已矣。”公西华曰：“正唯弟子不能学也。”

孔子说："如果说圣者仁者，那我怎么敢当，我能做到的也就是为之不厌、诲人不倦这些事罢了。"公西华曰："没错，这正是我们弟子们一直学不到的东西呀。"

为之不厌、诲人不倦这些看似简单的事情，恰恰是孔子其人长期驯化自我之后获得的结果。

7.34 子疾病，子路请祷。子曰："有诸？"子路对曰："有之。《诔》曰：'祷尔于上下神祇。'"子曰："丘之祷久矣。"

孔子大病一场，子路向鬼神祈祷。孔子问他，有这回事吗？子路说是的，我看到《诔》文上说过："为你向天神地神祈祷。"孔子说，哪里用得着这种鬼神之术，事实上我一直在跟天道做着交流啊。

孔子从不求诸巫蛊，而是与天道深入交谈。

7.35 子曰："奢则不孙，俭则固。与其不孙也，宁固。"

孔子说："奢侈容易导致的过失是傲慢无礼，简陋容易导致的过失是寒酸僵硬。如果不得不在两者之中选一种的话，我宁可选择后一种，也就是寒酸僵硬这种。"

这可能是伪经。孔子其人的趣味是很细腻的，他善于品鉴和称量，并相信这个世界的价值就在于这些称量的结果之中。但这并不意味着在两个烂货之中选择那个较好一点的，他既不愿意，也不擅长这种选择。

7.36 子曰："君子坦荡荡，小人长戚戚。"

君子真诚、袒露、无邪、勇敢，故而心怀坦荡，不会因为良心的愧疚从睡梦中惊醒；小人顾念当下的感受和现实的欲望，于是总是抱怨。

君子内心统一所以无忧无惧，小人一方面充满欲念，另一方面总是对现实不满。小人喜欢的格言是：活在当下。因为他们一直不能安心于今日，君子瞧不上这种格言，他不会因为大自然为我们提供了空气、食物、朋友、音乐这些东西就感激个没完。

7.37 子温而厉，威而不猛，恭而安。

孔子温和而又严厉，威严却无刚猛，恭顺而又安祥。

这一章很美，散发着诗的气息和黄金般柔和的光泽。这才是出自孔子之手的最后一章的样子。

第八篇　泰伯

孔子的写作目标乃至他的人生目标，就是为这个世界提供一个高贵的榜样。说具体一点，就是为儒家祭祀阶级的弟子们写一部“君子书”。不过第八篇完全是一卷“君王书”，内容全是针对君王（包括可能成为君王的储君）的道德教化，它鼓吹的所谓“至德”（至高之德）就是“禅让”。就是王莽干的那些事。

这一篇全文都是王莽及其写作班子写的，是其篡位的意识形态理论准备。对这一篇做文本分析，可以发现许多不为人知的真相。

8.1 子曰：“泰伯，其可谓至德也已矣！三以天下让，民无得而称焉。”

《史记·吴太伯世家》曰：“周太王有三个儿子：长子泰伯，次子仲庸，三子季历。”季历之子曰姬昌（姬昌就是周文王）。周太王欲传位于三子季历，长子泰伯明白父亲的意思后，不与三弟争位，自我放逐去了吴国。二子仲庸效仿大哥也跑了。太王临终，泰伯干脆不回来探视，完全放弃争位的可能性。太王死，也不回来奔丧。丧事过后，泰伯担心季历的王位仍然受到长子继承制的压力，干脆剃发纹身把自己弄成鬼，彻底断绝了即位的可能性。此即所谓“三以天下让”，非要三弟坐王位。

孔子说：“泰伯称得上是至德者了！其父病重垂危、父死、死后，三次放弃继承王位的机会，我们甚至找不到一种名词称呼这种美德，因为人间所有的词语与之相比都黯然失色。”

自王莽以后，历代的大将军在禅让的名目之下篡夺皇位的野心家都必须经过“三让”，反复推辞然后篡位登基，这是王莽留下的一个恶劣的惯例。

《史记·吴太伯世家》也是王莽找人写的。这卷书位居《史记》世家之首，按照周武王的分封体系，排在最前面的世家应该是周公旦的鲁和姜太公的齐，就历史地位而言，陈、蔡、卫都应在第一排就作，把吴排在世家之首说明王莽政权一旦掌握了意识形态的绝对领导权就如此肆无忌惮，令人吃惊。而且，你去看看这个《吴太伯世家》，写得极烂不说，可以说这就是一个“禅让世家”。如此肆无忌惮，令人吃惊。

春秋时期“三桓分鲁”和战国时的“三家分晋”还只是儿子分老子，经过秦始皇和汉武帝铲除封建制之后，西汉末年的王莽发明了禅让。所谓禅让就是王莽发明的，异性诸侯篡位这一事实背后的理论体系。莎士比亚的戏剧《理查二世》讲述的就是金雀花王朝的末代君王被迫禅让王位给亨利四世的鲜活案例，大将军非要在最隆重的典礼上让前代君王亲口宣布禅让令，然后最多一年把这位废王毒死。这个剧本让我深刻理解了血缘继承制曾经是多么牢不可破。

第八篇的第一章，为王莽之后魏晋南北朝一直到赵宋王朝的禅让主题定了基调。袁术、董卓、曹丕、司马昭、刘裕、石勒全都是禅让篡位。这是古老的氏族封建制（血缘）被庶族封建制（豪强）逐步取代的历史转换阶段。《论语》文本就是在这个时期内最终完成了其正典化的，这就是为什么王莽制造的《论语》版本被几乎完整地保存下来了。可以说这不是孔子的胜利，而是王莽的胜利。

为了掩盖王莽这笔政治体制遗产的罪恶性质，儒家文人们硬是把诸葛亮这个最终没有篡位的权臣塑造为新偶像。他就是“当代周公”，一个大权在握却专心辅佐年幼的周成王的道德楷模。其实诸葛亮和曹操只有一点不同，就是前者败给了后者。如果诸葛打败了曹，诸葛之子也会让汉献帝禅让的。

8.2 子曰：“恭而无礼则劳，慎而无礼则葸，勇而无礼则乱，直而无礼则绞。君子笃于亲，则民兴于仁；故旧不遗，则民不偷。”

孔子说：“从政恭敬却不懂得为国以礼，则事必亲恭做了臣子应做的事，臣子则无所适从；（劳，劳而无功的劳）谨慎执政却缺少了为政以礼，行为势必怯懦畏缩；做事刚猛却不懂得为政以礼，几乎必然导致祸乱；直率言政却不知为政以礼，就如同狡辩。君子（执政者与储君）真诚仁爱臣子，则仁道兴于天下；顾念旧故之臣，社会风气就不会淡薄。（‘偷’，人情淡薄，民风败坏）”

王莽的写作班子热衷于排比句，他们认为气势也是说服力的一部分。这一章说，让我们选一个仪表堂堂的演员坐在皇位之上演好皇帝这个角色，所有权力与事务交给我们贤德的儒家大将军，这就是文王盛世的再现！最后两句“君子笃于亲”和“故旧不遗”，王莽一有机会就会把这些话再说一遍。这两句话说的，其实就是“小人聚于利”嘛：以国家利益的分配，凝聚贵族精英阶级的向心力。

8.3 **曾子有疾，召门弟子曰：“启予足！启予手！《诗》云：‘战战兢兢，如临深渊，如履薄冰’而今而后，吾知免夫，小子！”**

曾子大病一场，病情稍好之时，召集众弟子与病床前，对他们说：“这是我的脚，这是我的手，它们都还能动呢！《诗经》云：‘战战兢兢，如临深渊，如履薄冰’经历了这次死亡体验之后，我对于人生有了更深刻的体会了呀，弟子们！”

注经家们在这里闹出了大笑话。

宋明以来所有注本都跟着朱熹把这一章解释为：身体授之于父母，儒家出于孝道所以重视生命，爱惜身体。可是《论语》全文除此之外再无一处谈及“重视身体”。而且，爱惜身体连动物也做得到，何必儒家？还有，孔子说君子杀身以成仁，鼓励君子舍生取义。孔子还说过“朝闻道夕死可也”，又如何解释？宋明儒家对这一章的解释暴露了他们对“朝闻道”是根本不信的。

问题出在朱熹把断章弄错了，这一章与下一章原本是一章。这位伪造者说话大喘气，让朱熹误以为是两章。其实曾子这段话的意思是：我刚刚体验过死亡的滋味，而且不久就要离开人世，所以小子们！请一定要牢记我下面所说的临终遗言。

8.4 **曾子有疾，孟敬子问之。曾子言曰：“鸟之将死，其鸣也哀；人之将死，其**

言也善。君子所贵乎道者三：动容貌，斯远暴慢矣；正颜色，斯近信矣；出辞气，斯远鄙倍矣。笾（biān）豆之事，则有司存。”

曾子弥留之际，孟敬子前去看望。孟敬子是孟武伯之子。造伪者安排这个人出场，是因为在第二篇里，孟武伯曾问孝于孔子，孔子对曰“无违”。曾子是“孝”的代言人。其父曾向孔子问孝，所以造伪者让其子向曾子问孝，以此将曾子塑造为孔子真道的传人。

曾子对孟敬子说：“鸟之将死，其鸣也哀；人之将死，其言也善。（意思是：一个人的临终遗言是毫无虚伪，且包含智慧的重要的话，请牢记）君子之道（执政之道），以下三点最重要：重视仪表和神情，这样就可以避免别人的粗暴傲慢；举止庄重，就接近真诚朴实；说话谨慎得体，则无粗陋和错误。祭祀礼仪之类的事务，就交给专职礼乐之人办理。”

合并上下两章看，曾子的临终三句话做了这么多的铺垫，结果就是“做个好演员”“懂得与贵族分利”之类的老话。如果我们忽略曾子最后说出的这几句话，这两章里包含的另一个主题就是“孝”。王莽曾经因为精心伺候病榻上的伯父司马大将军王凤，从此飞黄腾达。这个相同的情节也被写进了《史记·吴太伯世家》，那里面也有在病床前尽孝，从此飞黄腾达的故事。

8.5 曾子曰：“以能问于不能，以多问于寡；有若无，实若虚，犯而不校，昔者吾友尝从事于斯矣。”

曾子说：“虽然有本事，还是向不如己者学习；虽然懂很多，还是向无知者请教；虚怀若谷，被人欺负也不反抗，以前我就见过这样的人。”

有注经者说“昔者吾友”说的是颜回，我认为有点道理。我觉得这一句与6.3章哀公问“弟子孰为好学？”孔子答颜回那一章有关。拉上颜回这样重量级的同学做“昔者吾友”，意味着颜回死后，大弟子的角色就是曾子了。

8.6 曾子曰：“可以托六尺之孤，可以寄百里之命，临大节而不可夺也，君子人

与？君子人也。”

曾子说：“可以托付幼主，承受传国的使命，生死关头毫不动摇，这样的人是君子吗？这样的人是真君子啊！”

武帝曾经把幼主刘弗陵托付给霍光，结果呢？“托六尺之孤”，换一个说法，就是“挟天子以令诸侯”。读这一章，千万别漏掉了表面华丽的豪情之下万恶的野心。

8.7 曾子曰：“士不可以不弘毅，任重而道远。仁以为己任，不亦重乎？死而后已，不亦远乎？

“弘”，广大；因有知识有才能而广大。“毅”，坚韧持久。

曾子说：“士不可以不弘毅，任重而道远。以仁为己任，任务怎能不重，死而后已，所以路途长远。”

道貌岸然的曾子用激情把自己推向一个没有退路的道德顶峰，只有在这种令人晕眩的高度，他才会感到一种超凡入圣的状态。警惕一切金玉其外的事物！

8.8 子曰：“兴于《诗》，立于礼，成于乐。”

造伪者接着 8.2 章，继续谈礼乐建立问题：“兴于诗，立于礼，成于乐”。

这就是王莽发动的“孔子与周礼文化复兴运动”的纲领性口号。意大利的文艺复兴运动，是发生在基督教礼坏乐崩之时，由一群又一群人格独立的知识精英发动的现代文化重建运动。而王莽搞的这次文化复兴运动缺少这种独立性，而且他的目的就是合法篡位。

其实王莽最大的问题并不在于篡位的合法性，而在于他成功篡位之后究竟怎么办。事实证明“兴于诗，立于礼，成于乐”是失败的，至少是不够的。这个怎么办的问题也是王莽之后诸多效仿者的问题。

8.9 子曰："民可使由之，不可使知之。"

"由"，道路。孔子说："统治社会下层的艺术在于使他们跟随，而不是让他们理解为什么。"

这一章一语道破贵族精英政治的实质。这是王莽的诚实。

在传统的封建制体制下，血缘等级制承担着社会秩序的最关键的那一部分责任，自秦汉郡县制被引入华夏文明之后，氏族等级制被庶族贵族封建制取代，如何管理下层社会就变成了一个问题。既然血缘不再是社会等级秩序的天然基础，新贵族们就必须发明一套新秩序。这个新秩序就是科举。这是自王莽一直到隋唐，华夏文明用600年的徘徊换来的。

8.10 子曰："好勇疾贫，乱也。人而不仁，疾之已甚，乱也。"

孔子说："好勇斗狠，不安于贫困，就会为乱。社会上层为富不仁，社会下层仇富太深，就是社会动荡的根源。"

道德是一个社会的共识，也是其社会秩序的压舱石，船上的每一个人的每一个行动都会受到它的重力的制约与保护。道德的本质具有个人美德和社会共识两种属性，它的个人属性较少，社会或公共属性较多。上层社会的贵族精英们最崇尚道德，但其实他们更愿意让他们身体力行实践道德的行动可以为下层社会做出示范作用，因为只有社会下层建立起道德，才是道德最主要的目的。

然而这些都是贵族精英们的一厢情愿，社会下层的种种"不道德"（贵族精英们称之为"贱民的劣根性"）像是流脓的烂疮，它讲道德最不爱听的真话。对于这个烂疮而言，道德就是彻头彻尾的谎言。

压舱石是一种向下的作用力，不是推动社会进步的向前的动力，操弄道德的人们需要谨记这一事实。

8.11 子曰："如有周公之才之美，使骄且吝，其余不足观也已。"

孔子说："即便有周公那样的才能（与身份），如果品行中有骄傲和吝啬这两个缺点，这个人就不值一提。"

这是君王点评他身边那些令人厌恶的朝臣说的话。

8.12 子曰："三年学，不至于谷，不易得也。"

孔子说："用三年时间专心向学，不考虑赚钱与为官，有这种恒心者实在难能可贵呀！"

官场利益太大，所以竞争格外惨烈，手段也无所不用其极。所以从君王的角度看，品格高尚的臣子实在是凤毛麟角。

8.13 子曰："笃信好学，守死善道。危邦不入，乱邦不居。天下有道则见，无道则隐。邦有道，贫且贱焉，耻也；邦无道，富且贵焉，耻也。"

孔子说："真诚好学，死心塌地追求真理，危邦不入，乱邦赶快离开。天下有道就出来为仕，天下无道则退隐山林。天下有道之时，自己却贫贱，这是一个君子的耻辱；天下无道，自己却很富贵，也是耻辱。"

这一章的含义就是十四篇宪问的主题。然而出现在这里，还是君王为臣子提出的他们做不到的道德标杆。

8.14 子曰："不在其位，不谋其政。"

孔子说："把自己的事情做好，不要操心别人的事情！不要为别人的过失而幸灾乐祸，也不要打着关心别人的旗号干涉别人，你自己一屁股屎还没擦干净呢！说别人的时候，你忘了自己就是个烂货！"

君王最恨搬弄是非，搞小集团，光说不做的臣子。君王希望他的下属每个人都是自己的部门的专家，但不掌握其他部门；为臣者只掌握局部信息，并且永远都不要以君王的眼光思考整体问题；国家希望你们各自成为自己领域内的办事专家，具有超强的执行力，但在灵魂上永远都只是个残疾人，永远不具备唯一掌握全局的君王才可以具备的英明和决策力。

8.15 子曰："师挚之始，《关雎》之乱，洋洋乎盈耳哉！"

师挚，就是鲁国掌管音乐的太师，师是官名，挚是他的名字。

孔子说："回想起大师挚在鲁国操持音乐的情景，从他们开始演奏，一直到最后一首《关雎》，整个情景和乐声至今充满了我的耳际。"

这一章是为了配合"兴于诗，立于礼，成于乐"而写的。作者描绘的是一旦实现了以礼乐治国之后的幸福感。

8.16 子曰："狂而不直，侗（tóng）而不愿，悾（kōng）悾而不信，吾不知之矣。"

孔子说："狂妄而不正直，糊涂又不老实，无能还不真诚，这我就不懂了。"回想起来，我的几任老板都这样骂过他的下属。

8.17 子曰："学如不及，犹恐失之。"

孔子说："学习，总是唯恐自己没跟上，一旦获得唯恐失去。"

这是作者读过孔子劝学的章句之后写下的读后感。然而放在这里很不搭。

8.18 子曰："巍巍乎！舜、禹之有天下也，而不与焉。"

孔子说："多么崇高！舜和禹得到天下却不占有它。"

这句话有两层含义：一，古代伟大君王就是这样：只是承担天子之名，权力全部下放给众位爱卿。二，我们儒家都要向诸葛亮同志学习，只摄政掌握天下，绝不篡位。谁突破了这个底线，我们就要像团结起来讨伐董卓一样消灭他。

8.19 子曰："大哉！尧之为君也！巍巍乎！唯天为大，唯尧则之。荡荡乎！民无能名焉。巍巍乎！其有成功也！焕乎！其有文章！"

孔子说："尧是多么伟大的君主！多么崇高！他只以天道为最高命令，所有行为均要符合天道。他的时代是多么浩荡！他的功绩是多么卓著，他制定的礼仪制度又是多么光辉！"

8.20 舜有臣五人而天下治。武王曰："予有乱臣十人。"孔子曰："才难，不其然乎？唐、虞之际，于斯为盛，有妇人焉，九人而已。三分天下有其二，以服事殷。周之德，其可谓至德也已矣。"

舜有五位贤臣辅佐就能治理好天下。武王说："我有十个臣子帮助我治理国家。"

孔子说："人才难得，不是么？唐尧、虞舜、武王时期，人才鼎盛。但武王十臣中有一妇女，实则九人。文王得了天下的三分之二，仍然事奉东边只有三分之一的殷朝。文王之德，可谓至德。"

本章有三个重点：一，君王要爱护臣子，就是与之分利。二，禅让篡位要做到仁至义尽。三，谨防女人（外戚）乱政。

8.21 子曰："禹，吾无间然矣。菲饮食，而致孝乎鬼神；恶衣服，而致美乎黻（fú）冕；卑宫室，而尽力乎沟洫（xù）。禹，吾无间然矣。"

孔子说："对于禹，我无可挑剔。省吃俭用却隆重举办祭祀，衣着简朴却极其讲究典礼上用的冠冕，自己的宫室简单朴素却极力修治水利。禹，确实无可挑剔。"

这一章最有文采，颇有几分孔子风范，所以放在最后。

第九篇　子罕

第九篇有两个主题，前半部讲论天道如何作为一道使命存于君子心中；后半部讲论君子必须建立一个强健的自我，才能承担这份使命。这一篇参杂进的伪经不多，故而两个主题彼此照应的内在关系看得很清晰。

9.1 子罕言利，与命，与仁。

孔子极少言及利，而是遵循命与仁两者。

这一句里的“与”是“赞同”“遵从”之意，不是连接词“和”“还有”之意。

这里说“罕言”而非“不言”，因为“利”是无可回避之物，只不过“利”是行动所需的物质保障，而非我们行动的目标。这一章回答“人生意义”这个终极问题，孔子命令他的生命服从于一个使命或最高原则，孔子名之曰“命”与“仁”。

孔子与命，是对必然性（真理）的强调与渴望。与仁，是说他的普罗米修斯式的使命：从天庭盗取真理，传播给人间。他怀揣着这个热烈的秘密，在人间寻找着少数几个懂得这一价值的人。

9.2 达巷党人曰：“大哉孔子！博学而无所成名。”子闻之，谓门弟子曰：“吾何执？执御乎？执射乎？吾执御矣。”

达巷党（地名）人赞美孔子说：“孔子确实很伟大，只可惜他虽如此渊博，却没有因为某项具体的成就而立名。”听闻此言，孔子对弟子们说：“我凭什么立身呢？是凭着御术（驾车）呢？还是射术呢？要不就御术吧。”

达巷党人对成功人士的理解，要么是音乐家，要么是哲学家、军事家等等。燕雀的脑容量有限，他们急于把伟大理解为一种可见的、公认的建树。然而真正的伟大恰恰是一种超越了局部与功能性的成就，是关于“整体、全部和美”的东西。或者按照孔子的说法，是“君子不器”然后才可以生产出来的东西。

这一章提出的是本篇第二主题：君子当建设一个怎样的自我，去承担那光荣却也极重无比的使命。孔子对达巷党人的回应是顽皮的，他知道，他需要面对的不是这个人，而是自己。顽皮之下是他对这个问题的认真与迟疑。

9.3 子曰：“麻冕，礼也；今也纯，俭，吾从众。拜下，礼也；今拜乎上，泰也。虽违众，吾从下。”

孔子说：“麻质的冠冕才合乎古制礼法，如今人们改用丝（“纯”即丝绸），这么做是出于节约，我随大家也用丝绸的。可是拜见国君，古代仪式是：先在堂下拜，升堂后再拜，如今改为堂下不拜升堂才拜，这不是简化是放肆。也许在别人的眼中我是古怪的，但我还是坚持在堂下也拜。”

这段文字极富画面感，把一个老派人物在堂下下拜的情景描绘得活灵活现。他知道，他越是与众不同，就越是能彰显他的主义。

9.4 子绝四：毋意、毋必、毋固、毋我。

孔子根绝了以下四种错误，从而可以做到：不臆断、不绝对、不固执、不以自我为中心。“意”，臆断。“必”，必须如此，只能如此，不容置疑。“固”，僵化顽固，不可改变。“我”，以自我为中心。

这四者几乎与生俱来，那么这一章提出的真正的问题是：孔子是怎样可以避免的？

有两条路。

一条路是向下。向肉体深处深刻检查其中的动物本性，逐一克服，从而成为高尚的人。苦修主义和禁欲主义都是这么干的。

另一条路是向上。因为你真正的本性正高悬于你的头顶，那就是人身上最高贵的属于神性的部分。所以我们不做那个自我纠缠、盯着自己的肚脐眼看个没完的心理学家。

9.5 子畏于匡。曰："文王既没，文不在兹乎？天之将丧斯文也，后死者不得与于斯文也；天之未丧斯文也，匡人其如予何？"

孔子师徒一行在人生的低潮时经过匡（地名），结果被匡人拘捕。匡人误以为孔子是曾经欺凌过他们的阳货（也是鲁国人，见 17.1 章），说要弄死他。危难之际，孔子大义凛然曰："文王已逝，难道文王之'文'也不存于世了吗？天神如果无意保留文王之文，那它应该在文王死后就散失，我们今天就不会听闻此'文'。这说明天神决意保留此文，并将其传扬到千秋万代。而我就是传扬此文的执事。所以天神一定会为了他的事业而保护作为这项事业的执事的我们呀！既然我们已经得到天神的护佑，匡人又能把我如何！"

这一章是伪经，作者就是自封为做了传承文王之文执事的王莽。在这一章里，他呼唤天兵天将消灭一切敢于阻挡他搞周礼文艺复兴的敌人。王莽在这一点上的成功是如此显著，今天的中国人没有一个反对文王、周公和周礼的。

王莽甚至自感他就是孔子的化身。这倒不是他恬不知耻，而是因为他要用这一被上天赋予的神圣身份窃取其行动的合法性。在古代，这种做法很流行，保罗也是把他获得的真理看作是神赐予他的天启。自古以来一切的天启都是自我的神圣化。这倒不是说，他觉得自己就是神，得到天启的人恰恰会自感渺小，他们会觉得自己只是神的传声筒。他们的骄傲与激情来自给他们撑腰的神。

可是现在上帝死了，我们无法用古人的方式获得我们的生存与行动的合法性了。兄弟们！在当代做一个自觉的无神论者意味着，我们不再寻求从天上获得这种合法性，而是自觉地在人间寻找它。可是如此一来，我们将遇到两个妖怪：一个叫"权威"，一个叫"大众"。它俩拦住我的去路，对我说："你想做的任何事情、想写的任何一本书，都必须要么得到我的同意，要么得到它的同意。你只能在这两条道路中选择一条。”

这两个东西皆为地球上最古老、最神奇的生物。我可以打败它们，但不能杀死它们。它们有种奇特的本事，即使我把它们撕成碎片，它们也能在一夜之间把这些碎片重新聚合。因为它们与这个世界的丑恶本质有着最广泛最古老的联系，很容易从它们的基础之中汲取营养，满血复活。

对于一个小男孩而言，打怪兽是极为严肃的事情。怪兽是层出不穷的，打不完的，小男孩必须不断地打败怪兽才能活下来。兄弟们，我们的处境也是一样。对于活在上帝已经死了的当代，我们的战斗变得更艰巨、更琐碎了，然而除了通过胜利征服你的敌人，从而让他们服务于我们，没有其他的方法。

9.6 太宰问于子贡曰：“夫子圣者与？何其多能也？”子贡曰：“固天纵之将圣，又多能也。”子闻之，曰：“太宰知我乎？吾少也贱，故多能鄙事。君子多乎哉？不多也。”牢曰：“子云：‘吾不试，故艺。’”

“太宰”，即第一宰相。太宰跟子贡论及孔子，曰：“夫子是圣人吧！不然怎么可能如此多才多艺。”子贡说：“因为上天欲使他为圣者（木铎），所以把很多令人惊叹的才华赋予了他。”孔子听闻，曰：“太宰并不理解我呀，其实我年轻时贫贱，所以精通很多卑贱的手艺。另外，君子需要很多才能吗，不要那么多呀。”

在另一个地方琴牢（孔子弟子）记录了一段夫子的话，放在这里也很合适：“夫子曾经说：‘我总是不被任用，所以多才多艺。’”

“试”，考试得中、得到任用。

1. 这一章的精华是“吾少也贱，故多能鄙事”和“吾不试，故艺”两句。前一句，出身贫穷就什么都会，那也未必；后一句，屡试不成便多才多艺，这倒是真的。

2. 本章重点是“君子不需要有很多才能”，“君子多乎哉，不多也”。意思是说：千里马不称其力，重点是品德。比如曹操就是一匹失控的千里马。这很明显是伪经。孔子怎么可能说君子不需要有才呢？

3. 孔子说“太宰知我乎？”否定了太宰对他的评价，但没否定子贡。子贡说“天欲将使夫子为圣”，按照字面含义，孔子接受了这一桂冠。你认为孔子会接受这一桂冠吗？所以这一篇全是伪经。

9.7 子曰：“吾有知乎哉？无知也。有鄙夫问于我，空空如也。我叩其两端而竭焉。”

孔子说：“我算是有知者吗？我说不算。老农问我一个问题，我常常一无所知，但我善于从这个问题的正反两个方面思考，答案就在两个方向的推演之中呈现出来了。”

以前我觉得这一章大概是伪经，现在觉得肯定是伪经。这一章的含义是：真理存在于对立的两者的辩论之间。颇有苏格拉底辩证法的味道，而孔子不善哲学义理讲论，对辩证法既不懂也反感。尼采《偶像的黄昏》认真讨论了苏格拉底是希腊衰败的原因与标志的问题，尼采说巅峰时期的希腊悲剧、哲学和艺术，情绪高涨地追求一种确定性（必然性），而不是书呆子们最喜欢的辩论。

9.8 子曰：“凤鸟不至，河不出图，吾已矣夫！”

孔子说：“凤鸟不来了，黄河不出图了（河床中出土有图案的石头），我怕是等不到这两个盛世王朝征兆的出现了！”

王莽篡位前挖出了很多祥瑞征兆，有白色的野鸡，还有一块石碑上面写着“必须让王莽当皇上”。当孔子感叹他生不逢时，这些祥瑞全被王莽赶上了。王莽自感很神圣，这让他忘记了羞耻。

9.9 子见齐衰者，冕衣裳者与瞽者，见之，虽少，必作。过之，必趋。

“齐衰”，服丧者。冕衣裳者，带冠冕穿朝服者。瞽者，盲人。

孔子遇见服丧者、公务员、盲人，即便年龄比他小，也要起身。从这种人身边经过，一定小心翼翼快步走过。

这一章是从第十篇 10.23 章改了一下抄过来的，放在这里很不合适，与第九篇的主题不搭调。

9.10 颜渊喟然叹曰："仰之弥高，钻之弥坚，瞻之在前，忽焉在后！夫子循循然善诱人，博我以文，约我以礼，欲罢不能。既竭吾才，如有所立卓尔。虽欲从之，末由也已。"

颜渊终于学累了，他感叹说："我仰视夫子之道，总是发现还有更高之处，总也看不到顶点；我专研以入其内，然而用力越甚越是发现其至坚。有时，明明看到他就在前面召唤我，然而当我到达那里，发现他却站在我身后。夫子是那么循循善诱，为我制定了一整套阅读书目和礼乐典章，这是一场耗尽心力的攀登，这个过程痛并快乐着。或许唯一可以欣慰的是我已经用尽了全力，并且似乎有一点点收获。这些年来的一路跟随，有过无数次放弃的念头，每次都是身不由己继续走了下去。"

颜渊的这段话一直被当作是对夫子之道的最高赞美。可是你没读出其中的委屈、愤怒和自嘲吗？我喜欢赞赏之情，讨厌赞美。因为赞美几乎总是包含一种心理拒绝[1]。赞美者甘拜下风，好继续活在他的故我之中。而赞赏是来自于同学之间良性竞争的渴望之情，就像凡·高对米勒和高更怀有的那种感情。赞赏包含着理解，而赞美未必意味着支持。

无论如何孔子也不是"夫子循循然善诱人"，孔子让颜回感到无力而不是力量感的增强，让他感到盲目而不是明晰，可以说他成功地扼杀了颜回。鲁迅说他读《论语》就读出"吃人"二字，我之前一直以为被吃掉的只是孔乙己这样卑微的灵魂，如今想来连颜回也不能幸免。

9.11 子疾病，子路使门人为臣。病间，曰："久矣哉，由之行诈也。无臣而为有臣。吾谁欺？欺天乎？且予与其死于臣之手也，无宁死于二三子之手

---

[1] 6.12 章冉求曰："不是不喜欢夫子之道，真心喜欢呀！可惜力量不足做不到啊！"这种表面的赞美其实叫"婉拒"。

乎？且予纵不得大葬，予死于道路乎？”

孔子病危，子路派门弟子充作孔子家臣，按照大户人家的规格筹备丧事，结果孔子病情好转了。得知此事，孔子说：“唉，仲由这个人就爱整这种弄虚作假的事。我明明没有家臣，偏要装作有家臣，我骗谁呢？我骗得了天吗？话说回来，我与其死在所谓家臣的手里，倒不如死在你们这几个弟子手里不是更好吗？就算没能大葬，难道就弃尸街头没人埋了吗？”

孔子告诫子路，要诚实正直地活着。其实你无须在意世人的意见，而要思虑如何面对上帝。子路只是号称刚勇，他完全知道孔子不赞同他的做法，但他害怕习俗，害怕被孤立。

9.12 子贡曰：“有美玉于斯，韫匵而藏诸？求善贾而沽诸？”子曰：“沽之哉！沽之哉！我待贾者也。”

先说句题外话：很多人自然而然地以为玉文化起源于华夏，其实这个东西和菠菜一样传自波斯。很多学者有种不可更改地寻找某物的华夏起源的倾向。为什么不把华夏文明当作全球化的人类历史的一部分去思考所有问题呢。甲骨文里表示祭祀或者社稷的“示”字，下半部是一个祭坛，上面的一点就是祭坛上供奉着一块灵石。这和《旧约・创世记》里亚伯拉罕和雅各筑坛拜神的描述是一样的。

由于在祭祀典礼上操弄玉器的都是文人祭司，所以玉成为这个阶级的标志。他们以玉的质地、做工、色彩等属性自比其德，此乃中国玉文化。

子贡说：“假如有一块美玉在此，是应该找个匣子把它藏起来呢，还是找个懂行的玉商把它卖掉？夫子，如果你就是这块美玉，这两种方式你选哪个？”孔子高声叫道：“卖呀！卖呀！我一直等着那位玉商呢。”

有美玉于斯，孔子弟子中非子贡说不出这般尖锐而有智力含量的比喻。

孔子入世心切，他不想成为一个摆弄玉石的文人。玉器是君子的一个比喻，但唯有江山社稷才是君子大有作为的地方。不过我们别被孔子这段话骗了。不读

《论语》其他篇章（尤其是十七、十八篇）不足以看清孔子对入世一事的真正态度。事实上这块玉谁也没卖，砸自己手里了。

晚餐之后，耶稣在餐桌上又说："一粒麦子，若没有掉在田里死掉，仍旧只是一粒；若掉在田里死掉了，就会结出许多子粒来。"整本《圣经》，我最喜欢这一句。

9.13 子欲居九夷。或曰："陋，如之何？"子曰："君子居之，何陋之有？"

孔子说他想到蒙昧落后的九夷居住。请注意，是"欲居"，不是真的去住。"子欲居九夷"就是在想象之中把自己流放一次。

然而此言一出，立即有人说："那么蛮荒鄙陋的地方，通信业不畅，怎么办？"这位不知名的发问者其实就是个垫话的，好让孔子说出下面这句名言："君子居之，何陋之有？"

君子拥有一个强大的内心，并自带促其成长的营养，外部的混乱与粗俗并不能扰乱他。其生活方式是这种强大的基础保障。

本篇前13章，讲论"君子与天命"的关系，14章以后，主题是"君子必须建立强大的自我"。

9.14 子曰："吾自卫反鲁，然后乐正，《雅》《颂》各得其所。"

孔子说："自从我从卫国返回鲁国，编修了礼乐中乐的部分，《诗经》中的《雅》《颂》从此各得其所，就像如今它们恰如其分的样子。"

这是伪经。其内容放在第九篇不合适。其目的就是告诉我们：《诗经》是孔子编订的，不是刘向杨雄我们这些人干的。这一章和"子所雅言"出自同一个人。

9.15 子曰："出则事公卿，入则事父兄，丧事不敢不勉，不为酒困，何有于我哉。"

孔子说："在外事奉公卿，在家孝敬父兄，丧事尽力置办，喝酒不贪杯，这些事哪一条我做到了呢？”伪经。内容也与主题不符。

9.16 子在川上曰：“逝者如斯夫，不舍昼夜。”

孔子站在河边叹曰：“世间的万物就像这河水一样飞逝而去，离开我们，奔向死亡，一刻也不停息。”第九篇讲的就是天道的常规，孔子在这里记下这一章很合适。

9.17 子曰：“吾未见好德如好色者也。”

延伸阅读：普桑《即使在阿卡迪亚亦有我在》

普桑《即使在阿卡迪亚亦有我在》，1638—1639 年

普桑的画《即使在阿卡迪亚亦有我在》含义晦涩，我试着讲讲我看到的东西：画面是一个美丽宁静的乡村，三个健美的年轻牧人围在一座坟墓前看墓碑上的文字，曰：即使在阿卡迪亚亦有我在。阿卡迪亚就是香格里拉人间仙境之意。这句话的意思是：你们这些年轻俊美的生命啊，你们今天拥有的这一切——力量、聪慧、勇气、美貌——正在按照我死神的法则一点一点地消逝，收取到我死神的坟墓中。

死并不是像断头台上的铡刀一样一下子落下的，它一点一点，却一刻不停地发生。这就是子在川上曰孔子感叹的东西。

三位牧人最左边的一位，急切地关注着画面中心的墓碑，他似乎完全受到墓碑上的刻辞的控制。中间单腿跪地的男子正在全神贯注地辨读文字。最靠右边的男子显然已经读过了那句话，这时，他身后的女子伸手按住他的肩头。这一行为导致他孔子说："我从未见过哪个好德者比得上好色者呢。"

这句话《论语》文本里出过两次，另一次是 15.13 章，按照权威的解释是说卫灵公好色不好德。但从文本分析角度看，无法得出这句话说的是卫灵公的结论。另一种解释是劝学，我认为这一解才对。

孔子号召我们向好色者学习。比如一位美女从窗前经过，这时，书院里正在读书的一位青年内心里立刻翻涌出多么丰富的赞叹、联想、猜测和评价呀。就这么惊鸿一瞥，他的观察是多么全面呀，她的出身、年龄、教养、品味、步态的特点、她喜欢什么娱乐……何止闻一知十。他是多么精于品鉴不同的美女身上最精

转过头来，目光好像是询问"这句话是什么意思呢"，又像是在重新审视这位女子。他们刚刚还是一起游玩的四个同伴，但此时，最右边男子的目光里含有一种疑惑和重新发现。

我认为这位少女就是死神本人。她有着女祭司一般高贵与庄严面孔，脸色苍白，对比一下三位男子充满生命气息的肤色就可以发现，女子的肤色与他们三人明显不一样。她目光低垂凝视前方，根本不看墓碑，因为她早就知道这个黑色真理的全部含义。三位男子的反应基本相同，都像是受到一种他们还不理解的魔力的控制，对于他们即将受到死神的拣选一事毫不知情。

莎士比亚的戏剧《威尼斯商人》讲了一个威尼斯商人因为违约，必须向他的债主夏洛克偿付一磅人肉的诉讼案。但其实，这个剧本的真正核心与精华是"选匣择婿"：三位男子在金银铅三个盒子中做出人生的选择，选对的将得到财富、智慧与美貌化身的鲍西亚。巴萨尼奥选到了正确的盒子，就是那个铅盒子，铅盒子上的刻辞曰："选择我的人，必须付出他的一切。"巴萨尼奥得到鲍西亚的代价就是付出他的命。换言之，鲍西亚就是那位化身为美貌少女的死神。婚礼上鲍西亚送给巴萨尼奥一只指环，并嘱咐他终生不许把指环摘下来，如果巴萨尼奥没有遵守这个约定，鲍西亚就可以"责备"他。结果巴萨尼奥把指环送给了别人，而鲍西亚对巴萨尼奥的"责备"其实就是取他性命。其实巴萨尼奥把指环送给的那个人，就是鲍西亚女扮男装装扮的青年法官，也就是说，巴萨尼奥把那只象征着他的生命的指环并未送给别人，他给的正是死神少女鲍西亚。

普桑比莎士比亚小 30 岁，估计他看过《威尼斯商人》。其实这一主题在莎士比亚的另外两部剧《李尔王》和《罗密欧与朱丽叶》中也出现过，人物关系和剧情都有一个代表死神的待嫁少女和"三选一"的结构。如此看来，在普桑的画里，被少女死神选中的男子就是她的手搭在他肩上的最右边的那一个。

细的差异和类型，且无师自通。

孔子的意思是：我们都应该好好向我们自己学习。在好色这件事上我们表现出来的理解力、观察力、想象力，还有辨识和分析能力远远超出我们对自己的估计。

爱情几乎是我们唯一百折不挠的事业，没有一个人在某次爱情失败之后对我说“看来我确实不是谈恋爱的这块料”。还有，我们还可以从好色之徒身上学到一个极为宝贵的东西：那就是决心和行动力。因为爱情是一种高于你现在生活的东西，你发誓要改掉你身上的任何一种毛病，去到一个你还没去过的高处。

9.18 子曰：“譬如为山，未成一篑，止，吾止也；譬如平地，虽覆一篑，进，吾往也。”

孔子说：“譬如去堆山，只差一筐土就完成了，这个时候功亏一篑停下来了，你怪不得任何人，是你自己停下来的；再譬如填谷，虽然只是倒下第一筐土，你决定不管有多大苦难也要做下去，这也是因为这是你的选择。”你的自我的强度决定了你的定位。

9.19 子曰：“语之而不惰者，其回也与？”

孔子说：“沿着我指引的道路奋力前行、不松懈的，也就颜回一人吧。”

20、21两章深赞颜回，既与“君子强大的自我”有关，也是为十一篇“颜回篇”做铺垫。这两章足见“孔子编辑学”的精巧与深刻。

9.20 子谓颜渊曰：“惜乎！吾见其进也，未见其止也。”

论及颜渊，孔子说：“这个人死得太可惜了！我眼见他不停地进步，从未见他止步。”

“吾见其进也，未见其止也”：兄弟，你也有过这种感觉自己每周都在增长的感觉吗？那种每周都变得更加纯洁，变得越来越美，以至于感到身边最好的朋友都需要重新认识你一下，因为你已经不再是原来的那个你了。这是很幸福的，只是由于我们长时间处于这种幸福状态，以至于不再珍惜幸福。我们对自己说：幸福算得了什么，我追逐更罕见的东西。

9.21 子曰："苗而不秀者有矣夫；秀而不实者有矣夫。"

孔子说："只是发苗却没有开花的情况是有的，只是开花却没有结果的情况也是有的。"

有些孩子止步于发苗，有些止步于开花，并未结出果实，为什么？有些人的自我天生弱小，不足以支撑他走过发苗、开花、结果的全程。像颜渊这样坚定而义无反顾地走下去的人是极少数。

9.22 子曰："后生可畏，焉知来者之不如今也？四十、五十而无闻焉，斯亦不足畏也已。"

孔子说："后生可畏，你怎么知道一代不如一代呢？如果一个人到四五十岁还无所作为，这一辈子差不多就结束了。"

有一种通病流行甚广，就是70后看不惯80后，80后看不惯90后，一代看不上一代，而且这些看不惯往往都有真实的证据，比如"这些吃肯德基长大的一代怎么可能有这种担当"。

每一代人都在指责青春期的一代，这种现象在孔子的时代就有。青春期就是一个错乱的年龄，价值观不稳定，反叛起来爆发力十足。所以这不是一个年代的问题，而是如何看懂青春期的心理学问题。

人到四十、五十力量逐步走向衰竭，他最好的时光已经消逝，再也翻不出浪了。这是一个生理学问题。

9.23 子曰："法语之言，能无从乎？改之为贵。巽与之言，能无说乎？绎之为贵。说而不绎，从而不改，吾末如之何也已矣。"

"法语之言"，直言我们的过失，而且说得很对的"逆耳忠言"。"巽与之言"，贴心的好言相劝，说得既在理又细致，妙语解心事。

孔子说："听到直言相告的箴言，怎能不心悦诚服？然而真的照着去做才叫可贵。听到细致的分析我们的优缺点的话，怎能不喜悦呢？但坦诚地自我斟酌才是可贵的。如果箴言只是令人欣喜却没有发生改变，或者只是赞同却没有导致行动，我就不知道拿这个人怎么办了。"

9.24 子曰："主忠信，毋友不如己者，过则勿惮改。"

孔子说："君子以强大的自我为修炼的目标，不要与烂人为伍，有错不怕，贵在勇于改正。"

本章重出，也是伪经。

9.25 子曰："三军可夺帅也，匹夫不可夺志也。"

孔子说："夺去三军主帅，其难度还要小于改变一个匹夫的心志呢。"

这句话有正反两解：第一解，只要你内心强大，谁也压不垮你。你执意填沟，就算所有人说你疯狂，也撼动不了你的意志，你的追求，你的幸福。这是本章的原意。

第二解，尼采讲了一个"山边之树"的比喻：我用尽全力摇动一棵树，根本就摇不动；可是看不见的风却可以任意扭曲它，甚至吹断这棵树。人就好比是这山边之树，他们就是不肯听从我的好言相劝，主动把自己塑造得更好，却听任命运，也就是那风的摆布和折磨。这种情况确实令人沮丧。人就是这山边之树啊！

9.26 子曰："衣缊敝袍，与衣狐貉者立而不耻者，其由也与？不忮不求，何用不臧？"子路终身诵之。子曰："是道也，何足以臧？"

孔子说："穿着寒酸的衣服，站在衣着华美的人身边，却不感到自卑，仲由就是这种人吧。就如《诗经》所说的'不卑不亢，不有求于别人，以此立身不是很好吗？'"子路很少被老师夸，听闻这话兴奋得不行，打算终身诵读。孔子说："就这么点小道，你打算凭着这么个小东西混一辈子吗？"

孔子表扬子路的，是他的人格独立。随后告诫他的，是不可安于小道，那是走不远的。

9.27 子曰："岁寒，然后知松柏之后凋也。"

孔子说："只有经历了严冬酷寒，才知道松柏是最后凋零的。"

这句话有三解——

第一种，只有经历了彻底的破产和失败，才能理解什么是真正的价值、真正的友谊以及何谓真君子的风骨。而在一片繁荣之中，我们是多么容易忽视这一简单的真理啊！这就是孔子的本意。

第二种，钱穆发现，松柏历经岁寒，却依然保持长青而不凋零。犹如华夏文明，虽然历经五胡乱华、蒙满入主、抗日战争，却能够绵绵五千年而不绝。就是因为这个民族中的精英分子在逆境之中的坚守与传承作用。钱先生一语道出了晚清至民国贵族精英阶级（比如梁启超）的心声：以顽固的民族基因对抗三千年来未见之变局。

五千年绵绵不绝而且唯一的说法是谁抛出的？且不说没有五千年，也并非没有大断裂和空白，但是儒家贵族精英们偏好这个说法。它成为抵制外来者，并拒绝做出自我改变的心理根基。

第三种，松柏历经岁寒而不凋零的真正秘密，是它即便在严冬酷寒之时，枝头也会冒出嫩绿的新叶，而即便在盛夏也有枯黄的落叶。就是说它一直在不停地自我更新。树有一种强大的自我修复和重获新生的能力，更明显的例子是白杨或者银杏，它们敢于在秋日的几天之内一下子褪去所有树叶，在这种孤注一掷的奢华与勇气的背后，是来年春天焕然一新的结果。相比而言，人的生命之旅是一条单行线，容颜和青春一旦衰老就不可逆转，因此我们总是在人生的每一个时点停下来去感受，叹息，思考和算计（因为这一刻是永恒的一刻，不可能再有），我们总是在追忆，并像生命的旁观者那样试图去记录下永恒的这一刻。正是这些情感，让人类变得渺小，缩手缩脚，顾影自怜，失去了像树那样的壮丽和充满勇气的人生。

我认为“岁寒”这一句，是在鼓励我们向树学习那种自我更新的能力。汤姆·彼得斯说得好：

“小失败是小成功之母；莫名其妙的大失败，是莫名其妙的大成功之母；迅速的全面的溃败是迅速的全胜之母！”

蒙古骑兵在攻打俄罗斯的时候遭遇了一场惨败，这时一个蒙古将军站出来说：

“我们要感谢这个打败我们的人，因为他将教会我们怎样打败他！”

我们很容易听出这句话里包含的勇气与豪迈，但请别忘了这句话里包含的蒙古骑兵自我更新的那种学习力。

9.28 子曰：“知者不惑，仁者不忧，勇者不惧。”

孔子说：“智者不再有迷惑，仁者不再忧愁，勇者坦荡无惧。”

这一章提出“仁智勇”三美德，孔子意在强调君子必须修得完备的自我，这样，才足以应对人生境遇，也才能担当实现仁道的最高使命。然而2000年来，是否有一个人敢于声称他修得正果赢得了三美德？没有一个，因为这是一场无人可以登顶的攀登。

我更喜欢尼采的一句话：“我们这种人，总是勇气大于智慧。”一想到这句话，我就浑身充满了力量。

9.29 子曰：“可与共学，未可与适道；可与适道，未可与立；可与立，未可与权。”

孔子说：“有的人可以同学，但不可以一起有志于道；有的人可以和我们拥有同样的意志，但无法和我们一起成就一番事业；有的人可以和我们一起同事，但不能和我们一起斟酌并做出取舍决策。”

这节和9.22“苗而不秀者”含义相近。

9.30 “唐棣之华，偏其反而。岂不尔思，室是远而。”子曰：“未之思也，夫何远之有？”

有一天，孔子读到一首诗，然后撇撇嘴。这首诗是这样的："唐棣花开呀，在风中摇曳，并不是我不想你呀，只因我这儿离你那儿太远了呀。"孔子的批注是：真的很想念吗？我看是没有吧。如果真的很想很想，现在就去呀，有什么远的。就像许巍的歌里唱的：没有什么可以阻挡，我对唐棣的向往。

孔子蔑视那些光说不练的假把式。他想说：去做！现在就去！和行动相比，所有的思念、感慨、向往、忧虑都是廉价不值钱的。可是很多人宁可只做一个生活的旁观者。他们感受生活，并且认为感受生活就是一个人活着的目的。

再听一首歌：那些花儿呀，她们都老了吧，我曾以为我会一直守在她身旁，如今已经被风吹走散落在天涯……我知道很多人都喜欢这首歌。因为这里有一点点自恋，还有一点点无聊。在这里，艺术已经退化为一种美丽的创伤，一种哼哼唧唧的东西，一种让人丧失行动力的哀怨。

什么叫知行合一？钱穆说："孔子绝不以空言作为学问，他所说的就是他所做的，他所做的正是他所说的。这正是孔子真正高贵和了不起的地方。"

有个叫见城彻的日本人说过一句很棒的话：

"任何理论如果没有导致行动，就是胡说八道。"

更高级的艺术是一种矢量，就是一种具有方向的力。它为我们揭示生活的本质真相，以新的角度重新评估我们的处境。艺术应该是一种引领我们超越此刻和此在的超越性的力量，如果不具有这种超越性，艺术这玩意就一无是处。

第十篇　乡党

我是在突然读懂了第十篇之后，才完全理解了孔子其人以及他的书的。这件事发生在两年前，也就是我读《论语》很晚近的时候，它让我完全改变了之前的观点。以下我对第十篇的解读，几乎处处都和其他所有注经家们大异其趣。我盛赞孔子写的这一篇，包括他故意不让傻瓜看懂的笔调我也喜欢。

上一篇孔子谈他的哲学，或者说主义，这一篇他将这种哲学或者主义践行于他的生活方式之中。主义必须转化为行动，哲学必须固定为生活方式。“一以贯之”绝不只是发生在头脑中的明晰，而是身体与生活的自律。做一个哲学家，这意味着什么呢？一个哲学家必须建立一种怎样的生活方式呢？这就是第十篇回答的问题。

你去看看尼采的自传《瞧这个人》，小标题是“我为什么这么智慧？”“我为什么可以写出这样的好书？”答案全是作者如何呼吸、如何饮食、散步、阅读、交友、女人之类，就是说，那全拜我的生活所赐。

从语文角度说，第十篇很美，是汉语写作中的顶尖佳作。你只需多一点耐心，跨越古汉语这个小障碍，就能体验到这种美。

10.1 孔子于乡党，恂恂（xún）如也，似不能言者。其在宗庙、朝廷，便便言，唯谨尔。朝，与下大夫言，侃侃（kǎn）如也。与上大夫言，訚訚（yín）如也。君在，踧（cù）踖（jí）如也，与与如也。

孔子在邻里乡党中间，平易近人，看似不善言辞者。然而在宗庙朝廷之上，讲话清晰明确，但也很有分寸。

上朝日，与爵位较低的下大夫说话，神态愉悦，无所不言。与上大夫说话，神情中正严肃。国君在上，神色恭敬而紧张，仪态中正和顺。

10.2 君召使摈（bìn），色勃如也，足躩（jué）如也。揖所与立，左右手，衣前后，襜（chān）如也。趋进，翼如也；宾退，必复命曰："宾不顾矣。"

奉国君之命接待宾客，全部过程面色兴致勃勃，脚步也比平日轻快。对身边的客人不停地作揖鞠躬，左边一拱手，右边一拱手，远观，只见衣襟前后舞动，很有趣。

越是接近宾客，越是谨慎小心；宾客走后，一定向国君回报说："客人不再回望了。"

10.3 入公门，鞠躬如也，如不容。立不中门，行不履阈（yù）。过位，色勃如也，足躩如也，其言似不足者。摄（shè）齐（zì）升堂，鞠躬如也，屏气似不息者。出，降一等，逞颜色，怡怡如也。没阶，趋进，翼如也。复其位，踧踖如也。

走进朝堂大门时，欠着身子就像鞠躬那样，仿佛门太小容不下他把身体完全舒展开一样。迈步进门不从正中间通过，不用脚踩到门槛。

面见国君必先穿过庭院中的过道，每次逾越穿过其他大夫站立的位置时，脸色振作有神，脚步也加快，一副不太会说话的样子。

登堂拜见国君，提着朝服的下摆，样子就像一直在鞠躬，屏息凝神好像没有呼吸。

退堂往外走，每下一层台阶，脸色随之松弛一层，直到完全恢复怡然之色。

下完所有台阶，快步通过，样子小心翼翼。回到原来站立的位置，样子局促不安。

10.4 执圭（guī），鞠躬如也，如不胜（shēng）。上如揖，下如授。勃如战

色，足蹜蹜（suō）如有循。享礼，有容色。私觌（dí），愉愉如也。

执圭的时候，身体前倾似鞠躬，（出使别国，以圭作为国家的象征和凭据）双手捧之，好像拿不动。向上举时像是在作揖，向下放时好像是给人递东西。面色兴奋振作又战战兢兢，一溜小碎步，脚跟脚尖交替向前。

接受别国国君的礼物，表情惊喜愉悦。如果是会见他在那一国的私人朋友，神情轻松愉快。

以上四章以旁观者的视角观察与记录，只形容不评论，也不解说。这非常像绘画，只是精准地刻画人物的动作和姿态，让观者体察这些动作和身体姿态之下的心灵的活动。他将他的观点和立场，他的信仰和力量，通过他的身体表达出来。

10.5 **君子不以绀（gàn）緅（zōu）饰，红紫不以为亵（xiè）服。当暑，袗（zhěn）絺（chī）绤（xì），必表而出之。缁（zi）衣，羔裘；素衣，麑（ní）。裘；黄衣，狐裘。亵裘长，短右袂。必有寝衣，长一身有半。狐貉之厚以居。去丧，无所不佩。非帷（wéi）裳，必杀（shài）之。羔裘玄冠不以吊。吉月，必服而朝。齐，必有明衣，布。**

君子着装，不用深红和深紫色做领子和袖子，内衣不用红紫二色。“绀緅”，深红和深紫色。“亵服”，内衣。

夏天，穿葛布单衣，但出门见人，就算再热也要穿外套。

冬天的皮袄，黑色罩衫配黑皮袄（“缁”是黑色；“羔裘”，黑色羊皮），白色罩衫配白色的麑裘（“麑”，白色小鹿），黄色外衣配黄色的狐裘。

平常在家穿的皮袍做得长一些，右边的袖子短一些（便于工作）。

被子的长度是身长的 1.5 倍。（“寝衣”是被子，不是睡衣。身长，从肩部往下算“一身”）。

用狐貉的厚毛皮做座垫（那时没有椅子，座垫即席位）。

服丧期满，脱下丧服后才佩戴饰品。

所有服装中礼服的尺寸最长，其他衣服，长度都减少一些（“帷裳”，朝服。“杀”，减少尺寸）。

丧服不用黑衣黑帽，一定用白色。（西方习俗正好相反）

每月初一，身着朝服朝拜君主。

斋戒沐浴后，穿浴衣。浴衣质地为葛布或麻布。

服装和容貌是自我的边界。我们经由这一层外壳和媒介与外界交流，施加我们的影响力与说服力。别人同样经由这一表面，观察和理解我们的内在实质。

10.6 齐（zhāi）必变食，居必迁坐。食不厌精，脍不厌细。食饐（yì）而餲（ài），鱼馁（něi）而肉败，不食。色恶，不食。臭（xiù）恶，不食。失饪，不食。不时，不食。割不正，不食。不得其酱，不食。肉虽多，不使胜食气。唯酒无量，不及乱。沽酒市脯（fǔ），不食。不撤姜食，不多食。

斋戒时，改变平日食谱，和平时吃的不太一样。座位也要改换，与平日不同。（斋戒是一年一度的自我洁净，是与神对话。改变日常习惯，是为让身体和心灵保持警醒，聆听神的声音）

食材精益求精，肉食做工精细，选材、做工、装盘和吃法都很考究。

粮食受潮变味了，鱼和肉腐败了，则不吃。

颜色怪异突兀难看的，不吃。

气味难闻，不吃。（可能比如榴梿。不是“食物霉变”）

烹饪工艺不恰当，不吃。（比如过度烹饪的、佐料过重的）

不是饭点，不吃。

宰杀不当的，不吃。（穆斯林的牛羊肉都是由专职的阿訇负责宰杀）

佐料搭配不当，不吃。

肉吃得再多也不超过主食的量。

喝酒不限量，但不喝醉。

集市上卖的散酒熟肉，不吃。

吃饭时一直有姜碟配餐，但也不多吃。

时下是吃货的时代。他们人多势众，他们把吃看作是他们最后的人权。天主教说贪吃是七宗罪之一，其实贪吃算不上罪孽，但却是不折不扣的愚昧。这种人说到底是其内脏的奴隶，内脏是他们的主人，其身体、头脑、感官和判断力都是为其主子服务的。他们恨不能吃遍天下各种飞禽走兽，如果还有什么东西没吃过就是枉活一生。

孔子的饮食体现的是对内脏的驯化。把内脏训练得服服帖帖、方方正正，这才是孔子的日常生活方式。"一以贯之"绝非只是思想上的统一，更重要的，也是书呆子做不到的，是身体和生活与理念的一致。或者用心理学的话说，是本我与超我的和谐一致。孔子把他的最高哲学转化成了一套最平常的生活方式。

10.7 祭于公，不宿（xiǔ）肉。祭肉不出三日，出三日，不食之矣。

参加公祭得到赏赐的祭肉不留到第二天。祭肉不超过三天，超过三天就不吃了。

10.8 食不语，寝不言。

吃饭时不说话，睡觉前也不说话。就人生而言，两件都是大事。

10.9 虽疏食菜羹，瓜祭，必齐（zhāi）如也。

即便粗茶淡饭，饭前也要取一些出来祭祖，过程像正式斋戒一般恭敬严谨。

吃饭曾经是我们的祖先极富宗教含义的事，比如"最后的晚餐"。如今吃饭时我们依稀可以感到其残存：一起举杯，祝福一下。然后最长者说"吃吃吃"，然后开吃。

10.10 席不正，不坐。

座位秩序不对，不坐。座位就是社会伦理关系。

10.11 乡人饮酒，杖者出，斯出矣。

在乡间参加酒宴，一定要等老年人首先离席，然后才离席。

10.12 乡人傩（nuó），朝服而立于阼（zuò）阶。

乡里举行迎神驱鬼的傩戏，他身着朝服站立于东侧的台阶上。敬鬼神，而远之。

“傩”，原始宗教中巫师化身为鬼神降临人间的癫狂舞蹈，至今仍有遗存。

10.13 问人于他邦，再拜而送之。

使者即将出使外邦，他必在出发前敬拜送别。“问”是“访问”之意。

10.14 康子馈（kuì）药，拜而受之。曰：“丘未达，不敢尝。”

康子送药给孔子，孔子拜谢后接受，说：“孔丘对这药的药性还不了解，不敢尝。”

大人物季康子送药给孔子，孔子敬拜而接受。但他对一切入口之物极重视，何况是药，绝不以身体轻易尝试。这里特意说明“康子馈药”，意指送药之人并非孔子同道，若是蘧伯玉，孔子应该会欣然接受。

10.15 厩（jiù）焚。子退朝，曰：“伤人乎？”不问马。

马棚失火。孔子退朝回来，说：“伤人了吗？”不问马是否损失。

这一章就算不是伪经，也是败笔。

10.16 君赐食，必正席先尝之。君赐腥，必熟而荐之。君赐生，必畜（xù）之。侍食于君，君祭，先饭。

国君赐食物，一定摆正座席，并且先尝一尝（就像真的与国君一起吃饭一样）。国君赐生肉，一定煮熟，先供祖宗然后才吃。君赐活物，一定好好畜养起来。陪侍国君吃饭，国君餐前祭拜时，先为国君尝饭（试毒）。

孔子儿子名叫孔鲤。因为国君曾经赐给他鲤鱼，因此他给儿子取名“鲤”，就是在强调君臣之道。

10.17 疾，君视之。东首，加朝服，拖绅（shēn）。

孔子病重，国君前来探视。头朝东躺着，把朝服盖在身上，拖着大带子。“加朝服，拖绅”是因为不能起身了，但还是要向朝堂之上一样身着朝服面君。

“东首”。秦始皇陵就是这种东西向的形制，三星堆的墓葬也是东西向的。这说明先秦时中国的宗教观念中东西向才是正确的方向，东汉风水学兴起，墓葬和宗教观念才从面东背西改为面南背北。

10.18 君命召，不俟（sì）驾行矣。

国君召见，孔子不等车马备好，急匆匆就先走了。

如此忠君敬业，何尝不是对君王的倒逼。这就是孔子认认真真演戏的原因。

10.19 入太庙，每事问。

子入太庙，每事都问，于是每事包含的义理都被彰显出来。

“每事问”就是“敢于问傻问题”，不像大多数人不懂装懂，或一知半解以为知。

从这章以下不再谈君臣之道。

10.20 朋友死，无所归，曰：“于我殡（bìn）。”

朋友死，无人葬，孔子说：“丧事我来操办。”

10.21 朋友之馈，虽车马，非祭肉，不拜。

朋友馈赠物品，即便贵重如车马，只要不是祭品，接受的时候也是不拜的。敬拜属神，朋友馈赠属人。他把神当神，把人当人。

10.22 寝不尸，居不客。

睡觉不像死尸一样挺着，平日家居也不像作客或接待客人时那样庄重严肃。

10.23 见齐（zī）衰（cuī）者，虽狎（xiá），必变。见冕者与瞽者，虽亵，必以貌。凶服者式之，式负版者。有盛馔（zhuàn），必变色而作。迅雷风烈必变。

见到穿丧服者，即便是熟人，都要严正容色，有别于平日。

见到戴冠冕者和盲人，就算平日关系亲密，表情也很尊重敬畏。

遇见身穿刑服的凶犯经过，就会身体前倾，样子就像背负重物的人。

参加盛大筵席，容色也比平日振奋，席间不断起身。

有惊雷大风，一定改变神色以示敬畏。

10.24 升车，必正立，执绥。车中，不内顾，不疾言，不亲指。

乘车，必端正站立，手握扶手。在车上，不回头，不高声说话，不用随便指指点点。

在春秋战国时期，乘车是社会身份的标志，不是什么人都可以乘车的。

10.25 色斯举矣，翔而后集。曰：“山梁雌雉，时哉时哉！”子路共之，三嗅而作。

这一章，孔子给我们埋了一个谜语，迄今为止还无人猜出。

“色”，指“脸色动容”。小鸟看到人的脸色，一哄而起。“举”，一下子“飞起来”。在空中盘旋一阵之后，再次聚集于原地。孔子见此，曰：“这些山梁之间的小母鸟啊，真是懂得时令啊！”子路听闻，拿些吃食喂小鸟，小鸟闻了又闻，还是飞走了。

朱熹说，这里肯定掉文字了，所以读不懂。别硬解，硬解也是曲解。

钱穆大赞本章实为“千古妙文”！他的解读是：小鸟看到人的脸色不对，立刻知道飞走，这些小鸟多么懂得时宜呀！孔子以此教育子路：我们文人当向小鸟学习，回避不合时宜的乱世，保持自我洁净。子路听闻此言对小鸟多了几分敬重，于是拿些吃食善待小鸟，小鸟闻了又闻，还是飞走了。钱先生号召文人们贵在拒绝引诱，不为所动，任凭谁也伤害不了他。

这我就要说两句不中听的话了。蒋介石当年逃往台湾，邀请钱先生同去，钱先生不为所动执意去了香港，可是后来还是拐弯到了台湾，而且住进了蒋先生在阳明山的私人别墅，这和他说的完全两样啊。

其他经典注本最流行的说法是：本章用意深邃，余音袅袅。所谓“余音”，就是说孔子一生是个惶惶不可终日的丧家狗，就是不肯具有小鸟的聪明。他既想入世，又反复斟酌，最后一生不得任用，本章说的是他内心的彷徨与不甘。比如李零说，凡是心怀理想，在现实世界又找不到家园的人都和孔子一样是丧家狗。这完全颠覆了第九篇“君子当建立强大的内心”的全部努力。如果孔子其实就是一条丧家狗，他的那些欢乐、他的勇敢、认真和发脾气，全都只是色厉内荏，装腔作势。什么“何陋之有”“三军可夺帅”“仁者无忧”，将是一点也不可信的。

李零和钱穆说出的都是他们自己的生存境遇。钱穆说这章是“千古妙文”是在为自己的境遇遮羞，李零把他的《论语》读本起名叫《丧家狗》，和“唐棣之华”那种哀怨是一回事。今天的文人只关心一个问题：“我如何才能在这个时代过得更舒服一点。”他们真正可悲的原因是：因为他们不生产。他们寄生于他们的时代，他们的尊严是得到“有尊严的施舍”。他们的样板就是“贞观之治”，什么是贞观之治？就是皇上好吃好喝地请我骂你。他们很喜欢谈“言论自由”，但其实他们说的是他们的利益特权。他们这些法利赛人内心充满了各种贪欲，并注定因这欲望成为受制于人的奴仆。

下面是我的解释：

一群山鸡见孔子走来，立刻一哄而起。然而飞了一阵子，再次落下聚集在一处了。见此情景，孔子说："这些山梁之间的小母鸟呀，真是懂得时宜呀！"

子路洒下诱饵，这些山鸡闻了又闻，还是飞走了。这章其实是一首四言诗，一共三行，每行两句。为了便于理解，作者最小限度地添了一个"曰"字。

这首诗是孔子自述他在这个世界上的命运：当其来时，人群鼎沸，人们纷纷表示，这就是真理，也是他们将走的道路；当其去时，人们再次回到自己原来的生活方式，就像什么都没发生过一样。孔子说："你们这些山梁之间的小母鸟呀！你们一直吵吵着要跟着我走君子之道，可是终究不肯离开原地，跟我走一条更有趣的路呀！这里有你们太多的小幸福、小安适，以及与你们这些小幸福和小安适相配的小道德，我是败给你们了。"

子路不甘心，洒下诱饵。小鸟这次不再像当初那么冲动了，它们闻了又闻，然后飞走不见了。

正如福音书曰，神派他的儿子耶稣来人间走一趟，向世人彰显神的福音，劝诫世人走通往天国的光明大道。可是世人是怎么对待神派来的人呢？《约翰福音》说"光照在黑暗里，黑暗却不接受光"。这就是耶稣投向这个黑暗世界之光的命运。人们背叛他，应付他，表明跟从但在关键时刻与之切割。站在十字架下面的人有刽子手、叛徒、麻木者，以及充满了痛悔却不敢认同他的弟子。

耶稣说他的工作好比是撒种，有的撒在道路上，飞鸟来了就把它叼走了。（神的福音就这样与之擦肩而过）有的落在浅土里，太阳一照发苗很快，然而根基很浅，时间长了也就枯萎了。（这种人最初兴奋得不行，结果全都跑了）也有掉在荆棘里的，成长中遇到特别多的困苦与诱惑，还是不会结果。也有掉在好土里的，结出果子，有三十倍的，有六十倍的，有一百倍的。

"光照在黑暗里，黑暗却不接受光。"他们彼此议论这光，或缅怀、赞叹、恶搞、质疑、研究这光，但就是不肯脱去暗昧的行为，换上光明的行装。（保罗语）

第十一篇　先进

我最初以为，这一篇是孔子对早年书院生活的一部回忆录。细读之下，我发现本篇真正的主题是“颜回之死”。事实上，这一篇几乎从头至尾，都弥漫着对颜回之死的惋惜和心痛。这种哀痛由于表达得欲言又止，反倒具有了一种特别的爆发力和震撼人心的效果。

这一篇不谈义理，全是真情。篇尾“与点”一章含义云雾缭绕，迄今为止无人读懂。我以为这是孔子有意设置的一个谜语。他好像并不急于让我们完全读懂他的书，很精细的东西是为很精细的人准备的。

11.1　子曰：“先进于礼乐，野人也；后进于礼乐，君子也。如用之，则吾从先进。”

“先进”“后进”：孔子称早期入学的弟子为“先进”，后期入学者为“后进”。

“野人”“君子”：平民子弟曰“野人”，有爵位的大户人家孩子曰“君子”。

孔子说：“来我门下学习礼乐的先期弟子，大多出身平民；后期弟子中有不少大户人家孩子。如果非要我说更喜欢谁，肯定是先期子弟。”

孔子弟子70余人，史料中大多看不出出身。但仲弓、颜渊、原宪肯定出身野人，后进者公西华、宰我、樊迟估计是贵族子弟。我曾以为孔子褒奖“先进”，意在贬抑贵族子弟，他略有此意。“犁牛之子”章就有这种意思。后来我意识到，先进弟子中有他格外珍爱的好几个人，尤其是颜回。

11.2　子曰：“从我于陈、蔡者，皆不及门也。”

孔子遥想当年愤然离开卫国后（见 15.1），受困于陈、蔡两国的难忘岁月，叹曰："曾经与我一同经历陈蔡之困的弟子，如今都不在我门下了。"

其实，至少子贡还一直追随着老师。即便子贡出仕为官，师徒二人也心灵相通。细想之下，这一句其实是在叹息颜回之亡也。

11.3 **德行：颜渊、闵子骞、冉伯牛、仲弓。言语：宰我、子贡。政事：冉有、季路。文学：子游、子夏。**

德行好的有：颜渊、闵子骞、冉伯牛、仲弓。文采与口才佳者：宰我、子贡。长于政事的：冉有、季路。通晓诗书占卜的：子游、子夏。

孔子遥想早年书院生活，众多英才相聚一堂，其情境多么令人怀念。孔子此时的思绪沉浸在早年的美好时光里。

11.4 **子曰："回也非助我者也，于吾言无所不说。"**

孔子说："颜回实在不是一个可以帮到我的人，只是我说的话他没有一样是不喜欢的。"

连续四章，孔子自言自语，极为隐讳地念叨着那个心爱的弟子。

11.5 **子曰："孝哉闵子骞！人不间于其父母昆弟之言。"**

孔子说："闵子骞真可以称得上孝呀！从没人说他与父母兄弟相处有任何不愉快的事发生。"

11.6 **南容三复白圭，孔子以其兄之子妻（qì）之。**

"白圭"说的是《诗经》里的一句诗："白圭之玷，尚可磨也，斯兰之玷，不可为也。"白玉上的瑕疵可以磨掉，人说出有污点的话，可就无法收回来了。

南容反复诵读这句诗，时刻警醒自己慎言谨行。这个南容就是5.1章里孔子把侄女嫁给他的那个南宫括。南容和闵子骞都是孔子喜爱的弟子，但不是最爱。

11.7 季康子问："弟子孰为好学？"孔子对曰："有颜回者好学，不幸短命死矣，今也则亡（wú）。"

季康子问："弟子中谁比较好学？"孔子回答说："有个叫颜回的好学，不幸短命死了，如今再无好学者了。"

"今也则亡"：康子只是随便一问，孔子的回答流露出的悲哀却令人意外。如果颜回之后竟无一人可以继承他的遗产，或许这件事敦促他必须写下《孔子》。

11.8 颜渊死，颜路请子之车以为之椁。子曰："才不才，亦各言其子也。鲤也死，有棺而无椁。吾不徒行以为之椁。以吾从大夫之后，不可徒行也。"

颜渊家境贫寒，其父颜路请求孔子卖掉车子给颜渊买一副椁。棺椁的"椁"，就是套在棺外的外棺，中间是棺，周围放随葬品。

孔子拒绝了颜路的请求："有才的无才的，在我心中都当儿子一样看待呢。孔鲤死时就是有棺无椁，我也没有卖掉车子给他买椁。自我做了大夫以后，出门是不可徒步而行的。"

车意味着社会伦理和等级秩序，商人有钱也不许置办车子。孔子并未任由悲伤泛滥，丧失他最重视的礼乐秩序。这个细节恰恰反映出颜回在他心中的分量。

11.9 颜渊死，子曰："噫！天丧予！天丧予！"

颜渊死，孔子说："噫！这是上天要灭我呀！难道上天要绝我吗！"这话真是惊心动魄！

11.10　颜渊死，子哭之恸。从者曰："子恸矣。"曰："有恸乎？非夫人之为恸而谁为？"

颜渊死，孔子悲恸之至，几乎失控。随从者提醒到："夫子过度悲恸了。"

孔子回身说道："过度了吗？我不为这个人悲恸，还为谁呀？"

11.11　颜渊死，门人欲厚葬之，子曰："不可。"门人厚葬之。子曰："回也视予犹父也，予不得视犹子也。非我也，夫二三子也。"

门弟子欲厚葬颜渊，孔子说："不可。"结果他们还是厚葬了颜渊。

孔子说："回呀！你视我犹父，我却不能待你如子。葬礼办成这个样子不是我的意思，是这帮小子办的呀！"

这应该是孔子在颜回墓前的哭诉。

11.12　季路问事鬼神。子曰："未能事人，焉能事鬼？"曰："敢问死。"曰："未知生，焉知死？"

这一章放在这里，可能与颜渊之死有关。不过子路确实问了一个好问题。

子路问怎样对待鬼神。孔子说："还没搞清楚怎样待人，又如何能待鬼？"

子路依然困惑，接着问："那请问死是怎么回事？"孔子说："还没搞懂生，如何知道死。"

子路问的就是"子不语"的四件事之四——"神"，所以孔子闭口不谈。或者说，孔子说的，恰恰是正解。

子路愿闻"事鬼"，孔子答曰"事人"。正所谓"人外无道"，在人道之外寻找真理实属愚妄。这个回答即便在今天也极具先锋性。须知孔子并非认为鬼神界不存在，其可贵在于他敬而远之，就是说："只有这唯一的世界，就是我们存在于其中的唯一真实的世界。"我名曰"世界一"。道家在天上发明了另一个超越尘世的世界（"世界二"），他们认为我们所在的世界不过是他们那个世界的表象和反映。道家在彼岸世界里找到他们的特权，并企图以此在我们这个世界上掌握权柄。

孔子的这段话告诉我们：如果你想要建筑，就把房子建在这个真实可触的世界上吧！因为只有“世界一”这唯一的世界。

11.13 闵子侍侧，訚訚（yín）如也；子路，行（hàng）行如也；冉有、子贡，侃侃如也。子乐：“若由也，不得其死然。”

闵子骞陪侍于孔子身旁，一派中正严肃之貌；子路，则是一副雄赳赳的样子；冉有与子贡，一脸的愉悦松弛。看到此景，孔子笑了：“像仲由这个样子，只怕不得好死吧！”

这又是一段回忆的思绪。

有人说，子路后来因为朋友义气在卫国被人乱刀砍死，应验了孔子的这句玩笑话。但我总感觉，如果孔子这句话最后一语成谶，或许说的也不只是子路。

11.14 鲁人为长府。闵子骞曰：“仍旧贯，如之何？何必改作？”子曰：“夫人不言，言必有中。”

训诂派关心：鲁人是谁？是季康子，还是哀公？“长府”是仓库，还是官府？这未必不是问题，但不是作者的本意。作者有意剔除这些信息，为的是突出真正的重点。我们需要训诂，可以弄清楚很多细节，问题是自清以来学术界只剩下训诂了。如今，训诂依然占据着学术权力的最高端，这就是堕落。

鲁国打算建一座楼，有人提出采用一种富有创新性的设计方案。对此，闵子骞说道：“仍旧按照我们一贯的样式不好吗，为何违背传统硬要创新呢？”

这话很中孔子的心意，他微笑着说道：“这个人平时不怎么说话，不过每次都说到点子上。”

孔子既欣赏此人平时不说话，也喜欢一旦说话就说到点子上。这让我想起尼采，他说如果一个人可以忍受一年的孤独，那么，当他重返人间之时就不再会窃窃私语，而是开口演讲。孤独者每天都在和自己进行热烈的交谈，他把这个世界上的一切都重新掂量过一遍了。

我们谈谈创新。

很多企业喜欢每年推出一个新的宣传册弘扬企业文化，宣传企业产品，尤其要想出一个新的企业口号。为什么每年都要想一个新的？因为创新，是吧？

其实这家企业还没找到一个可以一以贯之的核心使命，就是那个最有价值的，也是你做得最好的事业。比如宝洁公司的洗衣粉广告永远在说，我们的产品洗得干净，很便宜。肯德基所有的广告就是便宜 + 美味，他们从不创新。Nike 的口号是 just do it！旅游卫视的口号是“身未动，心已远”，他们从来不改。

好点子或许可以来自于灵机一动，但真正的远见却来自于你与一项事业长期的恋爱。

11.15 子曰：“由之瑟，奚为于丘之门？”门人不敬子路。子曰：“由也升堂矣，未入于室也。”

孔子说：“仲由的瑟，怎么能说是出自我门下呢？”弟子们于是对子路颇有不敬。于是孔子又说：“由也，已经升堂也，但还未入室也。”

估计听到子路的琴，孔子想起的还是颜回。

11.16 子贡问：“师与商也孰贤？”子曰：“师也过，商也不及。”曰：“然则师愈与？”子曰：“过犹不及。”

子贡问：“子张与子夏二人谁更贤？”孔子说：“子张过头了，子夏还不足。”子贡说：“就是说子张略好对吧？”孔子说：“过与不足一样，都不好。”

11.17 季氏富于周公，而求也为之聚敛而附益之。子曰：“非吾徒也。小子鸣鼓而攻之，可也。”

季氏的财富堪比周公，而冉求还帮他继续聚敛，让他更加有钱。

孔子说：“此人不是我的门徒，小子们，我号召你们明确地与之为敌！”

11.18 柴也愚，参也鲁，师也辟，由也喭（yàn）。

高柴愚直，曾参迟钝，颛孙师偏激，仲由鲁莽。

这四个人都还不成熟，都还是璞玉，需要打磨。

11.19 子曰："回也其庶乎，屡空；赐不受命，而货殖焉，亿则屡中。"

论及颜回与子贡二人，孔子的话有点自嘲。他在思考美德为什么没有给颜回带来幸福?

孔子说："颜回的修行怎么说也达到很高境地了，可就是越混越穷；子贡这小子谈不上践行仁道的君子，而是忙着做生意，可是总是很成功。""亿"就是"臆测"之意，做生意需要预测与决策，然后收获回报，或好或坏都得接受。

我理解，他们两人的区别是，颜回不做事，子贡在做事。什么是做事？就是你怀着一个目的，说服更多的人赞同你、帮助你，最后把事情做成。做事的核心就是人伦关系，子贡长于此道。与此同时，颜回在家磨玉呢。

11.20 子张问善人之道，子曰："不践迹，亦不入于室。"

子张问打造完美人格之道。孔子说：如果不努力遵循前代贤者的足迹，就只能算"登堂"而不能"入室"。

本章有两解：一是，不循旧迹，有所创造，但还没入于圣人之室。二是，不循旧迹，就不能入于室。第二解是正解。孔子整天念叨周公，敏而好古，就是寻觅前人足迹。

这一章不辨真伪。

以上几章，我认为不应被理解为孔子点评门弟子，那是五、六两篇的内容。我总是能从这几章里看到颜回的影子："如果这孩子还活着，何至于此呢？"孔子在"颜回篇"里加入这么多看似无关的章句，编辑手法相当高级，这种飘逸和散淡是《孔子》全书的突出特点，其风韵第一篇里我们就见过。

11.21 子曰："论笃是与，君子者乎？色庄者乎？"

孔子说："看到一个说话笃实神态庄重的人，一定要问一问：此人是个真君子，抑或只是一个出色的演员？"

这章与本篇不搭。可能是伪经。不过写得不错。

11.22 子路问："闻斯行诸？"子曰："有父兄在，如之何其闻斯行之？"冉有问："闻斯行诸？"子曰："闻斯行之。"公西华曰："由也问闻斯行诸，子曰有父兄在；求也问闻斯行诸，子曰闻斯行之。赤也惑，敢问。"子曰："求也退，故进之；由也兼人，故退之。"

子路问："听到了就去做，对吗？"孔子说："有父兄在，怎么能听到就做呢？"冉有问："听到了就去做行吗？"孔子说："没错，听到了就做。"

公西华说："仲由问闻斯行诸，你说有父兄在，冉求问闻斯行诸你却说闻斯行之。我被弄晕了，敢问是怎么回事。"孔子说："冉求胆怯退缩，所以鼓励他；仲由好勇，所以约束他。"

估计是伪经。且无趣。

11.23 子畏于匡，颜渊后。子曰："吾以女为死矣。"曰："子在，回何敢死？"

孔子在匡被抓，（此事前文 9.5 说过）大家冲散了，颜渊落在后面。师徒相见，孔子说："我以为你死了呢。"颜渊说："子在，颜回怎么敢死？"

师徒二人相见于危困流离之际，脱口而出的一句话竟然是"我以为你死了呀"，足见其心中牵挂的就是颜回。本篇从头至尾弥漫着痛失颜回的哀伤。

"子在，回何敢死"他们当时应该说了很多话，这一句如今听来格外悲伤。

11.24 季子然问："仲由、冉求可谓大臣与？"子曰："吾以子为异之问，曾由与求之问。所谓大臣者，以道事君，不可则止。今由与求也，可谓具臣矣。"曰："然则从之者与？"子曰："弑父与君，亦不从也。"

季子然（大概是季氏族人）问："仲由和冉求是否称得上大臣？"孔子说："我以为你问别的，原来是问他们俩。所谓大臣，就是以道事君，如果不能实行干脆辞职。说到他们俩，都可以算作具臣吧（有才干的能臣）。"季子然又问："那么这两个人会服从（季氏）吗？"孔子说："杀父弑君的事，他们也不会跟着干的。"

11.25 子路使子羔为费宰。子曰："贼夫人之子。"子路曰："有民人焉，有社稷焉，何必读书，然后为学？"子曰："是故恶夫佞者。"

子路做了季氏的家宰，推荐年轻的子羔去费邑做行政长官。对此，孔子说："你这是害这个孩子呀！"子路说："夫子担心这孩子还未学成就出仕为官吗，费邑有百姓，又有宗庙，完全可以一边做事情，一边学习，干嘛非要先学习然后为官呢？"孔子不耐烦地说："最讨厌你这种狡辩的人。"

子路出场总是挨骂，可是这回子路错了吗？子路的这次提拔可能失之轻率，可是"继续修行"与"立刻实践"，究竟哪样更能培养一个优秀的管理者呢？

问题的核心是：子路的目标是事业成功，而孔子认为，出仕为官就是在社会人伦中推行仁道，并以礼乐建立文明。子羔小小年纪，既没学礼，也没修德，算什么为政。孔子并非是轻视实践，是因为子路所说的事业成功不是他心目中的为政。他痛斥子路狡辩，不是反对在实践中锻炼，而是因为子路始终没听懂孔子对治国之道的理解。

11.26 子路、曾皙、冉有、公西华侍坐。子曰："以吾一日长乎尔，毋吾以也。居则曰：'不吾知也'，如或知尔，则何以哉？"子路率尔而对曰："千乘之国，摄乎大国之间，加之以师旅，因之以饥馑，由也为之，比及三年，可使有勇，且知方也。"夫子哂之。"求，尔何如？"对曰："方六七十，如五六十，求也为之，比及三年，可使足民。如其礼乐，以俟君子。""赤，尔何如？"对曰："非曰能之，愿学焉。宗庙之事，如

会同，端章甫，愿为小相焉。”“点，尔何如？”鼓瑟希，铿尔，舍瑟而作，对曰：“异乎三子者之撰。”子曰：“何伤乎？亦各言其志也。”曰：“莫春者，春服既成，冠者五六人，童子六七人，浴乎沂，风乎舞雩，咏而归。”夫子喟然叹曰：“吾与点也。”三子者出，曾皙后。曾皙曰：“夫三子者之言何如？”子曰：“亦各言其志也已矣。”曰：“夫子何哂由也？”曰：“为国以礼。其言不让，是故哂之。”“唯求则非邦也与？”“安见方六七十如五六十而非邦也者？”“唯赤则非邦也与？”“宗庙会同，非诸侯而何？赤也为之小，孰能为之大？”

一日，子路、曾皙、冉有、公西华四弟子围坐在孔子身边。孔子提议：“是不是因为我虚长你们几岁，所以有些话不敢跟我说。但我知道私下里你们总会说：‘没人赏识我呀’。好，假如现在有人赏识你，请直言你们将会怎么做。”

子路脱口说：“假如有这么一个千乘之国，夹在周边几大强国之间，又面临粮食饥荒之困——假如我奉命做这个国家的宰相，需要三年时间，可以巩固其军备，完善其制度和道德建设。”夫子听闻，微微一笑。然后问：“冉求，说说你的想法。”

冉求对曰：“比如有一个方圆六七十，甚至五六十里的城邑（比子路的“千乘之国”小多了），假如我做此地的长官，三年可使其富足。至于礼乐之事，可以力邀擅长的君子逐步完善。”冉求不敢说“国”，而且只谈自己专长的经济事务，还给母校老师和同学提供了工作机会。孔子又问：“公西赤，说说你的想法？”

公西赤答道：“我想说的事情不是我能做到，而是愿意在这个方面学习的东西。具体说就是，在宗庙祭祀典礼，或者诸侯会盟大典上，我希望能穿戴礼服，做一个小小的辅助君上为礼的傧相。”公西赤愈发压低身段，甚至不说“假如任用我”。孔子又问：“曾点是怎么想的？”（曾皙名点）。

只见曾皙，瑟声减弱，停下，推开瑟起身答道：“我和三位同学想法不太一样。”孔子说：“又有何妨，各言其志而已。”曾皙曰：“暮春三月，换上春装，邀请成人五六位，少年六七人，沂河边戏戏水，舞雩台上吹吹风，然后一路唱着歌回家。”

孔子长叹一声："我赞成点啊。"

曾皙特意等三位同学走后，问："夫子究竟如何评价他们三位同学刚才说的话？"孔子说："没什么，不是说了今天各言其志吗。"曾皙追问曰："夫子为何讥笑仲由呢？"孔子说："治国的核心是礼，子路的话里没有一点礼让，所以笑他。"曾皙又问："可是冉求说的不是一国呀？"孔子说："方圆六七十，或者五六十的城邑，还不是一国吗？"曾皙又问："可是公西赤讲的不是治国呀？"孔子说："宗庙祭祀和诸侯会盟，不是国政又是什么？他不过是假装谦虚，如果做这些事情都还算是小相，谁又是大相？"

孔子讥笑子路是因为他不谦虚吗？可是冉求不就谦虚起来了吗？公西华更是一躬到底"愿为小相"，孔子为何一点也没有鼓励这两人的谦虚？

更大的问题是：孔子赞同曾点什么？曾点没问。是因为他知道吗？既然他并不知道夫子为何不赞同三子，何以见得他就知道夫子为何赞与他？我以为这就是孔子有意设置的谜语。

朱熹把曾点说得神乎其神，说他深得夫子言传的天道之本，融化于万物其间，不似三子追求的都是事物之末，曾点领悟到的是本。

程子说，三子所言都是治国安邦之策，夫子并非不赞同，而"乐"才是夫子之道的至高境界，曾点高于三子者的就是这一点。可是子路等三子意气风发之中没有欢乐吗？难道在这个世界上有所作为，还不如一个文人不做事守在家里安贫乐道更高尚吗？

以下听听我的想法：

如果不理解前一章"子路使子羔为费宰"，就不会理解这一章的含义。《论语》章句的这种编辑绝非无序随意的语录体。理解本章有一把关键性的钥匙就是"为国以礼"。

孔子不赞许子路是因为他不懂"为国以礼"。"其言不让"是他不懂，还不知道自己不懂。

冉求聪明绝顶，善解人意，他迅速判断清楚了孔子为何讥笑子路。他说的既谦虚又强调了为礼的重要性。公西华更是圆滑，干脆只谈为礼一事，而且愈发谦卑。此二人缺少子路的那份率真，真是不可爱。

孔子真的认为畅游沂水就是君子的最高理想吗？非也。只是四子之言唯有曾点说的还算关注自我修行，不妨先从把这等小事做好为善。在孔子眼中，四子都还需要继续修行，前三子表现出迫不及待于出道为官，再也不想继续跟老师学习了。只有曾皙还安于此道，故夫子与之。

《论语》中有两次“各言其志”，前一次是第五篇篇尾，颜渊、季路、孔子三人各言其志。孔子说“愿老者安之，朋友信之，少者怀之”。孔子晚年回想起那次言志，三人的回答率真而精彩。如今颜回不在，孔子想再挑起话题，追忆颜回。可惜他一再说“大家不妨直说”，又一次一次点名提问，结果甚至连差强人意都不算，真是败兴啊。

假如颜回还在，何至于此？所以“夫子喟然叹曰”，并非曾点，而是不在场的那一人！

颜回是怎么死的

《论语》文本里只字未提颜渊的死因。《仲尼弟子列传》说他 29 岁头发全白，早死，但没说死因。最直接的联想就是颜回是穷死的，这让我想起凡·高。凡·高 38 岁死，颜回再穷也应该比凡·高好一点，凡·高经常挨饿但没被饿死，颜回应该也不会饿死。

我认为颜回之死是值得深思的一件事。

颜回闻一知十。听到夫子的教诲一声不吭，回家研修，曰“默而识之”。他承受了太多来自孔子的东西，就像吞下一只山羊的蟒蛇，只能静静地待在原地动弹不得。这样的人如何歌唱又如何舞蹈？他用之则行，舍之则藏，一生没品尝到成功的滋味，或者完成一件事的快感。他就是一头任人装载的骆驼，最后是被压死的。

孔子塑造理想人格的手段没有超出禁欲克己。颜回正好成为这一理论的牺牲品。谈及理想，颜回说的竟然是不夸耀不炫耀，颜回凭着“不”怎能站立得住呢？孔子夸他“贤哉回也！”我替他担心，这夸奖是不是反倒绑架了他继续蜗居于陋巷，并最终僵化？“别人不堪其忧，回也不改其乐”，欢乐需要自我欣赏，如果颜回整天拿着把剪刀盯着自己的缺点这剪剪那剪剪，如何自我欣赏？

一日，颜回终于累了，感叹夫子之道“仰之弥高，钻之弥深”。他努力践行孔子的每一句话，然而不得其门而入。颜回既没有有用于世，又成了一个要命的家。女人完全受不了没钱，或者说她们不是受不了没钱，而是受不了自己过得低人一等。

还有一个致颜回于死命的原因，是他与孔子的关系。他超越不了老师，甚至从未想过超越。尼采说老师的最佳含义就是一座桥梁，我们跨越其上，抵达一个原本不可抵达的陌生之地，然后背弃桥梁，奔向崭新的天地。不懂得超越老师的弟子就不是好弟子。

孔门七十弟子无一人想过此事。中国 2500 年历史竟无一人有此意志！全是仰视者卑微的赞美和叹息！

“我要拆毁这殿，三天后再重建起来。”耶稣在耶路撒冷摩西的圣殿里如是说。

第十二篇　颜渊

这一篇讲仁，但主题散乱。

12.1 颜渊问仁。子曰：“克己复礼为仁。一日克己复礼，天下归仁焉。为仁由己，而由人乎哉？”颜渊曰：“请问其目。”子曰：“非礼勿视，非礼勿听，非礼勿言，非礼勿动。”颜渊曰：“回虽不敏，请事斯语矣。”

颜渊问仁，孔子说：“克己复礼为仁。”

“克己”：驯化人的动物性的一面，即本我层面上的贪吃、贪财、好色、懒惰和怯懦之弱点。“复礼”：礼坏乐崩之后，再次复兴，重现古代宗教文化繁荣之盛世。

“克己复礼为仁”：通过克己而修成的仁者，以仁的力量（这力量来自上天之神）再次复兴古代盛世。此乃人类社会最重要的事，而此事的成功取决于仁者的修成。

“一日克己复礼，天下归仁焉”：以克己之功修养而成的仁者，将拥有统治人间的最高权力。如果说精英的顶点就是圣人，那么圣人就是通过修炼超越了凡俗之人的一切人性的弱点，并掌握了最高文化领导权的人，一旦这样的人做了君王，就是盛世！我考虑再三，确定这一章是出自孔子的真经，但它太符合王莽的心声了。

我觉得，王莽就是看到这一章才对孔子如此心驰神往的。可是，从汉武帝开始，尤其是王莽一朝，儒家精英掌握这个东方国家2000年了，他们许诺的盛世在哪里？如果 2000 年的历史事实已经充分证明了“克己复礼”是个天大的谎言，为何中国历史从不反思此事？因为从没有另一个理论有能力纠正儒家精英阶级的理论与实践。欧洲有所谓“黑暗的中世纪”一说，所谓“黑暗的中世纪”是指着此后的文艺复兴、启蒙运动、路德的宗教改革、工业革命和法国大革命说的，一系列脱胎换骨造成了这个文明体远远超越了旧世界的巨大的进化优势。把责任全部推给王莽是不对的，每一个时代都有它的使命和主要矛盾，每一个时代都有无可推卸的责任。

“为仁由己，而由人乎哉”：走仁的道路取决于我，难道取决于别人吗？第九篇讲的就是这个主题，这里不再多说。

颜回问：“请问具体应该怎么做？”（“目”指具体方法）孔子答曰：“非礼勿视，非礼勿听，非礼勿言，非礼勿动。”方案竟然是四个勿。

四个勿的逻辑是：消灭一切恶，就获得了善。可是善与恶是两件事情，否定与建设也是完全不同的两种行动。而且，没人做得到四个勿，事实上四个勿把人永恒地拖入自我修炼和自我纠缠之中，也就没时间真的将仁付诸行动了。

最后，颜渊曰：“颜回我未必全懂这些话语中的全部智慧，但我愿意照着这些话去做一做。”颜回最后的这段话，是这一章里我唯一赞赏的部分。这个句式下章还会出现，那就下章再说。

经过九、十、十一三篇的铺垫，孔子在十二篇的第一章借颜渊之问说出他的夫子之道的最高理念。我知道我说这一章是真经，甚至比说它是假经更会遭到敌人的反击。既然我捅了这么大一个马蜂窝，我的几个朋友知道我因此给自己招致了多大的麻烦，我想用这个说法为自己做一点辩护：我并不想为我的论敌写作，我为我的读者写作。

12.2 仲弓问仁。子曰：“出门如见大宾，使民如承大祭；己所不欲，勿施于人；在邦无怨，在家无怨。”仲弓曰：“雍虽不敏，请事斯语矣。”

仲弓问仁，孔子说：

“出门如见大宾，使民如承大祭”：出门就像是要去见贵宾，管理国政像承办祭典一样，庄重、恭敬、一丝不苟、准备充分、动作娴熟精准、感情真挚。仁，就是一场表演给这个世界看的礼乐大戏。仁者的人生就是一个舞台，一个战场。

尼采说过一句类似的话："你要去战斗，不要去工作。"

或者如司汤达所说："我以决斗者的姿态步入人生。"

"己所不欲，勿施于人"：如果自己不想要，就不要强加给别人；反过来如果你渴望获得的，就要让别人也得到。

"在邦无怨，在家无怨"：处理好各种人伦关系，乃至没有任何人说你不好。

仲弓曰："我冉雍还没能完全领会夫子这些话的全部含义，让我照着这句话去做一做。"

这一章是真经，但被造伪者动手脚了。说句题外话，仲弓二弟子的地位就是因为这一章。

"出门如见大宾，使民如承大祭"一句出自孔子。孔子的人生目标就是为世人做出最高的人格典范，其理想就是用这种君子之风影响周围的人。所以他极为看重外表和形式，视其为内心崇高理念的表达与媒介。

"己所不欲，勿施于人"是伪经。它没什么营养，而且和前一句无关。

"在邦无怨，在家无怨"肯定是伪经，因为孔子的态度是"众好之必查焉，众恶之必查焉"，他从未想过赢得所有人的赞美。孔子一直被人误解，尤其是其精华部分，他怎么可能期望获得大众的赞美？

"回虽不敏，雍虽不敏，请事斯语矣"：颜回和冉雍听到老师的话并未追问，换作别的弟子，一定追问"难道这就是仁吗""这就是成为仁者的充分且必要的条件吗"。就这样，聪明的人们把孔子的最高理念转化为一种学术研究的对象，从而永远地与实践隔绝了。

我盛赞这段师徒问答。尼采说"你不要问路，要问就问路本身"说的就是这个。真理不是用来寻找和发现的，而是用生命去践行。真理更不是一种正确的知识，而是一种行动的召唤！

12.3 **司马牛问仁。子曰："仁者，其言也讱。"曰："其言也讱，斯谓之仁已乎？"子曰："为之难，言之得无讱乎？"**

司马牛问仁。孔子说："仁呀，就是不太会说话。"司马牛嘟囔着说："不太会说话，这就是仁吗？"孔子说："既然做是这么艰难，那么说不就应该更难不是吗？"

你发现没有，孔子没有回答司马牛之问，而是对前两章那段"师徒问答"的回应，也就是对我说的"不要问路"的注解。不得不说，孔子语录体写作的技巧确实很巧妙。

12.4 **司马牛问君子。子曰："君子不忧不惧。"曰："不忧不惧，斯谓之君子已乎？"子曰："内省不疚，夫何忧何惧？"**

司马牛问君子之道。孔子说："君子就是不忧不惧。"司马牛曰："不忧不惧，这就算君子吗？"孔子说："对呀，问心无愧不知羞耻的人，又怎么会忧愁和恐惧呢？"

这一章的内容没什么可说的，值得一说的是结构。十二篇的 1、2 两章结构相同，3、4 两章结构相同。我发现，后一个同构是为了提醒我们注意到前一个同构而设置的。就是说，孔子用后一个同构强调的是前一个同构之中的这段师徒问答之中未被说明的内容。

其实颜回的第一次出场，在 2.9 章，孔子说："吾与回言，终日不违，如愚。退而省其私，亦足以发，回也不愚。"与 12.1 章"回虽不敏，请事斯语矣"完全吻合。这就是颜回之所以是孔子最爱的那个弟子的原因。不是因为修行，也不是因为才能和成就，而是照着去做。可以说，读到 12.1 章结尾的这句"回虽不敏，请事斯语矣"，我们才能理解孔子为什么会在前一篇里对颜回之死感到格外的惋惜。

12.5 **司马牛忧曰："人皆有兄弟，我独亡。"子夏曰："商闻之矣：死生有命，**

富贵在天。君子敬而无失，与人恭而有礼，四海之内皆兄弟也。君子何患乎无兄弟也？”

据说司马牛的哥哥（司马桓魋）因叛乱而被诛杀，司马牛因此忧曰：“别人都有兄弟，我却没有。”

子夏曰：“我听夫子说过：死生有命，富贵在天。生死富贵皆由天命而定，君子所能做的是：与人交往敬而无失，恭敬而有礼，这样的人四海之内皆兄弟也。君子怎会忧虑没有兄弟呢？”

从第5章开始，5—10章不知所云。我也不能断定这些都是伪经，但各章之间确实没有关联。唯一可说的是：说的都是超越了个体修行的社会化的内容。《论语》从十二篇开始不再谈论个体的君子，而是“君子在社会中的处境”。这个从个体到群体的转折就是从十二篇开始的。

12.6 **子张问明。子曰：“浸润之谮（zèn），肤受之愬（sù）不行焉，可谓明也已矣。浸润之谮，肤受之愬，不行焉，可谓远也已矣。”**

“浸润之谮”：像水洇湿衣服那样一点一点慢慢渗透进来不易察觉的谗言。“谮”，谗言。

“肤受之愬”：像皮肤直接获得的感觉那样真实的诬告。“愬”，诬告。

子张问如何做到心明眼亮。孔子说：“如果能看透上述这两件事情，就算明。这两样东西在你这里行不通，就算有远见。”

看得清小人曰“明”，远离小人曰“远”。

不必特意提防小人，也不必特意远离小人，我以为这样才更好。

12.7 **子贡问政。子曰：“足食，足兵，民信之矣。”子贡曰：“必不得已而去，于斯三者何先？”曰：“去兵。”子贡曰：“必不得已而去，于斯二者何先？”曰：“去食。自古皆有死，民无信不立。”**

子贡问为政的要点。孔子说："足食，足兵，民信。"子贡说："如果被迫必须舍弃一个，先舍哪个？孔子说："军备。"子贡又问："剩下的两项之中，如果必须舍去一项，舍去哪个？"孔子说："去粮。饿死人的事情自古就有，但人民无信念就无法聚合成为一国。"

我同意最后保留民信，但反对先去军备。

比如晚年卡扎菲交出大规模杀伤性武器和洛克比空难凶手，结果亡国了。萨达姆也是一样。反观塔利班没兵没食，只有宗教信仰，竟然仅凭这个打败了美国。而且中国就是在搞出"两弹一星"之后才彻底捍卫了主权和领土完整的。事实证明，原子弹带来了和平，和文明的多元化。

只有强大如美国，才可以宣扬反战，否则就是自取其辱，乃至灭亡。

12.8 棘子成曰："君子质而已矣，何以文为？"子贡曰："惜乎夫子之说君子也！驷不及舌。文犹质也，质犹文也，虎豹之鞟犹犬羊之鞟。"

棘子成（卫国大夫）曰："君子重要的是内在品质，何必追究外表表面的仪式和细节？"子贡说："先生竟然说出这样的话真是令人遗憾！因为君子一言既出，驷马难追。让我告诉你何谓文，何谓质：本质就是外表，外表就是本质。不然的话，虎豹之皮如果去了毛和犬羊之皮有何不同？"

子贡的口才不是一般的好。在"文质彬彬"章里我们已经讨论过形式与内容的问题。

12.9 哀公问于有若曰："年饥，用不足，如之何？"有若对曰："盍（ché）彻（什一税曰"彻"）乎？"曰："二，吾犹不足，如之何其彻也？"对曰："百姓足，君孰与不足？百姓不足，君孰与足？"

哀公问有若，饥荒年份，国家预算不足，怎么办？有若回答说："不是有十一税吗？"哀公曰："十分之二的税还不够呢，十一税怎么行？"有若曰："百姓足，君怎么会不足？百姓不足，君何谈足？"

这一章是伪经，宣扬的是儒家一贯的“轻徭薄赋”的经济学观点。其实所谓“轻徭薄赋”，就是削弱国家财政，让贵族豪强富起来。别相信他们是为了让百姓兜里有钱，骗人的。

12.10 子张问崇德、辨惑。子曰：“主忠信，徙（xǐ）义，崇德也。爱之欲其生，恶（wù）之欲其死，既欲其生，又欲其死，是惑也。‘诚不以富，亦祇（zhǐ）以异。’”

子张问如何修养道德，辨别是非。孔子说：君子致力于建立强大而且真诚的自我，服从于真理，这就是崇德。“徙义”就是“闻义思徙”；“义”就是今天人说的真理。

“爱之欲其生，恶之欲其死”，爱起来就爱死你，恨起来就恨死你。这种毫无节制的爱被孔子说成是“惑”。妇人们歌颂她们的爱情，因为爱情是她们生命中最灿烂的那一部分，但前提是她爱的对象必须是男人中最优秀的——换句话说，是那个值得她去爱的男人。于是，一再上演的人间悲剧就是：妇人们用她们泛滥的爱情杀死了她爱的对象。

“诚不以富，亦祇以异”出自《诗经·小雅·我行其野》，说的是一个被遗弃的女子对其丈夫喜新厌旧的怨恨和纠缠，译为：“你说你娶她（小三）是因为她家有钱，其实是你变了心。”

12.11 齐景公问政于孔子。孔子对曰：“君君、臣臣、父父、子子。”公曰：“善哉！信如君不君，臣不臣，父不父，子不子，虽有粟，吾得而食诸？”

齐景公问孔子如何为政。孔子回答八个字：君君臣臣父父子子。为君的要像为君的，为臣的要像为臣的，为父的要像为父的，为子的要像为子的。

景公赞曰：“善哉！如果君不像君，臣不像臣，父不像父，子不像子，虽有粮食，能轮上我吃吗？”

我把迄今为止人类所有的社会组织模式分为两种：父子关系与兄弟关系。一直以来，中国人只知其中的一种，即父子关系——就是一个“有王的社会组织”模式，它最典型、最古老。

另一种叫兄弟关系。它起源于古希腊。在希腊神话里，奥林匹斯诸神联手打败了他们的父辈泰坦神，并一起分食父亲的尸体。他们通过吃父亲的肉，他们获得了父亲的身份和权力。但是，这些奥林匹斯诸神们制定了一条重要的法律，就是谁也不能再次变成父亲王，他们必须以“兄弟”的平等身份结成新的社会关系。

基督教既包含着耶稣与其父耶和华的父子关系，也包含着继承自希腊的这种兄弟关系：在最后的晚餐上有一个最重要的仪式，耶稣举起酒杯，宣称他是上帝的儿子，你们也是上帝之子，所以喝了这杯里的酒，他们彼此就结成了平等的兄弟关系。基督教的伟大发明，就是把摩西宗教里的父亲神转化为耶稣教里的儿子神。所以在教会里，孙子称他的奶奶曰“姊妹”。基督教的伟大口号：在上帝面前人人平等。这种平等在“北辰与众星”之中是找不到的。

12.12 子曰：“片言可以折狱者，其由也与？”子路无宿诺。

孔子说：“只是听了单方面的供词就判案，大概只有仲由吧。”子路对别人的承诺从不过夜。

这一章指向不清，我也不硬解了，而是忽视它。

12.13 子曰：“听讼，吾犹人也。必也使无讼乎！”

孔子说：“审理诉讼，我同别人一样，就是希望所有的诉讼案件根本就没发生才好。”

这一章是伪经，而且对于司法机构在一个社会组织中作用的理解很幼稚。

司法与监狱承担着一个社会的惩戒功能。从心理学看，罪犯就是一个社会组织中未被驯化的本我冲动，惩戒作为驯化的功能是一个社会必需的。有些罪犯因为利益犯罪，但绝对有些罪犯是对来自外部的强力惩戒有心理需求而犯罪的。

弗洛伊德讲过一个精彩的故事：陀思妥耶夫斯基好赌博，杀父，性格反叛，但他最好的小说都是在受到惩戒之后在流放地写出来的，他的《死屋手记》虽然标题说是“死屋”，其实就是监狱生活录，这本小说把监狱生活写得非常平静，甚至有点迷人。而一旦获得自由，这个人便浑身不爽。挥霍才华，折磨亲人。很多人被拿掉枷锁之后，得到的不是自由，而是毁灭。

12.14 子张问政。子曰：“居之无倦，行之以忠。”

子张问政。孔子说：“处理内务不倦怠，对外办事坚持原则。”

“居”与“行”相对，一个指对内，一个指对外。

12.15 子曰：“博学于文，约之以礼，亦可以弗畔矣夫！”

重出，也是伪经。见 6.27。

12.16 子曰：“君子成人之美，不成人之恶。小人反是。”

孔子说：君子成人之美，不成人之恶；小人的做法正好相反。

君子帮助别人获得成功，这让他感到快乐。君子是一位不求回报的馈赠者（他要的更多），即便对方不接受他的好意，他也不会怨恨。他会淡忘这个人，这就是他的宽容与仁爱，一种松弛的爱。

尼采说：“假如你真的充满爱心，当别人不爱你的时候你就不会暴跳如雷了。”

12.17 季康子问政于孔子。孔子对曰：“政者正也。子帅以正，孰敢不正？”

季康子问政于孔子。孔子对曰：“政”就是“正”这个字。你以“正”做出示范，谁敢不正？

这是“一日克己复礼天下归仁焉”的延伸。

12.18 季康子患盗，问于孔子。孔子对曰："苟子之不欲，虽赏之不窃。"

季康子困扰于窃贼猖獗，请教孔子。孔子对曰："如果你不追求那些令人贪欲之物，即便偷窃有奖，也没人偷。"

这是伪经，因为有脑子的人都明白，盗窃是与人类的起源伴生的原始罪行，不是仅靠上层建筑就可以解决的。而且事实证明，只有富裕才能有效降低盗窃，而不是销毁值钱的东西。

12.19 季康子问政于孔子曰："如杀无道，以就有道，何如？"孔子对曰："子为政，焉用杀？子欲善而民善矣。君子之德风，人小之德草，草上之风，必偃。"

季康子向孔子问政时说："杀掉违法乱纪者，塑造美好社会，我这个想法怎样？"孔子说："君子治理政事，需要杀人吗？君子向善，全社会也向善。君子之德如风，小民之德如草，风往哪边刮，草就往那边倒。"

"君子之德风，小人之德草"说得很精彩，但说的都是上层建筑建设。没有一个社会组织可以仅仅依靠上层建筑建设就可以成功的，用心理学的术语说，一个社会的治理需要在超我（上层文化建设）、自我（人的社会行为，比如经济、教育、卫生、军事、税收和司法等）、本我（社会下层，以及全体社会成员属于动物本性的那些需求）三个层面的和谐与进步，才能获得幸福与进步。

12.20 子张问："士何如斯可谓之达矣？"子曰："何哉，尔所谓达者？"子张对曰："在邦必闻，在家必闻。"子曰："是闻也，非达也。夫达也者，质直而好义，察言而观色，虑以下人。在邦必达，在家必达。夫闻也者，色取仁而行违，居之不疑。在邦必闻，在家必闻。"

子张问："士如何可以做到'达'？"孔子说："你说的'达'是什么意思？"子张曰："邦国内无人不闻其名，本乡内无人不闻其名。"

孔子说："你说的是'闻'，不是'达'。所谓达，是指品质正直，热爱正义，善于理解并帮助别人。这样的人邦国内通达，本乡内通达。而所谓'闻'，很可能是个以仁者自居的骗子。这种人邦国内有名，本乡内有名。"

12.21 樊迟从游于舞雩之下，曰："敢问崇德、修慝（tè）、辨惑。"子曰："善哉问！先事后得，非崇德与？攻其恶，无攻人之恶，非修慝与？一朝之忿，忘其身，以及其亲，非惑与？"

樊迟跟随孔子在舞雩台游玩，说："请问怎样提高品德，改正恶念，免除迷惑？"（慝，邪恶）。孔子说："好问题！先敬业于做事，然后再谈报酬，不就是提高品德吗？向自己的恶宣战，而不是向别人的恶宣战，这不就是改正邪念吗？一时愤怒兴起，就忘记了自己的使命，也忘了自己亲族的安危，这不就是迷惑吗？"

12.22 樊迟问仁。子曰："爱人。"问知（zhì）。子曰："知人。"樊迟未达。子曰："举直错诸枉，能使枉者直。"樊迟退，见子夏曰："乡也吾见于夫子而问知，子曰'举直错诸枉，能使枉者直'，何谓也？"子夏曰："富哉言乎！舜有天下，选于众，举皋（gāo）陶（yáo），不仁者远矣。汤有天下，选于众，举伊尹，不仁者远矣。"

樊迟问什么是仁，孔子说："爱人。"樊迟问什么是智，孔子说："知人。"樊迟还不明白。孔子说："弃恶扬善，就能纠正有过失者。"

樊迟见到子夏，说："我和夫子去乡间散步，问他什么是智，他说'弃恶扬善，就能纠正有过失者'，这话什么意思呀？"子夏曰："这话说得多棒呀！比如舜坐天下之时，在全社会选取贤德者，最后选出皋陶这样的伟人，不仁之人于是被边缘化。再比如商汤，在全社会选贤德，推举出伊尹这位贤者，不仁之人于是被边缘化。"

本章实为2.19哀公问政章的重出。因为"举直错诸枉"是为人君者最重要的执政手段和方针。这里特意让子夏细讲一遍是怕为政者漏掉重点。这一章是伪经，或许第一句话出自孔子，其后内容是后人添加上去的。

12.23 子贡问友。子曰："忠告而善道之，不可则止，毋自辱也。"

子贡问交友。孔子说："真诚劝告善加诱导，假如人家不听则立刻闭嘴，别自取其辱。"

《论语》多次在篇尾谈及交友，比如一、四、九、十三、十五篇都是如此。

12.24 曾子曰："君子以文会友，以友辅仁。"

曾子说："我们这些文人之间，应该定期举办一些文学和文艺活动，彼此交流文章和艺术，并以由此建立起来的友谊坚固仁的事业。"

伪经。首先它出自曾子，第二把这样一章放在篇尾非常不符合孔子的做法，第三它读着确实很像后人在最后的位置上添加的一章。这位造伪者没弄懂孔子的编辑学特点。

第十三篇　子路

十三篇可以叫作“用之则行”篇：如果得到任用，我将怎么办？

《论语》十二篇是个转折点，之前讲论的都是个人修行，之后则是把个人放在社会之中。我们必须从“社会”的含义上才能理解孔子说的仁。

有不少人希望从《论语》中学习到管理学，我认为不可取。想学管理，我推荐你去读彼得·德鲁克、汤姆·彼得斯和杰克·韦尔奇的书。更有人想从《易经》里得到做生意的奥秘，我祝你发财。

13.1 子路问政。子曰：“先之劳之。”请益。曰：“无倦。”

子路问怎样做一个好领导，孔子回答四个字：“先之劳之”，“先之”就是你倡导什么，就以行动做出样板；“劳之”就是站在事情的最前沿，哪里的战斗最惨烈，你就出现在哪里。

杰克·韦尔奇和史蒂夫·乔布斯这两位 CEO 像发电机一样强大，源源不断地为下属输出动力。CEO 就要像灯塔一样孤独地屹立在茫茫的海上，好让你的战友只要看到你，就明确了他的位置和方向。

德鲁克说：“每个卓有成效的管理者都深深地理解一条真理：那就是领导并非意味着地位、特权、头衔和金钱，而是责任。一个将军如果安逸地待在后方，让士兵在前线流血牺牲，他就必须被撤职。将军固然需要发号施令，但他们绝对不会需要树立榜样的关键场合退缩，他们要身体力行。”

子路听到“先之劳之”，大概觉得这还不是做一个 CEO 的秘诀，接着问：

“此外，还有什么必须做的事？”孔子说：“无倦。”就是日复一日先之劳之地做下去，不知疲倦。

母牛从不休息，CEO 也没有节假日。CEO 是有异于常人的另一种生活方式，你的薪水比别人高很多，所以别把自己当成普通人。你像灯塔一样是个典型的公众人物，你的一言一行都会被下属看在眼里。CEO 往往是年轻人效仿的榜样，所以孔子说，必须日复一日无倦地的挺立在那里。

子贡说：“君子身上的过失就像日蚀月蚀一样明显，人人看得见；如果他改正了，人人也都知道，就像日蚀过后我们会重新仰望天空。”子贡这人一向说话漂亮，这句最漂亮。

13.2 **仲弓为季氏宰，问政。子曰：“先有司，赦小过，举贤才。”曰：“焉知贤才而举之？”曰：“举尔所知。尔所不知，人其舍诸？”**

仲弓（冉雍）做了季氏的家臣，问怎样管理政务，孔子说：“首先做好组织构架，让事业的每个部分都有相应的职能岗位负责；宽恕下属的小过失；提拔其中最优秀者。”

仲弓听后只对一件事有疑问：“如何发现贤才？”孔子说：“就选你知道的，如果你遗漏了人才，难道别人也会埋没他吗？”

从仲弓的发问可以看出，这是个讲求实效的行动者。他只是担心自己在“举贤才”一事上出现失误，于是问“焉知贤才而举之？”因为正如彼得·德鲁克所言：人事决策是一个组织最重要的决策。事实上孔子回答仲弓问政的九个字无不关于人事。这大概是仲弓上任前收到的最重要的格言。孔子告诉了他一个特别简单的方法：“就选你知道的。”是金子一定会发光的。孔子才不相信人力资源那些貌似全面而客观的鬼话。

13.3 **子路曰：“卫君待子为政，子将奚先？”子曰：“必也正名乎！”子路曰：“有是哉，子之迂也！奚其正？”子曰：“野哉，由也！君子于其所不知，盖阙如也。名不正则言不顺，言不顺则事不成，事不成则礼乐不兴，礼乐不兴**

则刑罚不中，刑罚不中则民无所措手足。故君子名之必可言也，言之必可行也。君子于其言，无所苟而已矣。”

子路曰：“假如卫君请你掌管国政，你将从哪里开始？”（这件事背景参见7.14章）。孔子说：“首先必定是正名。”卫国君臣纲常乱套了，重建君臣秩序是第一要务。

子路曰：“竟然说的是这件事？先生太迂腐了吧？卫国的事如何得正？”

孔子斥责子路到：“由啊！你真是粗野呀。君子不懂可以存疑，但不乱说。”然后孔子说出那句我们耳熟能详的名言：

“名不正则言不顺”：理顺君臣父子朝纲，才能政令通畅。

“言不顺则事不成”：政令不通，诸事不成。

“事不成则礼乐不兴”：没有行政之实则礼乐只能是一套摆设，而非国家政治之实。

“礼乐不兴则刑罚不中”：高级文化不兴则各种制度瘫痪。

“刑罚不中则民无所措手足”：没有制度规范，下层社会就不知道该做什么和不该做什么。

孔子最后说：“君子所谓的‘名’一定是可以明确表述出来的，而其表述的也是完全可以实现的。这就是为什么君子对其所表述的方针和政令从不马虎的原因。”

卫国的问题是卫灵公死后，流亡在境外的废太子和其在国内的儿子同时宣布即位，其背后是两派贵族政治势力的大搏杀。两方在血缘上同样正宗，如果孔子此时介入，如何“正名”？

对于儒家而言这个难题是无解的，而他们把所有难题都隐藏在“正名”这个含糊的词语背后了。

这段话说得很热闹，但这套正名的施政理论含义非常模糊，没有实操性。我认为这一章可能还是伪经，第一，孔子不谈治国，而且“正名”这件事太像王莽篡皇帝位的诉求；第二，子路的发问“子将奚先”就是在给孔子垫话，这种互相垫话的写作功力明显低于孔子本人。

13.4 樊迟请学稼。子曰："吾不如老农。"请学为圃。曰："吾不如老圃。"樊迟出。子曰："小人哉，樊须也！上好礼，则民莫敢不敬；上好义，则民莫敢不服；上好信，则民莫敢不用情。夫如是，则四方之民襁负其子而至矣，焉用稼？"

樊迟向孔子请教怎么种田，孔子说："我不如老农。"又请教怎样种菜，孔子说："我不如种菜的。"樊迟出去后，孔子说："樊迟真是小人呀！而我孔子学院是培养社会精英的地方，一个社会中的精英上层好礼，下层社会则无不恭敬；上层精英好义，下层社会就会温良顺服，足额纳税，当顺民；上层精英如果崇尚真诚朴实，就不担心下层社会不用真情待你。如果我们精英们做好了这些我们擅长的事，四方百姓就会背负着他们襁褓中的婴儿一起来渴望做我国的顺民。如此一来，焉用我们亲自去种地呀！"

这一章可能是真经，因为这就是孔子的阶级观点，也是一切精英政治的共同点。我说它是真经还因为它很坦率，说真话，一点也不掖着藏着。

13.5 子曰："诵《诗》三百，授之以政，不达；使于四方，不能专对。虽多，亦奚以为？"

孔子说："能背诵整本《诗经》，可是交给他办理的政务却办不好；作为使者出使四方，也不能完成交给他的使命。这种人虽然书读了不少，又有什么用？"

这肯定是伪经。孔子当然也瞧不起这种书呆子，但不会专写一章骂这种人，只有掌权者才用这种眼光看待下属。

13.6 子曰："其身正，不令而行；其身不正，虽令不从。"

孔子说："自身正直，无须命令下属也会服从；如果自身不正，即使有令下属也不服从。"

伪经。这是君王或者重臣训斥下属时说的话，而孔子以魅力和才能吸引别人，而不是道德。

13.7 子曰：“鲁卫之政，兄弟也。”

孔子说：“鲁、卫两国的政事，就像是两个兄弟。”

周公旦和康叔是同胞兄弟（周文王的第二子和第三子）。周公旦的封地是鲁，康叔的封地是卫，所以从源头上说两国就是兄弟。但这一章的含义究竟是什么完全看不懂。是说两国是一对儿难兄难弟？还是说两国国政的要点完全一致，懂了其中一个也就懂了另一个？搞不懂。

13.8 子谓卫公子荆善居室。始有，曰：“苟合矣。”少有，曰：“苟完矣。”富有，曰：“苟美矣。”

孔子赞扬卫公子荆善于持家。刚有了一点盈余，他就说“差不多已经够用了嘛”；稍微富裕一些时，他就说“这已经很令人满足了呀”；而当其真正富有时，他说“简直完美啊”。

这章意思不大，而且是伪经。宣扬的是节约型政府“节用爱民”的思想，孔子倒是多次担心太过节俭损害了礼乐文化建设，比如“尔爱其羊，我爱其礼”，还有 6.2 章他担心子桑伯子行政过于节俭。而且《论语》出现这样讲论节俭的一章，显得很突然。

13.9 子适卫，冉有仆。子曰：“庶矣哉！”冉有曰：“既庶矣，又何加焉？”曰：“富之。”曰：“既富矣，又何加焉？”曰：“教之。”

话说孔子来到卫国时，有一次冉有驾车与孔子出行。孔子站在车上曰：“卫国已经是一个人丁兴旺的大国了呀！”冉有问：“如果一个国家人丁兴旺了，那么下一步他们应该做什么？”孔子说：“富强。”冉有接着问：“富强之后，这个国家的下一步是什么？”孔子说：“教化。”

毛泽东让中国变成了一个人口大国，邓小平让中国走向富强，如今，中国需要建设文化。中国人再也不能一遇事情就请教耶鲁剑桥的教授们了。中国人必须有自己的哲学、经济学、伦理学、艺术。

“教之”，字面意思就是教化人民。所谓“教化人民”其实包含两个含义：第一层含义是实施全民普及的义务教育，把国民培养成为具备与现代生产方式相匹配的有用的劳动力，并用德育教育把人民的思想统一为国家意识形态，这一章的本意就是这个；另一层含义是把高端文化向下传播，让人民大众掌握原本由贵族阶层垄断的知识，这就是消除阶级差异，改造旧社会的唯一正确的道路。

如果说知识就是力量，这个力量原本只是由社会上层所垄断，可是如果全社会各阶级基本消除了知识差距，这个力量就将第一次由全社会各阶级共同掌握。这将是未来几个世纪人类社会最重要的变革。

13.10 子曰：“苟有用我者，期月而已可也，三年有成。”

孔子说：“如果我得到任用，需要一年实践可以初具成效，三年有成。”（“期月”，十二个月）。

伪经。这一章让我们误以为孔子一生郁郁不得志，始终没有得到任用，但他是一个堪当国相的人才。其实这是后世儒家政治野心的投射与表达。

13.11 子曰：“善人为邦百年，亦可以胜残去杀矣。诚哉是言也！”

“善人”说的不是“好人”，是指“品德完备者”。

孔子说：“善人治理国家一百年，就可以消除残暴，废除刑罚与杀戮了。这话真对呀！”

肯定是伪经。王莽就是一位大善人呀。

13.12 子曰：“如有王者，必世而后仁。”

孔子说："如有王者兴起，三十年后就可实现仁政。"

这可能就是王莽写的。

13.13 子曰："苟正其身矣，于从政乎何有？不能正其身，如正人何？"

孔子说："若端正自身，为政又有何难？若不能正身，如何端正别人？"

这是读书笔记。

13.14 冉子退朝。子曰："何晏也？"对曰："有政。"子曰："其事也？如有政，虽不吾以，吾其与闻之。"

冉求从季氏家退朝回来，孔子问："为何迟到呢？"冉求曰："议论政务。"孔子说："怕是季氏家的私事吧？如果有政务，虽然我现在不当政，怎么会不知道呢。"

本章告诉我们，要搞阳谋不要搞阴谋。治国与做管理的艺术在于把阴谋转变成阳谋。搞阴谋的人，是因为缺少将其塑造为阳谋的才能。

13.15 定公问："一言而可以兴邦，有诸？"孔子对曰："言不可以若是其几也，人之言曰：'为君难，为臣不易。'如知为君之难也，不几乎一言而兴邦乎？"曰："一言而丧邦，有诸？"孔子对曰："言不可以若是其几也。人之言曰：'予无乐乎为君，唯其言而莫予违也。'如其善而莫之违也，不亦善乎？如不善而莫之违也，不几乎一言而丧邦乎？"

定公问："有没有一句话，照着做就可以使国家兴盛？"孔子对曰："没有这样的话，不过也有一句话近似于这个意思，有人说：'为君难，为臣不易。'如果知道做君并不简单轻松，这不近乎一言兴邦了吗？"

定公又问："一句话可以亡国，有这样的话吗？"孔子对曰："没有这样的话，但有一句话接近这个意思，有句话说：'我做君王没什么乐趣，只是无人敢不听我的话。'如果你说得对没人违抗还好，如果说得不对又无人违抗，那不就近乎一句话可以亡国吗？”

我觉得是伪经。这段对话营造了一个君主虚心向臣子请教的语境。这句话是不是真理并不重要，君臣之间建立起这个氛围就是儒家的胜利。

13.16 叶公问政，子曰：“近者悦，远者来。”

叶公问政，孔子说：“让你身边的人幸福快乐，远方的人们就会归附而来。”

“近悦远来”真是很美的一章。

13.17 子夏为莒（jǔ）父（yǔ）宰，问政。子曰：“无欲速，无见小利。欲速则不达，见小利则大事不成。”

子夏做莒父的总管，问政于孔子。孔子说：“不求速成，不要贪求小利。追求速成反而达不到目的，贪求小利就做不成大事。”

企业目标要尽量的高远，目光要尽量的远大。我同意孔子说的不要局限于短期利益和局部利益，但好的企业目标是提出一种明确地让这个世界获得改善的实实在在的项目。比如比尔·盖茨曾经为微软公司制定的企业目标，就是“让这个世界上的每一个桌子都摆上一台电脑”。这个目标在当时极具先锋性和吸引力。

13.18 叶公语孔子曰：“吾党有直躬者，其父攘羊，而子证之。”孔子曰：“吾党之直者异于是：父为子隐，子为父隐，直在其中矣。”

叶公告诉孔子：“我家乡有个很正直的人，他的父亲偷了人家的羊，他做儿子的举报了父亲。”孔子说：“我家乡的正直的人和你讲的正直人不同：父亲为儿子隐瞒，儿子为父亲隐瞒，正直就在其中了。”

肯定是伪经。如果说孔子把维护伦理秩序看得比真诚更重要，就推翻了孔子的立身之本。

13.19 樊迟问仁。子曰："居处恭，执事敬，与人忠。虽之夷狄，不可弃也。"

樊迟问什么是仁。孔子说："在家恭顺安静，做事敬业，待人忠诚，即便到了夷狄之地，也不可背弃这三句话。"

三句话中最难的莫过于"居处恭"。孔子强调内修，修得正果则无往不利。

13.20 子贡问曰："何如斯可谓之士矣？"子曰："行已有耻，使于四方，不辱君命，可谓士矣。"曰："敢问其次。"曰："宗族称孝焉，乡党称弟焉。"曰："敢问其次。"曰："言必信，行必果，硁硁（kēng）然小人哉！抑亦可以为次矣。"曰："今之从政者何如？"子曰："噫！斗筲（shāo）之人，何足算也？"

子贡问道："做到哪些才可以叫作士？"孔子说："自己做事时有知耻之心，出使四方能够完成君主交付的使命，可以叫作士。"子贡说："请问次一等的标准呢？"孔子说："族人赞他孝顺父母，乡党称他尊敬兄长。"子贡又问："请问再次一等的呢？"孔子说："说到一定做到，行动一定得到结果，唉，这已经算是小人了呀，不过还是可以算作是士吧。"子贡说："如今的执政者怎么样？"孔子说："唉！这些器量狭小的人，何足挂齿？"

13.21 子曰："不得中行而与之，必也狂狷乎！狂者进取，狷者有所不为也。"

孔子说："做事不得中庸之道的人，要么是狂，要么是狷！狂者胆大妄为，狷者清高自守、有所不为。"

13.22 子曰："南人有言曰：'人而无恒，不可以作巫医。'善夫！不恒其德，或承之羞。"子曰："不占而已矣。"

孔子说，南方人有句话说："人如果不能持之以恒，就不能做巫医。"这句话说得好啊！没有恒德之人，难免遭到羞辱。孔子说："这样的人占卜其实也没用。"

从事占卜的人必须人格高尚。

13.23 子曰："君子和而不同，小人同而不和。"

孔子说："君子可以和谐共事而不苛求意见相同，小人追求表面的意见相同却没法一起共事。"

君子之于人伦社会中，处处建立和谐融洽的关系，但他始终保持人格独立，既不人云亦云，也不以坚硬的个性伤害别人。他热爱人类，却不依靠任何人，他拥抱朋友，却从不把自己的灵魂寄居在朋友的灵魂里。

13.24 子贡问曰："乡人皆好之，何如？"子曰："未可也。""乡人皆恶之，何如？"子曰："未可也。不如乡人之善者好之，其不善者恶之。"

子贡问："所有人说好，这个人怎么样？"孔子说："不能肯定。"子贡又问："所有人都憎恶的人，怎么样？"孔子说："这也不确定。最好是乡里的好人都喜欢他，乡里的坏人都厌恶他。"

伪经。这是对"众好之，必查焉，众恶之，必查焉"章的临摹，但也是篡改。这一章其实是劝你跟从意见领袖的意见，从而完全否定了孔子独立人格的说法。

13.25 子曰："君子易事而难说也，说之不以道，不说也；及其使人也，器之。小人难事而易说也，说之虽不以道，说也；及其使人也，求备焉。"

孔子说："在君子手下做事是很容易的，可是想取悦他很难，以不符合使命的事情取悦他，他不会高兴的；当他使用人的时候，总是量才而用；在小人手下做事很难，可是想要取悦他则很容易，不以使命取悦他，他也高兴；可是等到他用人的时候，就会求全责备。"

我喜欢这一章。

13.26 子曰："君子泰而不骄，小人骄而不泰。"

孔子说："君子安静坦然而不傲慢无礼，小人傲慢无礼却无安静坦然。"

13.27 子曰："刚、毅、木、讷，近仁。"

孔子说："刚硬、坚韧、愚钝、不会说话，这四种人接近于仁。"

孔子欣赏这四种看似是缺点的品质，可谓眼光独到。当然，四者只是近仁，并不是仁。

13.28 子路问曰："何如斯可谓之士矣？"子曰："切切偲偲（sī），怡怡如也，可谓士矣。朋友切切偲偲，兄弟怡怡。"

子路问："怎样才可以称为士呢？"孔子说："互助督促勉励，相处和和气气，可以算是士了。朋友之间互相督促勉励，兄弟之间相处和和气气。"

13.29 子曰："善人教民七年，亦可以即戎矣。"

孔子说："善人治军，一定首先经过七年的训练，才可以把这种人送上战场。"

这章依然是"善人"，依然是操弄道德。

13.30 子曰："以不教民战，是谓弃之。"

孔子说："没有训练就让百姓参加战争，这种行为实则抛弃他们。"

伪经。

第十四篇　宪问

本篇主题是：群体中的个体。或曰“君子如何置身于他的时代”。儒家将其误读为：“一个文人如何在他的时代中谋求幸福。”前者说的是“北辰与众星这个宏大结构中的一颗星”，后者说的是“以一颗星为中心的社会关系”。

此乃当今这个时代最大的隐患：没有整体，只有个体。而且这个个体并非脱离整体的独立者，而是寄生于整体的聪明人。人类曾经是一个整体，齐心协力建造了一座可以通往天庭的塔，可如今他们散居在各处，各自心怀鬼胎，甚至为自己曾经梦想过天堂感到羞耻。他们也聚集在一起说话，但无人提起建塔的事。现在他们喜欢聚集在城里，因为城里有市场，人们可以把各自的好东西拿出来交换。

14.1 宪问耻。子曰：“邦有道，谷；邦无道，谷，耻也。”

原宪（孔子弟子）问如何衡量一个君子的行为是否羞耻。孔子说：“社会政治昌明，则当出仕为官，获得俸禄；如果政治阴暗无道，依然做官拿俸禄，就是可耻。”

原宪关心的是一个君子的内在修为，孔子将其连接到他的时代。这段话告诫原宪，君子积极介入他的时代，用孔子自己的话来翻译，就是“用之则能行，舍之则能藏”。君子关心的是道之行于天下，如果他关心的只是个体的幸福、安稳、荣誉，就是“耻”。

我发现，达尔文进化论的另一个贡献一直被这个时代忽视了。达尔文发现：地球上的每一个物种，都是以物种的方式存在的。个体是短暂的、局部的，只有物种才是生命现象存在的本质方式。

所以，脱离了物种，谈论一个个体的幸福和价值是多么荒谬，多么渺小。天道或者永恒的进化论完全不是为了促进生命个体的恒久幸福而设立的，它关心的是下一代是否比我们这一代更强大、更高级。我们根本无暇关心两只蚂蚁之间的是非曲直，或者一个人的幸福、进步或者倒退、他的哀怨或者修养，从不断演化的物种的角度看，没有任何意义。这就是我们有别于其他人的思考"生命的意义"这个终极问题的思路。

14.2 "克、伐、怨、欲不行焉，可以为仁矣？"子曰："可以为难矣。仁则吾不知也。"

原宪又问："好胜、自夸、怨恨、贪婪这四种常见的心理都被驯服的人，可以算仁者吧？"孔子说："可以算难能可贵。至于算不算仁者，还不一定。"这一章与上一章原本为一章，为了阅读层次清晰，我把它断开为两章。

"克、伐、怨、欲不行"：用自我的强大控制力扼守住本我的四种妖怪。如果说人被造得不完美，这四点就是其表现。

孔子的回答其实是一个反问：究竟怎样才算得上"仁"。和上一章的核心含义一致：只有超越了个体，才可以谈仁。

14.3 子曰："士而怀居，不足以为士矣。"

孔子说："依恋家庭生活的人，算不上一名有志于道的君子。"

依恋老婆孩子热炕头的男人，说到底是自我的软弱和不健全。我不相信被他们美其名曰的"爱情""天伦之乐""责任"这些好词。我从近处观察过这些词，发现其背后无不散发着冷漠、狭隘的自我意识和卑微的叹息。我经常看见他们把冷却了的激情和潮湿的理想寄托在儿子身上，做这种人的儿子多么不幸啊。

顺便说一句，政治家们最爱讲论家庭的神圣价值，小心呐，他们这是在向大众献媚。这是他们屡试不爽的骗术。

孔子在这里劝诫我们：小心你的婚姻。虽然他说得很隐晦，但他极为明智地远离家庭生活。

耶稣说得更直接。有一次他正在讲道，有人告诉他“你妈和你的兄弟来看你了”，耶稣转身面对听众说：“谁是我妈？谁是我兄弟？你们中间凡是听了我的话，并且跟从我一起走向天国之道的人，就是我妈，就是我的兄弟。”

论一个君子的自我修养：如果你自感你是一个君子，就可以问问自己，是否可以拿掉那些至今依然支撑着你的那些支撑物？比如工作、对某人的爱情、收入、孩子，等等。世间都说神仙好，唯有妻儿忘不了啊。

14.4 子曰：“邦有道，危言危行；邦无道，危行言孙。”

李零说，“危”的意思是“直”，不是“小心谨慎”之意，他说得对。

孔子说：“天下有道，言论要直率，行为要正直；天下无道，行为依然要正直，言论却要谨慎。”

邦有道时，直言直行的人会被认为正直，邦无道时会被人当成一个怪物。如果你从内心深处鄙视与你同时代的芸芸众生，就没有必要在他们跟前逞能。

14.5 子曰：“有德者必有言，有言者不必有德；仁者必有勇，勇者不必有仁。”

孔子说：“高尚者必定会说出震惊四座的名言，可是反过来，说出某句震惊四座的名言者未必是高尚者；同理，仁者必是勇者，勇者却未必是仁者。”

我们总是通过那些伟大的名言接近一个伟大的灵魂，然而我们送给对方的这个“伟大”的称号并非是一直不变的。我喜欢把那些在一瞬间在我的灵魂里引起一场巨大风暴的名言抄下来，贴在墙上，在它面前来回踱步，一方面吸取其养分，一方面质疑其价值。事实上，被我抄下来贴在墙上的名言未必是赞美，被我盯上的人一定会被我肢解，不再像第一印象般伟大。

14.6 南宫适（kùo）问于孔子曰：“羿善射，奡（ào）荡舟，俱不得其死然，禹

稷（jì）躬稼而有天下。”夫子不答。南宫适出，子曰：“君子哉若人！尚德哉若人！”

“南宫括”就是5.1章孔子把侄女嫁给他的那个南容。“羿”就是射下九个太阳的那个大英雄。“奡”是曾经徒手颠覆战船的勇士。“稷”就是“后稷”，周人祖先，善农事。

南宫适问孔子：“羿可以拉开世界上最硬的弓，奡可以徒手覆舟，可是这两个大能人结果都死得很惨，禹和稷只是传播农耕技术，却得到了江山，这其中的道理是什么？”孔子听闻此言笑而不答。后来孔子对别人说起南宫适，曰：“真是个君子呀这个人！尚德哉这个人！”

“夫子不答”把南宫适的问题悬置在半空中，令人回味。孔子言谈极善留白，这真是高明的谈话技巧。

羿和奡只是强大的个体，禹和稷把全体社会成员组织起来，以他们的才能增进提升这个世界的福利，这是大仁。

14.7 子曰：“君子而不仁者有矣夫，未有小人而仁者也。”

孔子说：“居上位者也有不仁之人，然而居下位者却没可能出现一个仁者。”

两者之间的实质性差异就是弗朗西斯科·培根所说的“知识”。或者《论语》所说的礼乐文章。

过去，血缘和门第还发挥着作用，甚至是很大的作用；现在，决定一个人社会等级定位的内在因素越来越多的是知识。随着互联网这个知识传播途径的全民普及，彼得·德鲁克不久前预言的“知识时代正在到来”，越来越清晰地变成现实了。我亲眼目睹了互联网对于提升社会下层知识水平大幅提高的转变，这一转变是不可逆转和实实在在的社会进步。

14.8 子曰：“爱之，能勿劳乎？忠焉，能勿诲乎？”

孔子说："如果是真爱，怎能不让他在挫折与成功之中得到收获？如果真的忠诚于他，怎能不告诉他真相和真理呢？"

保罗在给哥林多教会的兄弟们的信中说："如果我让你们忧愁，那么除了我让他忧愁的人之外，还有什么人能让我快乐呢？"

尼采说："男人们花费大把的时间跟女人调情，你们打算什么时候告诉她们真相呢？"

14.9 子曰："为命，裨（bì）谌（chén）草创之，世叔讨论之，行人子羽修饰之，东里子产润色之。"

裨谌、世叔、子羽、子产——郑国四君子，均是孔子前代人物。这一章孔子讲述了当时郑国四君子合力完成一项使命的美好场面。

孔子说："一旦领受了一项使命，裨谌先将其打造成型，世叔对它做出更完善的修改，行人子羽进一步修造打磨，东里子产作最后的润色加工，然后出品。"

"为命"：贡布里希说到艺术家的使命时说，"一只牡蛎必须得到一颗沙粒，才能围绕着它制造珍珠，而一旦得到这颗沙粒，这只牡蛎的全部生活就都围绕着它展开了。这颗沙粒就是它领受的使命，一个高于它的生命的召唤。"米开朗琪罗接到的教皇请他为西斯廷教堂的天顶画一幅壁画的订单，就是这颗沙粒。

然而，米开朗琪罗一个人的才华、远见和体能是有限的，郑国四君子一旦承担一项任务，他们各自的优势、体能和想象力是无比强大的。

为什么文化产品都必须是个人产品，比如姜文的电影、普鲁斯特的书，其中的辛苦和其后的回报都不许别人染指？为什么我们不能像制作 iPhone 那样聚集起一批天才人物写一本伟大的书？宫崎骏和郑渊洁就算像米开朗琪罗一样勤奋和高产，他们也只是个体，只有像皮克斯或者苹果这样的组织才是一种"工业化"的文化公司。和 iPhone 相比，米开朗琪罗的天顶画又算得了什么？

我的麦田社就是这样一家工业化的文化公司。我们一起生活，一起生产，最后在我们的产品上写下我们全体生产者的名字。我们要不断地出品我们的产品。

当我在写《我是怎样辨伪的》一文的时候，突然有了新的发现：

我突然意识到，这一章里说到的郑国四君子合力生产的场面，就是董仲舒及其写作班子合力篡改《论语》的写照！这一章就是董仲舒写的。我要说，写得很巧妙。由于我非常喜欢之前的那一段，所以并未删除，只是把我的最新发现随后附上。

14.10 或问子产，子曰："惠人也。"问子西，曰："彼哉！彼哉！"问管仲，曰："人也。夺伯氏骈邑三百，饭疏食，没齿无怨言。"

有人问孔子怎样评价子产，孔子说："是个施惠于民的人。"又问子西，孔子说："也就那样，也就那样吧。"又问管仲，孔子说："是个人才。他没收伯氏的封地三百户，伯氏一族此后一直生活简朴，但至死也毫无怨言。"

请注意，孔子对子产和管仲的评价无不是按照其在社会中的作用这个角度说的。这才是把这一章放在十四篇的原因。

14.11 子曰："贫而无怨难，富而无骄易。"

孔子说："贫困而没有怨恨难，富有却不傲慢相对容易一些。"

我觉得这两件事未必哪个更难哪个更容易。这一章的本意也许是：这两种美德都难能可贵。

14.12 子曰："孟公绰为赵魏老则优，不可以为滕薛大夫。"

孔子说："孟公绰做晋国的赵氏和魏氏家里的元老是绰绰有余，但如果是在滕、薛这种小国里做大夫会吃不消。"

很多人在体制内待得太久了，原本具有改变世界能量与雄心，时间一长武功早就废掉了。如果失掉了他们现在的栖身之所，投入到真正的人生战斗之中，会要了他的命。有很多人就像这位孟公绰一样，一生都很优渥很风光，其实他们就是巴菲特说的那些裸泳者，只不过是一直活在侥幸之中的幸运者呀。

这一章的智慧之处并不是在退潮的时候看裸泳者的笑话，而是要在涨潮的时候就判断出谁没穿泳裤，坚决不持有这只股票。

14.13 子路问成人。子曰："若臧武仲之知，公绰之不欲，卞庄子之勇，冉求之艺，文之以礼乐，亦可以为成人矣。"曰："今之成人者何必然？见利思义，见危授命，久要不忘平生之言，亦可以为成人矣。"

子路问：对于一个即将步入社会的人，应该具备怎样的修养才算是一个完备和成熟的人？孔子说："具有臧武仲的睿智，孟公绰的超然，卞庄子的勇气，冉求的多才多艺，还要具备礼乐文化课程的学习，就可以步入社会官场了。"

子路接着说道："我觉得处在今天这个时代，'成人'的标准未必非要如此，只要具备见利思义，见危授命，长久穷困也不忘初心，也算是成人了。""成人"，即"完备的人"。

后一段话，朱熹认为也是"孔子说"，李零觉得是"子路曰"。李零比较了孔子和子路两人的答案，发现子路说的三点都符合他的性格，就是他已经具备的东西，所以不必再学了。他缺少的是孔子说到的"智""艺"和"礼"。子路急于入世，不想再学了。

关于"何谓成人"，各位想听听不一样的观点吗？

史蒂夫·乔布斯到大学演讲，他问这些20出头的大学生们："你们中间有谁还是处男处女，举手我看下。你们中间谁吸过大麻，举手我看下。"

尼采晚年在疯人院日记里写道："如果再给我一次成长的机会，我希望在妓院里完成我的道德教育，而不是在我那个充满宗教禁锢的家里。那样的话我对人性的理解会更正确，也会少走很多弯路。"（这是乔布斯和尼采的观点，不是我的）

14.14 子问公叔文子于公明贾曰："信乎，夫子不言，不笑，不取乎？"公明贾对曰："以告者过也。夫子时然后言，人不厌其言；乐然后笑，人不厌其笑；义然后取，人不厌其取。"子曰："其然？岂其然乎？"

公叔文子是卫国知名的贤达，孔子向公明贾（也是卫大夫）问公叔文子是个怎样一个人，孔子说："都说此人不说、不笑、不取财利，是真的吗？"公明贾曰："跟你这么说的人言过其实了。公叔文子这个人，该说时才说，所以别人不嫌恶他说；内心快乐才笑，因此别人不嫌恶他笑；合于道义才取，因此别人不嫌恶他取。"

孔子说："原来这样啊，果真是这样的吗？"

理解这一章的要点在最后这句话："其然？岂其然乎？"从字面上看，孔子的回应模棱两可，他是怀疑公叔文子做不到公明贾所言？还是根本就不相信公明贾所言为真？从文本里看不出答案。

这一章谈的是君子与人相处之道，完全符合十四篇主题。我认为如果公叔文子确实做到了"时然后言，乐然后笑，义然后取"，完全符合孔子"用之则行，舍之则藏"以及"君子坦荡荡"的作风，他对此一定赞同。所以我认为，我们不应被最后这个疑问句禁锢住，我相信孔子深赞公叔文子其人。

14.15 子曰："臧武仲以防求为后于鲁，虽曰不要君，吾不信也。"

臧氏是鲁国三家之外的另一支大姓贵族。臧武仲曾因得罪孟孙氏逃离鲁国，但退守在防邑（"防"，鲁国的一块封地）。然后向鲁君提出：如果让他儿子继续做鲁国的卿大夫（保留臧氏家族在鲁国的政治地位），他就离开防邑，去国外流亡。

孔子说："臧武仲以离开防邑作为条件，请求鲁君立臧氏族人为卿大夫。此人号称绝不要挟君主，我是不信呀。"

前文说臧武仲聪明，此人有着子路没有的精明算计。可是没人喜欢被要挟，即便人家答应了并且签了约，也别指望人家会执行。

14.16 子曰："晋文公谲而不正，齐桓公正而不谲。"

孔子说："晋文公诡谲而不正派，齐桓公正派而不诡谲。""诡谲"，就是暗箱操作；说一套做一套；没人看得清他的思路，甚至嫡系亲信也弄不清楚他心里的想法。

“正”就是搞阳谋不搞阴谋。

这两句话掷地有声，堂堂正正。我把这个名单扩大一下：晋文公、汉高祖、明太祖谲而不正；齐桓公、秦始皇、汉武帝正而不谲。

“谲而不正”：“打左灯向右转”，让国家失去战略方向；明明是要清除异姓王，非说人家谋反；明明想废除宰相，独揽权力，非说胡惟庸谋反。明明可以搞阳谋却搞阴谋，实在是昏招。

“正而不谲”：建立国家战略必须首先打赢在意识形态领导权的战役。一旦建立起清晰的战略方向，所有问题都有了是非取舍的标准。

14.17 子路曰：“桓公杀公子纠，召忽死之，管仲不死。”曰：“未仁乎？”子曰：“桓公九合诸侯，不以兵车，管仲之力也。如其仁，如其仁。”

子路说：“齐桓公杀了公子纠，公子纠的两个客卿召忽自杀殉职，但管仲却没有自杀。管仲这种行为决定了他不能算仁者对不对？”孔子说：“桓公之所以可以整合各方诸侯，却不以武力，那都是管仲的功劳呀。这就是他的仁！这就是他的仁！”

孔子这里说得很清楚：“仁”就是整合社会成员，建设成为一个进步美好社会的力量。而不是忠于君主之类的美德。

14.18 子贡曰：“管仲非仁者与？桓公杀公子纠，不能死，又相之。”子曰：“管仲相桓公，霸诸侯，一匡天下，民到于今受其赐。微管仲，吾其被发左衽（rèn）矣。岂若匹夫匹妇之为谅也，自经于沟渎（dú）而莫之知也。”

管仲是公子纠的臣子，在主公被杀之后，管仲选择了参加灭亡公子纠的齐桓公集团，并最终做出很大成就。

子贡问：“管仲不能算是仁者吧？桓公杀了公子纠，他不能为公子纠殉死，反而做了齐桓公的宰相。”孔子说：“管仲辅佐桓公，称霸诸侯，匡正了天下，华夏民族直到今天还在安享他的功绩带来的好处。如果没有管仲，恐怕我们今天还是披头散发，衣襟左开的野蛮人呢。别死守小人和妇人的小道德，难道管仲当时应该自绝于阴沟里才符合仁德吗？要这样的仁德有何用？”

2001年我受聘做一家文化公司的CEO，一年半后项目失败，我提出辞职。我对我的老板说：“虽然事情没能做成，但我向你保证我没从公司账上贪污一分钱。”然后他对我说：

“你来之后1700万花光了，这个责任我承担，没人问你要钱。可是现在你跟我说你是清白无辜的，你觉得你的人品对我而言很重要吗？比我损失的1700万还重要吗？”这些话我永远也不会忘记。

14.19 公叔文子之臣大夫僎（zhuàn）与文子同升诸公。子闻之，曰：“可以为文矣。”

公叔文子（见14.13）有个家臣叫大夫僎。由于文子的推荐和提携，与文子以同样的等级规格一起登堂上朝面对国君。孔子听闻这件事，曰：“公叔文子其人的确称得上‘文’这个字。”

提携下属不难，但是提拔到与自己平起平坐的地位，需要相当宽广的胸怀。我觉得，只有那种自我不断进步的人才会拥有这样的胸怀。

牛顿和弗洛伊德老了以后拼命打压弟子，原因就是他们老了，既丧失了继续获得成就的力量，就只能固守着已有的财产不肯撒手，只能靠拼命打压最有创造力的下属护卫旧有的荣誉。

14.20 子言卫灵公之无道也，康子曰：“夫如是，奚而不丧？”孔子曰：“仲叔圉（yǔ）治宾客，祝鮀（tuō）治宗庙，王孙贾治军旅，夫如是，奚其丧？”

孔子坦陈卫灵公失去天道的行为，季康子曰：“他既如此，卫国为何并未因此亡国？”孔子对曰：“在卫国，仲叔圉掌管礼仪外交，祝鮀掌管宗庙祭祀，王孙贾统率军队，正是因为这几位良臣的坚守，卫国才不会亡的。”

这一章所谓的封建制，其实质就是层层分解权力，所以，即便北辰暗淡隐逸下去，或者如超新星那样爆炸，也不会改变天道伦常的秩序格局。这就是保守主义者最为津津乐道的贵族和守旧势力在社会中发挥的压舱石的作用。孔子当然就是典型的保守主义者，然而我们必须超越十四篇“群体中的个体”主题，这一章说的是从郡县制与封建制政体的本质差异角度思考这个问题。

14.21 子曰：“其言之不怍，则为之也难。”

孔子说：“说话如果大言不惭，这种人里极少会有真正履行自己所说的话的。”

14.22 陈成子弑简公。孔子沐浴而朝，告于哀公曰：“陈恒弑其君，请讨之。”公曰：“告夫三子。”孔子曰：“以吾从大夫之后，不敢不告也。君曰‘告夫三子’者。”之三子告，不可。孔子曰：“以吾从大夫之后，不敢不告也。”

公元前 481 年，齐国出了大事。齐国贵族陈成子弑杀齐简公。听闻此事，孔子沐浴后上朝，对鲁哀公说：“陈恒（陈恒字成子，这里直呼其名有藐视之意）弑其君，我们鲁国当以捍卫天道的名义讨伐之。”可惜哀公的权力早就被三家把持，于是哀公对孔子说：“告夫三子，”你去把这件罪行告诉季氏、孟孙氏和叔孙氏他们三个，请他们三位定夺。孔子出门后自言道：“我是鲁国的大夫呀，今天出了这等弑君之事，禀告鲁君是我的职位的使命所在呀。君命我‘告夫三子’，我也将执行君的指令。”

于是按照哀公的指令去三家走了一圈，无果而终。孔子说：“我这是按照君王的旨意遍告三卿，我的职责让我不敢不告呀。”

本章重点就在孔子出门后说的话：这就是我做大夫的职责所在呀！他的行为迂腐而正直，顽固而充满不容回避的正义的力量。从结果看，他并未达成目的，然而他失败了吗？

“陈成子弑简公”，据《左传》记载发生在公元前 481 年，这正是孔子死的那一年。如果上述说法无误，“沐浴而朝”就是被记录下来的孔子生前的最后一件事。

14.23 子路问事君。子曰："勿欺也，而犯之。"

子路问与君王的相处之道。孔子说："不欺骗他，但可以冒犯他。"

"勿欺也"是忠诚。不是忠于君王这个人，而是忠于君王这个职位。

"而犯之"是你的角色与使命要求你做到的坚守。这一角色和使命不是君王赐给你的，而是天道赋予你的。孔子沐浴而朝就是直接戳到哀公最悲哀的地方，就是"而犯之"。

14.24 子曰："君子上达，小人下达。"

"上达"：君子对父子关系社会中的伦理关系、其在乱世和治世的不同表现、道德在其中发挥着怎样的作用、礼乐的实质与功能等等，无不通达。

"下达"：小人对如何追求，并长久保持他们的幸福一事很擅长，拥有各种智慧和技巧，而且坚不可摧。

14.25 子曰："古之学者为己，今之学者为人。"

孔子好古，这句话是在赞扬古代贬抑现代："古之学者学习，目的是为自己；今之学者学习，目的是为别人。"

还记得尼采"关于音乐的对话"吗，这段话放在这里非常合适：

所谓"纯洁的艺术"，就是完全沉浸在自身之中，沉浸在对自身的相信之中，沉浸在对自身的思索之中，忘掉其余的一切。它是心灵深处的孤独吟唱，自斟自酌，自己对自己讲述着自己的故事，完全忘记了倾听者、旁观者、影响、失败。这就是高贵的、不可多得的艺术。当它来时，四野都倾听，阴影都屏住呼吸，仿佛此刻讲述的就是全世界最重要的一件事。

14.26 蘧（qú）伯玉使人于孔子，孔子与之坐而问焉。曰："夫子何为？"对曰："夫子欲寡其过而未能也。"使者出，子曰："使乎！使乎！"

蘧伯玉是孔子在卫国的好友，他派使者看望孔子。孔子问使者："你家先生最近忙些什么？"使者道："我家先生想要减少自己的错误，但还没能做到呢。"使者出，孔子说："这真是个好使者啊！这真是个好使者啊！"连说两遍。

这一章散发着"盯着自己的缺点看个没完"的禁欲主义。前文说过，禁欲主义是孔子坚守的一种过时了的古代智慧。我把"夫子欲寡其过而未能也"翻译成："我们家先生想把自己弄成一个神仙，但还没有做到。"

但除此之外，本章的重点是情趣高雅的贵族间的游戏。如果现实总是有很多苦难，那么友谊就更为珍贵。尼采晚年时袒露心声："胸怀伟业的人需要有一个上帝，但如果他不信上帝，他绝对需要一个朋友。"

14.27 子曰："不在其位，不谋其政。"曾子曰："君子思不出其位。"

孔子说："不在那个职位，就不要考虑那个职位上的事情。"曾子说："君子考虑问题，从来不超出自己职位的范围。"

本章重出。在 8.14 章出现的那次，含义是："太监不要考虑皇上应该考虑的问题"。这次的含义是"你的角色和职位就是你无路可退的天职"，这是孔子的本意。这章是真经，第八篇那次是伪经。"曾子曰"还是伪造者添加上去的。

14.28 子曰："君子耻其言而过其行。"

孔子说："君子耻于其所言大于其所行。"

14.29 子曰："君子道者三，我无能焉：仁者不忧，知者不惑，勇者不惧。"子贡曰："夫子自道也。"

孔子说："君子之道有三点，这三点我都还没能做到：仁者无忧无虑，无牵无挂；智者思维清晰，行为坚定，因为他对自己、对世界不再感到迷茫；勇者内心坦荡，并不隐瞒自己的缺点，因为他充满力量，所以对万事万物均无所畏惧。"

子贡接着这话说道："先生说的就是他自己呀！"

孔子以仁智勇作为自我修行的坐标，并以此鼓励别人一同抵达那个令人兴奋的清新的高山之巅。然而这种静态的人格修炼背后就是禁欲主义。禁欲主义的一套并非无效，相反，它很有效，然而禁欲主义最大的问题在于，它是一条向下的路，而我们渴望高山之巅。

14.30 子贡方人。子曰："赐也贤乎哉？夫我则不暇。"

子贡"方人"就是评说比较别人之优劣长短。孔子说："赐已经修炼得很好了吗？我就没闲工夫干那事。"

什么叫"子贡方人"呢？好比有一个青年，还没有找到他的自我，于是左顾右盼，在朋友圈里大喊一声听听回声，他想用这种试探性的行为寻找和确立他的自我究竟是什么、在哪里。可是如果你的自我说到底只是"别人对你的评价"，你将如何找到你的自我呢？如果你骂别人投机取巧是为了给自己指明道路，如果你赞美某人是为了给自己下一步的行为做个示范，这才是正经事。这也就是孔子说"古之学者为己"的正确方式，"古之学者为己"，什么叫为己？就是为了建立自己更加清晰和强大的自我。

提奥在给凡·高的信里说"我怎么从未听你说过你对很多当今著名画家们的评价"，凡·高回信写道：

"你说你几乎从未听我说过哪位前辈画家如何如何，也没有对你说过我正在模仿学习哪位画家的技巧。可是我要说，那些整天说谁谁谁多牛、谁谁谁是傻瓜的人，其实根本就不去做，不去真正学习人家的优点，他们只是说说。"事实上，此时的凡·高就像一只工蜂，正在每天一点地从伦勃朗和米勒那里往家里搬运东西呢。

14.31 子曰："不患人之不己知，患其不能也。"

"别担心人家不理解你，要担心自己没那本事。"

“别说你没有话语权，真正的问题是：如果话筒现在递给你，你说什么？”

14.32 子曰：“不逆诈，不亿不信，抑亦先觉者，是贤乎！”

孔子说：“不预防被人欺骗，不揣度对方的人品，却可以事先觉察别人的欺诈和不诚实，这就是我追求的贤德！”

这一章的话题其实很重要，但由于古汉语与现代汉语的转换差异很大，很容易被忽视。孔子肯定不知道“害人之心不可有，防人之心不可无”后来成为每个中国人的通识，他拒绝提防小人，那是以小人之心度小人之腹；他也不给人打分，只跟80分以上的人交往；可是又能在小人加害你之前察觉真相。孔子把这叫作“贤”，用今文说就是“智慧”，他是否做到了呢？如果做到了，他是如何做到的？

我认为，既不预防别人又不被别人伤害，两者不可兼得。耶稣知道他的队伍里隐藏着一个叛徒，耶稣的强大不在于他事先清除了这个叛徒，而是将叛徒的叛变行为转化为对其事业有益（而且是别的事情无法做到的益处）的事情。所以重点在于你要培养自己的力量，使之变得更加强大，足以将一切杀不死你的转化为你的养料。

兄弟们，市场上的骗子怎么可能骗得了我们？如果你不把自己出卖给权贵，权贵怎么可能伤害到你？可是有两种伤害我们几乎无法幸免，就是来自女人和兄弟的伤害，因为你对这两种人有欲求。但我以为，这两种伤害是我们的成人礼。此乃我新近获得的智慧。

14.33 微生亩谓孔子曰：“丘，何为是栖栖者与？无乃为佞乎？”孔子曰：“非敢为佞也，疾固也。”

微生亩曰：“丘啊，何必颠沛游荡到处推广你的所谓使命呢，你该不是练就了一副好口才，满天下与人争得口锋吧？”孔子说：“并不敢用花言巧语欺世盗名，我只是痛恨有些烂人的哲学为何如此坚定不移呀。”“栖栖”，“居无定所”之貌，“丧家之犬”之意。

微生亩年轻时和我们这种人一样也曾经是愤青，后来变成了好色之徒。而我们依然保持着当年的纯洁和愤怒。然而自从我们彼此分道扬镳之后，我们在他们的眼中变得越来越怪异，不合时宜。

你飞得越高，你在那些不会飞的人眼中就越渺小。尼采如是说。

如果你真的是一个先知，就不要指望在你的同学中间被尊为先知。耶稣在他的故乡拿撒勒传道遭到冷遇之后如是说。

人不知而不愠，不亦君子乎。孔子和微生亩聊过之后如是说。

14.34 子曰：“骥（jì）不称其力，称其德也。”

“不要以速度和力量，而要以品德衡量一匹千里马的价值。”

这章不辨真伪。因为孔子这种文化保守主义反对任何破坏伦理纲常的力量，尤其是影响力大的。影响力大破坏力也大。比如曹操就是这样一匹失控的千里马。但我以为，千里马失控，是马主人自己出了问题吧，不要把责任都推给马。比如日本一直给中国当小弟，你强大的时候他也不会占台湾，占琉球。大哥衰了，靠仁德维系伦理秩序有用吗。

所有人际关系和国际关系的实质都是力的较量，德充其量只是一种润滑剂。

14.35 或曰：“以德报怨，何如？”子曰：“何以报德？以直报怨，以德报德。”

有一种观点说：“以德报怨，这个观点怎么样？”孔子说：“那以什么报德呢？我的态度是：以直报怨，以德报德。”

我赞赏孔子的坦率和真诚。道家不谈坦率真诚，他们把“我要”说成“天要”。他们总是扭曲他们的意志和欲望，把他们的欲望说成是天的意志。

14.36 子曰：“莫我知也夫！”子贡曰：“何为其莫知子也？”子曰：“不怨天，不尤人。下学而上达，知我者其天乎！”

孔子说："并没有人真正理解我。"子贡有点困惑："为何说整个世界的人都不理解你呢？"孔子说："我不怨天，不怪人，整天学习一些普普通通的简单知识，然后从中发现一个别有洞天的全新世界，真正理解我这种生活取向的大概只有上天吧！"子贡这才明白，老师并非怪罪他没懂老师，老师这是在引导他也走向孤独。

14.37 公伯寮（liáo）愬（sù）子路于季孙。子服景伯以告，曰："夫子固有惑志于公伯寮，吾力犹能肆诸市朝。"子曰："道之将行也与，命也；道之将废也与，命也。公伯寮其如命何！"

公伯寮是孔子的学生，也是季孙氏的家臣，子路也是季孙氏的家臣，两人同事。公伯寮在老板面前诬陷子路（愬，诬告）。子服景伯是孔子和子路的朋友，将整个事件告诉了孔子，子服景伯说："恐怕这个公伯寮已经成功地迷惑了季孙氏，不过别担心，凭我的能力还是可以把这个公伯寮斩首于市的。"孔子说："天道如果在人间行得通，那一定是天道自己运行于人间；如果事实证明天道在人间不可行，那也是天道自身的问题。所以这事关他公伯寮什么事。"

这一段读来特别大气。孔子和子路明明具备挽救不利局面的储备力量，但就是不用。换作我等一般人，一定请求子服景伯办了公伯寮。我想起一个故事，与本章并无本质关系：

国王给一位艺术家写了一封推荐信，推荐他到一位公爵那里找工作。艺术家来到公爵府上，考虑再三，他决定不把这封信拿出来。他对自己说："不拿出来，才是将其效用发挥到极致的用法。"

14.38 子曰："贤者辟世，其次辟地，其次辟色，其次辟言。"子曰："作者七人矣。"

孔子说："最贤者回避错误的时代；次贤者回避黑暗的社会；再次者回避难看的脸色；第四等贤者也可以避开别人直接骂到他脸上。"子又曰："我知道有七个人可做到这样呢。""贤者"，见 14.31 章"不设防，又不受伤"者也。

本章是十八篇微子的预告。根据十八篇，这"七人"是：伯夷、叔齐、虞仲、夷逸、朱张、柳下惠、少连，均弃官不做，避世隐居。这一章想说的是：如果这个世界太烂，文人还有最后一条路可以选择：退世。在十七、十八两篇里我们将看到，孔子拒绝做一名隐士，他认为君子必须与他的时代为伍，无处可逃。所以这一章是伪经，其写作手法又是我们熟悉的排比句。

14.39 子路宿于石门。晨门曰："奚自？"子路曰："自孔氏。"曰："是知其不可而为之者与？"

有一次子路在石门过夜，一大早赶回城里，结果城门还没开。守门人问："从哪儿来的？"子路曰："从我老师孔子那里来的。"守门人曰："噢，你说的孔氏，就是传说中那个'知其不可而为之'之人吧？"

多数注经者高度赞扬这个把守晨门的人，说此人绝非等闲之辈，可谓一语道破孔子一生境遇的真相——明知他的理想之高远，注定不为世人接受，却不肯降低理想的高度，委婉迎合世人的口味。

我以为这么解读这一章跑偏了。这还是那种"一个文人如何更好地活在当今这个世道上"那种知识分子的腔调。孔子基本上没为钱发愁过，他也不缺荣誉，他的一生顶天立地，意气风发，极少有人比他更幸福。把孔子描述为"惶惶如丧家之犬"是多数文人自我境遇的寄托，他们把孔子树立成一生四处碰壁抑郁而终的榜样，好让自己躲在自己的怪癖之中抗拒一切改正和重生的机会。

而且怎么能说孔子的理想没有实现呢？孔子清晰明确地知道，他的时代即将到来，他是为下一个时代做好准备的先行者。就结果而言，他的成功不亚于摩西、耶稣、穆罕默德，所以说孔子认为他坚守的理想注定不可能实现肯定不对。

这一篇的主题是"一个君子在人世间的处境"，这一章仍然回归到这一主题，他既知做不到仁智勇，但他的使命要求他必须做到；他不愿与这个时代为伍，却又不得不置身于他的时代。"知其不可而为之"，其实是他参与现实世界的最佳方式。

明知其并无结果，却依然不放弃，这种偏执把他的人生转化为一场实验，一种艺术活动。谁敢于把他的人生当作一种实验，谁就超越了成功和失败。他求仁而得仁，他不再关心是否幸福、痛苦和孤独。

“知其不可而为之”用一种艺术的态度对待人生。这里的“艺术”一词指的是：面对生活的可怕本性宁可毁灭也绝不屈服的倔强态度。艺术教会我们宁可绝望，也绝不向命运和时代屈服。他反问这个世界：“还有什么可以打败一个敢于毁灭者的骄傲和自信？”这种“艺术的力量”让我们从命运和生活的重压之下解脱出来，让我们在一瞬间释放掉心头所有的郁闷和不安。哪个读书人读到这一句不是沾沾自喜、得意洋洋呢。

十四篇的结尾是苦涩的，也是美的。如果生命是我们真正拥有的唯一的财产和资源，如果我们注定要耗费掉这笔馈赠，那么把它视为一次实验和艺术活动吧，这是对待生命的最佳方式！

再读一段尼采吧，查拉图斯特拉说：

“兄弟们，你们以为我会为你们指出一条更容易行走的，也更幸福的路吗？不，我指给你们的路更艰难，而且，我将你们提升到高处，是把你们提升到命运的闪电可以直接击毁你的高度。”

“如今你们不知道人生的路怎样继续走下去，这就是最好的人生之路！我因此而更加喜爱你们！”

14.40 子击磬于卫，有荷蒉（kuì）而过孔氏之门者，曰：“有心哉，击磬乎！”既而曰：“鄙哉！硁硁乎！莫己知也，斯己而已矣。深则厉，浅则揭（qì）。”子曰：“果哉！末之难矣。”

孔子在卫国有一段人生失意之时。有一天正在击磬（“磬”是石质乐器，类似于编钟，挂成一排敲击成乐），一位背草筐者经过门前。（“蒉”，草筐；“荷蒉者”，即背筐的人，此人绝非等闲之辈）听出击磬者有心事，说：“心事很重嘛，这个击磬者！”继而又说：“你这硁硁之声很世俗嘛！不就是这个世界不理解你嘛，不就是自己那点小心思嘛，没人理解，自己理解自己不行吗？人生好比涉水，如果水深衣服就会湿透，如果水浅则撩起裤腿就能过去，一切冷暖自知啊。”孔子说：“话说得如此直白，我无话可说。”

这一章是真经，但很特别。它不再是那种“光明的”“带给人希望的”，它是

"灰色的"，或者是一种坦率的自嘲。这位荷蒉的隐士完全看透了孔子的哀怨，因为他也是这样的人，他对这种哀怨的腔调太熟悉了。这一章记录的是一个被人看透了的、在逆境中顾影自怜的孔子，这个孔子完全不是后世儒家口中的圣人。这就是说，"人不知而不愠""求仁而得仁"是孔子追求的境界，而不是他已经拥有的美德和财富。

不被他的时代理解，既是孔子其人必定遭逢的命运，也是他这种追求理想人格的歌德式的高洁之士无解的人生困局。突破这一困局的最好的道路就是去做一个创造者，所谓创造者就是着手去改变世界的人，而不是歌德和孔子这种"给这个世界提供一个最佳榜样"的高洁之士。当马克思写下"以往的哲学都是在解释世界，但问题在于改变世界"这个句子的时候，他渴望的就是去做一个创造者，这是任何快乐都无法与之相比的快乐，是任何成就都无法与之相比的成就。

这位荷蒉者完全就是孔子本人的一个分身，或者说是他的倒影。这是两人在这不被理解的人生低潮时刻的相遇，这其中的自嘲其实是互相的，并从中彼此鼓励。"深则厉，浅则揭"这句话里包含的那种冷暖自知，说的就是一种在黑夜中的互相拥抱。如果是我遇到这个人，一定会请他喝酒，并与之建立那种终生的友谊，这样的朋友哪怕一生中只有一个，就不能算孤独。孔子还是不缺朋友，他有蘧伯玉和颜回，他无法体会凡·高和尼采这两位完全孤绝于时代的人。

14.41 子张曰："书云：'高宗谅阴（liàng ān），三年不言。'何谓也？"子曰："何必高宗？古之人皆然。君薨（hōng），百官总己以听于冢（zhǒng）宰三年。"

子张曰："《尚书》有言：'高宗（殷高宗武丁）守丧，三年不言国政。'这话什么意思？"孔子说："何止殷高宗，古代之圣君皆是如此。国君驾崩，新君为其守丧，朝廷百官自我约束，听命于冢宰三年，此乃圣君之道。"

这章是伪经自不必多说，然而新君守丧三年不理朝政之说还是令我感到震惊，简直丧心病狂。这一章透露出王莽的改制，手法太不讲究了。

14.42 子曰："上好礼，则民易使也。"

孔子说："社会上层尤其是君王为国以礼，管理社会下层则完全不在话下，小菜一碟。"

这是伪经，之前就有，重出的意思是他们觉得，谬论说得多了就成了真理。

14.43 子路问君子。子曰："修己以敬。"曰："如斯而已乎？"曰："修己以安人。"曰："如斯而已乎？"曰："修己以安百姓。修己以安百姓，尧舜其犹病诸！"

子路问君子之道。孔子说："修己之身，然后把你从自修之中收获的美德展示出来。"子路觉得老师讲的境界太小，君子是那种管理与引导全天下的大人物，仅仅"修己"应该还是不够的，于是接着问："只做到这一点就够吗？"孔子说："修身，然后把你从这种修炼之中获得的美好的道德秩序展示给世人，这种榜样的力量可以带给周围人安慰和希望。"子路还是觉得老师没说到他关心的治国安邦之策，又问："只是做到这个就够吗？"这一回，孔子答曰："修己之身，并将你获得的美好的道德秩序推广到人间每一个角落（"修己以安百姓"）。我实话告诉你吧，修己以安百姓连尧舜都还没能做到呢！"

我没有严格按照原文直译，直译不足以表达这一章的全部用意。子路一直想问一种宏大的、作为一个君子的外部的行为方式，孔子的回答则严格地坚守"修己"二字，这两个字既是他作为歌德一样的高洁之士的最高信念，也是这种人的局限所在。

这一章是真经，这就是孔子所写的这一篇的最后一章。这一章很重要，不难看出，这就是《大学》提出的"修齐治平"，是从修己直到平步天下的儒家最核心理念的真正源头。但不论是儒家还是孔子本人，都始终坚守着"修己"，它与我在"荷蒉者"的 39 章所说的"去做一个创造者"之间有着本质性的差别。另一方面，"修己以敬"章也与"颜渊问仁"章的含义完全一致，孔子在那一章里说："一日克己复礼，天下归仁焉"。一旦充分称量了"做一个创造者"与上述两章之间的差异，才能真正理解孔子和后世儒家。只有深刻地理解了孔子的困局究竟何在，真正的出路和前所未见的前景才会展现在我们眼前。

我说这一章是真经，但有一个问题：我认为尧舜禹是王莽编造出来的虚假历史，孔子很可能对尧舜二人闻所未闻（参见本书最后的《我的大历史观》）。我推测孔子在此写下的原本是另外一个名字，“尧舜”二字是被造伪者替换上来的。

14.44 原壤夷俟（sì）。子曰：“幼而不孙（xùn）弟（tì），长而无述焉，老而不死，是为贼。”以杖叩其胫（jìng）。

“原壤”，孔子的发小。“夷”，“像蛮夷那样没礼貌，坐没坐相”。“俟”，“等待”。

原壤叉着腿坐着等孔子来，孔子看到原壤这副样子，曰：“你这小时候不乖，大了无所事事，老而不死的家伙，真是个祸害呀。”说着，用手杖敲原壤的小腿。

这是伪经。第一，它与本篇主题无关；其次，原壤这种放肆无礼之人几乎遍地都是，如果孔子是不被这个时代理解的人，他就不会像个苍蝇拍一样满世界乱拍。

14.45 阙党童子将命。或问之曰：“益者与？”子曰：“吾其居于位也，见其与先生并行也，非求益者也，欲速成者也。”

阙里是孔子故里，曲阜孔庙的所在地就是阙里。“童子”不是“小孩”，而是“年轻人”。“将命”指“有公务在身”。

孔子故乡有个年轻人很出名，有人就此问及孔子：“这是个追求上进的有志青年吗？”孔子说：“我只看到他与尊长者同列一席，这可不是追求上进，是急于求成者也。”

十四篇的最后两章用意都是维护社会等级秩序，都背离了本篇主题，都是伪经。我估计这两章伪经的源头是42章里的“修己以敬”，“修己之身，然后将其推广到社会上”这一层含义，被他们编造出这两个情境教学故事。有趣的是，这两个故事的情境都出自孔子故里，造假者大概觉得，这样编应该不会出什么漏洞吧？

删除了狗尾续貂的这两章，还有“修己以敬”之前的那两章,《孔子》原文那种简洁与力的美感可以很鲜明地显露出来。而且以“修己以敬”作为最后一章，这种语文的美感也很明显。我相信造伪者未必没读出这种语文之美，只不过他们肩负着意识形态任务，必须在《孔子》原文之间添加他们的货色。

第十五篇　卫灵公

这一篇的主题是：逆境中的君子。或以孔子的话说，“舍之则藏”。这一篇说如果遇到昏君，君子应当如何自保。

十四与十五两篇主题相同，只是一正一反。十四篇说的是承担和上场，十五篇说的是“退场的艺术”。

15.1　卫灵公问阵（zhèn）于孔子，孔子对曰：“俎豆之事，则尝闻之矣；军旅之事，未之学也。”明日遂行。

卫灵公问孔子军阵之法，孔子答曰：“祭祀方面的事情我还是懂一点的（“俎豆”都是祭器），军旅之事，从没学过。”第二天，离开卫国。“明日遂行”没说是否不辞而别，应该不会这么突兀，但传递的信息很明确：老子不干了。

其实卫灵公还是很喜欢孔子的。孔子当时就是文化名人，在卫灵公眼里，孔子就是个花瓶。蒋介石就很喜欢胡适和钱穆，1949 年变乱极大地损伤了蒋政权，他需要联络各方势力巩固权力，而文人是权力的最佳装饰品。再比如乾隆登基之初对文人礼贤下士，极善倾听，等到他权力超级稳定，就没必要这么谦恭了。事实上，只有乱世才需要文人，才会把他们捧为大师，一个强大的君王完全知道他将向何处去，是不会在乎文人是否拥护他的。

“卫灵公问阵”，说明卫灵公和孔子之间的蜜月期已过。卫灵公这是故意发问，有意怠慢。孔子当然立刻闻出了含义，不过孔子的失望和愤怒不是因为失宠，他一向远离君王，不像孟子一生梦想着有用于君王。“明日遂行”告诉卫灵公：既然卫国不是他实现理想的地方，那就走。没有悲愤，没有怨恨，但有一种蔑视与骄傲。他还告诉卫灵公：我可以是个花瓶，但不只是。

每次读到“明日遂行”，都让我感到一种悲愤的力量。它提醒我，你的路还很长，还有很多重要的产品还未完成！

从我们离开卫灵公的那一刻开始，我们的处境与出路一下子暴露无遗。我们主动放弃了俸禄、安稳、习惯和朋友，走向孤独，走向自我。谁明知苦难却勇于承担，这才是勇敢。

尼采说：“兄弟们，我们这种人是很骄傲的。我们敢于把自己的荣誉、健康和前程孤注一掷，是因为这个世界在向我们挑战，它想看看我们的勇气和决心究竟有多大。”

15.2 在陈绝粮，从者病，莫能兴。子路愠见曰：“君子亦有穷乎？”子曰：“君子固穷，小人穷斯滥矣。”

（这一章与上章原本是一章，为了方便讲解断为两章）

离开卫国后，孔子和他的弟子们在陈、蔡两国之间陷入困局，颠沛流离。不久，全体断粮，很多人生病，士气遭到重大打击。

子路难掩怨恨与沮丧，曰：“君子也有穷途末路时吗？”（这里的“君子”，意思是“像我们这样的上流人物”）孔子说：“君子于穷途末路之时依然持守自我，小人遇到穷途则无所不为。”

尼采说：“出身高贵的好处之一，是他可以忍受贫穷。”因为他看得见整体和全部，他的目光可以超越眼前一切可见的，看到肉眼所看不见的光芒。

15.3 子曰：“赐也！女以予为多学而识之者与？”对曰：“然，非与？”曰：“非也。予一以贯之。”

孔子说：“赐啊！你以为我是那种很好学，并且记住了学过的东西的那种人？”子贡对曰：“是啊，难道不是吗？”孔子说：“非也。我以一个东西把整个世界贯穿在一起了。”

这里是孔子说出“一以贯之”的本篇，4.15 那章伪经就是从这里抄的。

“一以贯之”：放弃各种各样有违于“一”的东西。“一”就是“唯一”。

我们就这样一路走，一路扔，变得越来越宁静和纯粹。就像一块煤，经过漫长岁月的熔炼、重压和净化，终于结晶成为钻石。

表面上看，这一章话锋一转，论及自我修养。其实，“明日遂行”就是“不合适就扔掉”，就是“一以贯之”的精要所在。

15.4 子曰：“由！知德者鲜矣。”

孔子说：“由啊！真正懂得德的人其实很少有呀。”

我认为是伪经。

15.5 子曰：“无为而治者，其舜也与？夫何为哉？恭己正南面而已矣。”

孔子说：“为君者无为而治的，舜算一个吧？他怎么做呢？无非就是恭敬庄严地面南端坐于王位而已。”

他们儒家颠三倒四地表达这同一个含义，就是君王你啥也别干，一切都交给我吧。

乾隆一生勤勤恳恳地扮演圣贤君王的角色，早起给母后请安，上朝听政，冬至去天坛郊祭，春天去先农坛耕种，一板一眼地完成儒家的规定动作，但就是牢牢把握着权力不放。他从朱元璋那里得到了教训，朱元璋与儒家官吏为敌，结果君臣之间闹得乌烟瘴气，乾隆玩弄儒家大臣，我让你无话可说。

15.6 子张问行。子曰：“言忠信，行笃敬，虽蛮貊（mò）之邦，行矣。言不忠信，行不笃敬，虽州里，行乎哉？立则见其参（shēn）于前也，在舆（yú）则见其倚于衡也，夫然后行。”子张书诸绅。

子张要去外地做官，临行前问孔子有什么教诲。孔子说：“言语要真诚朴素，行事要厚重恭敬，这样，即使在蛮夷之地也行得通。言语不忠信，行事不笃敬，就算是在本乡，又怎么能行得通？站立时，这句话就仿佛在面前映现；行车，就好像这句话刻在横木之上，这个样子就可以行走天下了。”子张把这些话写在腰带上。

子张问行于外，孔子答修于内。子张问达于外，孔子说关键是胜于内。他们儒家书呆子最喜欢这种讲话方式了。

这一章与十五篇主题脱节，是伪经。而所有最权威的注经家们都会说道：“子张书诸绅”就是孔子弟子有随身记笔记的好习惯，这就是他们后来编撰《论语》的证据呀！他们说这话时一点也不觉得牵强。

15.7 子曰：“直哉史鱼，邦有道，如矢；邦无道，如矢。君子哉蘧（qú）伯玉！邦有道，则仕；邦无道，则可卷而怀之。”

孔子说：“史鱼（名为“鱼”的史官）绝对堪称正直，邦有道，其言行就像箭一样正直；邦无道，其言行依然如箭一样直。君子哉蘧伯玉！邦有道，就入世为官；邦无道，就把自己这一套收起来，埋藏于内心。”

孔子认为蘧伯玉才是真君子，史鱼这副做派在父子关系体系中无异于找死。

15.8 子曰：“可与言而不与之言，失人；不可与言而与言，失言。知者不失人，亦不失言。”

孔子说：“应该对一个人说的话，如果没有说，就是失人（对不起这个人）；不应该对一个人说的话，却说了，叫作失言。智者既不失人，也不失言。”

对君王，包括对任何人，应当跟他说的话一定不要隐藏，这叫“忠”。但智者懂得闭嘴的艺术。如果对方已经不想听你说任何话了，这个时候说话就是失言。这一章是上一章的延续。

15.9 子曰：“志士仁人，无求生以害仁。有杀身以成仁。”

孔子说："志士仁人，甚至不会因为保全性命而辱没仁道。反倒会牺牲性命而成就仁道。"

孔子担心前两章他所倡导的"用之则行，舍之则藏"被误解为一种圆滑的处世之道，才有这番言论。

15.10 子贡问为仁。子曰："工欲善其事，必先利其器。居是邦也，事其大夫之贤者，友其士之仁者。"

子贡问怎样达至仁。孔子说："好工人懂得把工具做得十分精良，完全得心应手。我们也要做我们的工。具体而言，就是在一国之内，把更多的贤德之人挑选出来，广泛与之联合，形成一股强大的势力。"如果你找到了一个支持你的人，你的力量就会增加为两个人的力量。

这一章再次申明：仁绝不只是一种贤德的个人品质，它必须凝结成为一种社会性的能量。不然的话你将一事无成。

15.11 颜渊问为邦。子曰："行夏之时，乘殷之辂（lù），服周之冕，乐则韶舞。放郑声，远佞人。郑声淫，佞人殆。"

颜渊问怎样治国。孔子说："采用夏的历法，车子用殷的形制，周的冠冕礼服，国乐用《韶》。废除郑国音乐，驱逐佞人，郑乐滋生邪恶，佞人是重大的危险。"

这一章应该是王莽写的。

15.12 子曰："人无远虑，必有近忧。"

孔子说："如果没有长期的打算和计划，就一定会有眼前的苟且。"

这句话真正的含义是：君子是那种拥有一个一以贯之的唯一使命的人物，它始终牵引着他的人生不至于迷路，也永远不会走投无路。

15.13 子曰："已矣乎！吾未见好德如好色者也。"

孔子说："哎呀！我从来没有见像好色那样好德的人呀。"

15.14 子曰："臧文仲其窃位者与！知柳下惠之贤而不与立也。"

孔子说："臧文仲是个窃取官位的小偷吧！他明知柳下惠之贤德，却从不向国君举荐，生怕别人威胁到他。"

臧文仲是孔子在鲁国官场上的同僚，德高望重的大人物。孔子的高贵在于：只与这种实力相当的对手战斗，而不是无情鞭挞那些人神共愤的小人。有的人只挑落水狗去打，这很不高贵。

15.15 子曰："躬自厚而薄责于人，则远怨矣。"

孔子说："多追究自己的过失而少责备别人，就可以远离怨恨。"

十五篇从十五章以下，主题明显偏离，回到"道德箴言录"的套路上。我认为十五章以下大量都是伪经，孔子本人肯定也说过类似的话，但我确实无法从中挑出哪句出自孔子。这些章句放在十五篇里是不合适的，这是我判断它们多半是伪经的主要依据。

另外我发现，十五篇后半部被我称为伪经的章句中有好几个我真心赞扬的佳句。

15.16 子曰："不曰'如之何，如之何'者，吾末如之何也已矣。"

孔子说："做事情从来不说'怎么办，怎么办'的人，我对他也不知怎么办才好。"

我喜欢这一段。书呆子遇事喜欢谈义理，他们以为义理通顺了事情也会通顺。而行动者知道，所谓成功就是一个一个地解决他们遇到的难题。凡·高在人们的印象中就是个不停地画画的人，然而他说：

"一个画家工作的时间里真正画画的时间并不多，更多的时间他都是在'怎么办'的状态下度过的。"

所以，一个设计师把腿翘在桌子上，并声称他“正在工作”，很可能他并没有胡说。

15.17 子曰：“群居终日，言不及义，好行小慧，难矣哉！”

孔子说：“整天聚一块，言谈不及道义，就好卖弄个小聪明，这种人麻烦大了！”

我们是如何度过我们的逆境的呢？我们总能在身边看到一些烂人，我们用这些人的烂，陶冶我们的好性情。

15.18 子曰：“君子义以为质，礼以行之，孙以出之，信以成之。君子哉！”

孔子说：“君子以义作为根本，用礼加以推行，用谦逊的语言来表达，用忠诚的态度来完成，这就是君子了。”

我不喜欢这类话。（《论语》里面这一类话不少）我不喜欢它既不是他说的不对，也不是受不了道德的腔调。而是因为，我不相信美德和性情的养成是一门化学：把各种良好的材料按照比例化合而成。我是心理学家，我相信，美这种东西是无法用本章这种化学家的方式得到的。

15.19 子曰：“君子病无能焉，不病人之不己知也。”

孔子说：“君子真正担心的是自己没本事，不担心别人没理解，或者小看了自己。”

15.20 子曰：“君子疾没世而名不称焉。”

孔子说：“君子担心死后没有留下任何可以让这个世界记得他曾经活过东西。”

这句可能还是伪经，但讲得有点新意。

15.21 子曰："君子求诸己，小人求诸人。"

孔子说："君子要求自己，小人要求别人。"

15.22 子曰："君子矜而不争，群而不党。"

孔子说："君子之间自重自尊，不与人争，合群却不结党营私。"

这句是从"君子周而不比，小人比而不周"等几句真经临摹而来的。

15.23 子曰："君子不以言举人，不以人废言。"

孔子说："君子不因一个人话说得漂亮就举这个人，也不因为一个人不行就不听他说的话。"

我钦佩这一句里包含的很高级的智慧，对于组织行为学的极强的洞察力。这句可能还是伪经，因为放在这里很不对。我对这句伪经评价很高。

15.24 子贡问曰："有一言而可以终身行之者乎？"子曰："其恕乎！己所不欲，勿施于人。"

子贡问道："有没有一句话可以终身遵行？"孔子说："那就是恕吧！你不想要的，就别强加给别人。"

这是那个化名曾子的伪造者写的。

15.25 子曰："吾之于人也，谁毁谁誉？如有所誉者，其有所试矣。斯民也，三代之所以直道而行也。"

孔子说："我看一个人，怎么评判其好坏呢？如果我赞誉某人，是因为此人做出了实实在在的绩效。其实夏商周三代的贤王们都是这样做的，所以这三代美德可以直道而行。"

这一章文法笨拙，又提及三代，所以是伪经。

15.26 子曰：“吾犹及史之阙文也，有马者借人乘之，今亡矣夫。”

《论语》里大概有两三处错简，这是其中之一。造假者故意在《论语》文本里放几个错简是很高明的。错简可以制造一种错觉，让我们觉得这个文本应该出自一个古本。不然怎么会有错简。

15.27 子曰：“巧言乱德。小不忍则乱大谋。”

孔子说：“花言巧语会败坏德行。小事不忍，可能败坏大事。”

这是伪经。“巧言乱德”是从“巧言令色，鲜矣仁”变过来的。“小不忍”则因其流传甚广而危害不小，它与中国人的实用主义本性真是很配。

15.28 子曰：“众恶之，必察焉；众好之，必察焉。”

孔子说：“整个舆论一边倒地厌恶一个人，一个现象，必须要审查一下；整个舆论和全体都说一个人好，必须要审查！”

很多人都具有这样的智慧，但其中只有少数具有这样的勇气。决定人是否拥有这一美德的因素主要是勇气，而非智慧。

15.29 子曰：“人能弘道，非道弘人。”

孔子说：“你可以弘扬天道，使之彰显于你的时代，而不是用真理帮你出名。”

15.30 子曰：“过而不改，是谓过矣。”

孔子说：“知道自己的过失却不去改正，这才是真正的过失。”

这句很棒。它颠覆了“不贰过”。

15.31 子曰：“吾尝终日不食，终夜不寝，以思，无益，不如学也。”

孔子说：“我曾经一天不吃不睡，彻夜思考一件事，这么做的结果往往没有任何结果，真不如把这些所谓“思考”的时间用来学某个具体的东西。”

我喜欢说这句话的人的那份热心肠，连这种小事他也说。

15.32 子曰：“君子谋道不谋食。耕也，馁（něi）在其中矣；学也，禄在其中矣。君子忧道不忧贫。”

孔子说：“君子只谋求怎样得道，不求如何得食。种田的人，还是可能没饭吃，可是读书人好好读书，饭就在书里（得到俸禄）。这就是为什么君子只担心是否得道，并不思虑没钱买米。”

这是伪经。不过话说得极为坦白，谈及自己的私利，一点儿也不掖着藏着。是不是凡成大业者都需要这么点坦荡？读保罗书信，让我吃惊不小的是他向下属教会征缴税款的段落，保罗向他的教会兄弟们要钱的时候，声音洪亮，义正词严。

在《论语》里这句话并不抢眼，但有两句广泛流传的通俗真理和这一句其实是一回事。一句是“书中自有颜如玉，书中自有黄金屋”，第二句是“万般皆下品，唯有读书高”。大众以他们的眼光看待读书人在人间的权利，他们怎能理解：“君子谋道不谋食”，“忧道不忧贫”，说的就是别把眼睛盯着眼前可见的东西，要看见那眼看不见的。这两者的差异大概就是理想和现实之间最难跨越的那段距离吧。

15.33 子曰：“知及之，仁不能守之；虽得之，必失之；知及之，仁能守之，不庄以莅（lì）之，则民不敬。知及之，仁能守之，庄以莅（lì）之，动之不以礼，未善也。”

孔子说："如果弘道是我们最庄严，最重要的使命，我们究竟应该怎么做呢？"如果是以智慧发现和认识到它，却没能以仁德持守它，即使得到，也必失去；

"如果以智慧获得了，又以仁德持守住了，可是没有以庄严敬畏的样子操持它，则百姓不敬，不会觉得这有什么了不起；

"如果以智慧获得了，又能以仁德持守之，并且用庄重的神态应对它，但没有以礼乐将其做成一种文化和文明，就不够完善。"

15.34 子曰："君子不可小知而可大受也，小人不可大受而可小知也。"

孔子说："君子并不能以一件小事就可以测试出来，却完全可以承受一件极重无比的使命；小人的情况正好相反，大事情他们肯定不能承担，却完全可以通过一件小事，了解此人的全部底细。"

这段话包含着对无知却自以为是的君王的蔑视和讽刺。管理者用一件小事测试一个君子，却把一项重大使命赋予一个小人，这种情况随处可见。

这一章鼓励君子应勇于承担重大使命。

15.35 子曰："民之于仁也，甚于水火，水火，吾见蹈而死者矣，未见蹈仁而死者也。"

孔子说："人们为何对于仁，就好像对于水火一样唯恐避之不及，水与火，我见过掉进去死掉的，却从未见过掉在仁里面死掉的。"

这段话主要是用于自娱自乐的。仁者怎么可能不明白：与愚昧做斗争，天神也会觉得无力。

15.36 子曰："当仁，不让于师。"

孔子说："面对仁，不用顾忌老师，当说则说。"

15.37 子曰："君子贞而不谅。"

孔子说："君子固守正道，而不拘泥于小信。"（"贞"就是正道、正直。"谅"是小人和匹夫的信义）

15.38 子曰："事君，敬其事而后其食。"

孔子说："为君王做事，首先把事业放在核心位置，然后才谈俸禄问题。"

15.39 子曰："有教无类。"

孔子说："人人都可以接受教育，不分阶级、出身。"

孔子行教，打破了以出身划分阶级的古代社会等级制，这在春秋时期是极具先锋性的。试想，孔子的这一理想的真正实现，是隋文帝开科举。从此中国第一次以读儒家经书为社会中上层的选拔和重组的方式。

15.40 子曰："道不同，不相为谋。"

孔子说："道不同，就别一起做事。"

为什么我们总是在事后，而不是在事先想起这句话？因为事实上我们根本就不敢事先清点谁是我们的同志。比如谁是孔子的同志？应该有颜回、仲弓、蘧伯玉、柳下惠，但孔子从未跟这些人中的一个共事，他一生都在卫灵公，鲁哀公、季康子、齐景公、季桓子这些烂人之间打转。

我发现这句话其实是文人遇到挫折和侮辱之时找回自尊的一贴膏药。

耶稣的大弟子彼得在耶稣被抓、受辱、钉十字架的过程中三次否认他就是耶稣的同党。可是耶稣复活之后，对这个彼得说："彼得，你去放牧我的羊，掌管我在地上的教会，我把这钥匙交给你了。"耶稣不说"彼得，你我说到底道不同"。他非常清醒地知道，革命事业只好交给彼得这种人。

15.41 子曰："辞达而已矣。"

孔子说："写作以清晰准确地传达为好。"

朱熹注："辞以达意而止，不以富丽为工。"写作，达意则可止，不必追求富丽的语文技巧。朱注准确地表达了子曰的含义，只有一个毛病，就是太漂亮了。而这正好违背孔子的本意，也就是真诚坦率。叔本华说："我们哲学家们必须十分坦率真诚，才能不以诗意和文学的辅助手段赢得说服人心的效果。"

这样的人往往具备第一流的语文功力，正如孔子和尼采的写作，与平实的叙述中表达激动人心的信息，令人耳目一新。这就是我赞赏的写作。

保罗祈求神赐予他更好的口才，好把福音的道理传遍天下。我们是靠文字这种媒介工作和战斗的，就像画家是靠线条和色彩、舞者是靠足尖和手臂去表达和战斗一样，我们必须精于训练这项技能，吸纳和学习各种技巧，然后才能真的舍弃这些技巧，让读者以为我们没有使用任何技巧。

我们必须成为语文学家！写作的时候我们苦思冥想，在林荫道上反复谋划和修改每一处细节，一会儿担心开头不够精彩、缺少一部好作品的吸引力，一会儿又想到过于直白会让读者觉得乏味，当我们慷慨陈词的时候，有一只眼睛始终盯着读者的反应，我们担心他们跟不上我们的激情，所以在一路上安排了各种小惊喜和小猜想，直到最后把他们拉到我们的主题面前，好让他感受这主题被塑造得如此神采奕奕、高贵优雅……我们几乎只能依靠词语完成这些事情。画出《拾穗者》的那个米勒说：

"其实真正作画的人是观众。画家不过是用了各种花招把观众拉进绘画的创作之中。"没错，绘画的重点就在于那些"花招"。

15.42 "师冕见，及阶，子曰："阶也。"及席，子曰："席也。"皆坐，子告之曰："某在斯，某在斯。"师冕出，子张问曰："与师言之道与？"子曰："然，固相师之道也。"

盲人乐师冕来见孔子，走近阶，孔子说："这是台阶了。"走近坐席，孔子说："这是坐席了。"待大家坐定，孔子告诉他："某某在这边，某某在那边。"师冕离开后子张问："跟师冕说的这些话，也是道吗？"孔子说："对呀，这便是扶助瞽者之道呀！"

钱穆认为这一章含义不清。他说《论语》编辑常常把无从归类的章句放在篇末，比如这一章和下一篇最后"邦君之妻如何称呼"那一章。他说错了，他既没弄懂这一章，更不懂《孔子》编辑学。孔子告诉师冕的东西，是一场聚会中的人伦社会关系：君王坐在哪里，卿大夫坐在哪里，孔子讲的就是那幅北辰与众星的社会关系图。有眼睛的人也未必看得见。

匪兕匪虎，率彼旷野

《史记·孔子世家》记载了孔子一行在陈绝粮时的一个故事，而《论语》里没有这个故事。我们先讲故事。原文见《史记·孔子世家》。

在陈绝粮时，从者病倒一片，然而孔子依然日日弹琴歌唱。孔子见子路很焦虑，便叫他来，问："《诗经》里有句诗：'匪兕匪虎，率彼旷野'，（兕，犀牛。'匪兕匪虎'是说我们这些人不是犀牛也不是老虎，却像老虎犀牛一样漂泊在旷野）——子路你说说，这两句诗说的是不是我们今日的境遇？我们落得今天这般田地，问题出在哪儿？"

子路说："想必是我们的仁德修炼得还不够吧，还不能令世人信服；或者是我们的智慧还不够，无法让这个世界认识到我们的价值。"

孔子说："伯夷叔齐算是仁者吧，可是他们的仁德让这个世界信服了吗？还有，智者就可以说服别人吗，比干算是智者吧，他为什么就没能说服纣王呢？"

这句话里包含的就是"人能弘道，非道弘人"一章之中的战斗性。孔子教育子路，你当去战斗，除了战利品，你不应该把任何东西视为你的财富。这个世界的根本法则是一种力的较量，而不是美德和智力的比拼，除非你明确地意识到，美德和智力也是力的一种表现形态。很多聪明人，以为可以凭着智慧掌握这个世界运行的密码，从而轻松地获得财富，更高级的人相信，如果你强大到可以改造世界，就用不着去预测世界了。

子路出，子贡入。孔子问：“匪兕匪虎，率彼旷野，何谓也？”

子贡说：“夫子之道极为高远，我是非常非常喜欢的，可是这个世界太烂了，与之相比我们的理想纯洁而高尚，显得不合时宜。所以，我们为何不降低一点理想的高度，首先融入这个世界，在此立身，然后再逐步推行我们的理想不好吗？”兄弟，子贡这段话我们听着熟悉吧？

孔子说：“赐呀！农民可以播种，也可以耕耘，但是结出什么样的果实是种子决定的。工匠可以制造一个美轮美奂的产品，但并不意味着好东西就一定大卖。赐呀，不被这个世界接纳你就动摇了，我只好说仁道只是你的人生的装点，而非那个召唤你去为之服务的使命。”

保罗说：“如果我们追求的是这个世界的认可，那么何必要传基督的福音，我们继续传摩西的割礼不就好了吗？如果基督的福音里没有那些令这个时代厌恶的东西，还要我们这些传道者做什么？”雪中送炭的事谁不会做呢？

子贡出，颜回入。孔子问：“匪兕匪虎，率彼旷野，何谓也？”

颜回曰：“夫子之道至为高远，所以为天下所不容。可是不被天下所容，不正是我们这种人的命运吗？我们真正的心病是仁道没有被我们彰显出来。至于是否为天下所容，不是我们的问题呀。不容有什么，不容然后见君子！”

孔子欣然笑曰：“颜家小子呀！你的主要麻烦就是没钱，愿上天使你发一笔莫名其妙的财，然后我到你家给你当家宰吧！”

我很喜欢这个“匪兕匪虎”的故事，而且认为这就是《孔子》文本里的一章，如若果真如此，这一章应该就是卫灵公篇的最后一章。

然而定本《论语》将其拿下，我怀疑其原因可能是这样的：这个故事里表达出来的积极态度，与“如果天欲行文王之道，公伯寮怎能违逆天意？”“天生德于予，桓魋能把我怎样”章句中那个相信天道会自动发挥作用的孔子有出入。

第十六篇　季氏

十六篇是《论语》全书唯一的一篇没有主题的“语录体”，章句之间也无关联。这一篇，第一章“季氏将伐颛臾”和最后两章出自孔子，其余全是伪经。这一篇是“《论语》正典化”工程的材料仓库，所有那些不知道放哪儿合适的章句都堆放在这里。

其实在《孔子》里，十四、十五、十七、十八四篇原本主题连贯，造假者在这四篇的正中间加进来这个十六篇，好让《论语》全书正好是二十篇。造假者还考虑过把这一篇放在今本十四篇之前，或十八篇之后，但都觉得唐突，结果就加在这四篇正中间的位置上了。

注经家们发现，这一篇满篇的“孔子曰”，而非“子曰”，可能有伪。但他们的各种猜测全部的依据仅限于文本，这一点和我太不一样了。

16.1 季氏将伐颛臾。冉有、季路见于孔子曰：“季氏将有事于颛臾。”孔子曰：“求！无乃尔是过与？夫颛臾，昔者先王以为东蒙主，且在城邦之中矣，是社稷之臣也，何以伐为？”冉有曰：“夫子欲之，吾二臣者皆不欲也。”孔子曰：“求！周任有言曰：‘陈力就列，不能者止。’危而不持，颠而不扶，则将焉用彼相矣？且尔言过矣，虎兕出于柙，龟玉毁于椟中，是谁之过与？”冉有曰：“今夫颛臾，固而近于费，今不取，后世必为子孙忧。”孔子曰：“求！君子疾夫舍曰欲之而必为之辞。丘也闻有国有家者，不患寡而患不均，不患贫而患不安。盖均无贫，和无寡，安无倾。夫如是，故远人不服，则修文德以来之。既来之，则安之。今由与求也，

相夫子，远人不服而不能来也，邦分崩离析而不能守也，而谋动干戈于邦内。吾恐季孙之忧，不在颛臾，而在萧墙之内也。”

季康子欲将吞并颛臾。颛臾是鲁国境内向鲁君朝贡的附属小国，位置靠近季氏封邑费。季氏伐颛臾，意在消除隐患，扩张实力。

冉求、子路是季氏的家臣，二人回来见孔子说：“季氏将吞并颛臾。”孔子说：“冉求，这里恐怕有你的过失吧？颛臾是当年周天子册封于东蒙的封国，而且其封地就在鲁国国境之内，又是向鲁君朝贡参加年度祭祀大典的侯国，为何要伐？”

冉有说：“季氏非要吞并，不是我俩的意思。”孔子说：“求，周任（前朝一位良史）说过一句话：担得住一个职位的职责就可以就任，如果担不住，就别干。可是你俩，你们的君主陷于危困而不能出手相助，眼看他就要摔倒也不伸手扶住，要你做臣相又有何用？而且，你说这里没有你的责任，这话彻底说错了：老虎和犀牛从围栏里跑出来了，龟甲和美玉无人打理毁于木匣之中，是谁的过失？”

冉有说：“可是这个颛臾，城墙很是坚固，距离费又太近，如今不取，将来也是季氏集团的隐患。”孔子说：“求，君子耻于不说自己欲之，却说客观环境逼迫我不得不取之类的话。我听闻治国之道，不患寡患不均，不患贫患不安。因为均则无贫，和则无寡（缺少），安则江山社稷不会倾覆。做到了这一点，对于远方不顺服的部族，修文德以吸引他们投奔文明。如果他们来了，则好好安置。可是由与求你们俩，远不能安服外族，近则邦国分崩离析而不能挽救，却谋划动干戈于邦内之国。我猜测季氏之忧，并非颛臾，是其自家萧墙之内的矛盾吧。”

孔子慷慨陈词，文字激昂。我尤其喜欢周任有言曰：“担得住那个责任就干，担不住趁早别干。”冉求则一退再退：“臣妾做不到啊。”曰：“做不到就不要做臣妾。”

孔子的立场既不是维护哀公，也不是弱者颛臾，更不是季氏，而是坚守一个执事的本职。如果仁道就是天道在人类社会组织中的反映，一个执事的职责就是坚守仁道。听闻季氏将伐颛臾，孔子不是怒斥季氏，而是告诉两位弟子：你们失职了！你们是季氏的家臣，但你们更是你们的阶级所代表的崇高使命的执事。如果你们甘心自贬为季氏的附庸，你们在内心深处就只是一个奴隶，何必奢谈君子？

“萧墙”：指的是季氏集团内部各派势力的结构性矛盾。季氏无力弥合内部矛盾，以对外征伐把内部矛盾用外部行动化解掉。这是君权式微必然产生的矛盾，也是其最常见的解决方法。比个例子，日本军国主义的根源是因为天皇长期是个傀儡，幕府与萨长两藩强势均衡局面一旦失衡，最好的方式就是对外去抢，而不是以内部革命完成社会重组。这和鲁国的三桓问题如出一辙。

伪造者在孔子的话之中插入了一段他们想说的：

“丘也闻有国有家者，不患寡而患不均，不患贫而患不安。盖均无贫，和无寡，安无倾。夫如是，故远人不服，则修文德以来之。既来之，则安之。”

这和孔子之前的话题不一样。而且，假如孔子的治国理念就是均贫富，这么重要的思想为什么不单独设一章谈？为什么《论语》别处再无一章谈及均贫富？

“均贫富”就是做了皇帝的王莽忘记了自己的出身，反过来要打击贵族阶级，所以这只能是一句口号。有关儒家的政治经济学，这里不做展开。

再看“修文德以服远人”。宋朝在军事上弱于北方游牧民族，于是他们和辽国签订“澶渊之盟”。辽国本来的意图是用贸易换取他们的游牧产业不生产的物资，比如铁器、工具、纺织品等等，但宋朝想出了一个绝妙的主意，他们向北方大老粗输出文化，比如宋词、玉器、陶瓷和茶叶。尤其是茶叶，因为喝茶是一种高文化附加值的事情，茶碗和文人生活方式被一起输出过去。这就是“修文德以服远人”。今天中国被LV、古奇、星巴克的专卖店开得满地都是，这同样是高端文化在向低端文化收取巨额的文化税。

16.2 孔子曰：“天下有道，则礼乐征伐自天子出；天下无道，则礼乐征伐自诸侯出。自诸侯出，盖十世希不失矣；自大夫出，五世希不失矣；陪臣执国命，三世希不失矣。天下有道，则政不在大夫。天下有道，则庶人不议。”

孔子说：“天下有道，则礼乐征伐均出自天子。天下无道，礼乐征伐就可能出自诸侯了。礼乐征伐出自诸侯的，或许还能遵守天道，但最多十世，天道基本上丧失殆尽。若是出自大夫，最多也就五世吧。出自家臣，少有超过三世而不丧的。天下有道，国政不会落到大夫手里，天下有道，则平民不议论政治。”

王莽以大姓贵族的身份篡位，登基之后想要把贵族世家的权力（礼乐征伐颁布与决定的权力）收归皇帝，于是出此一章。

“天下有道，则庶人不议”：就是“莫谈国事”。

16.3 孔子曰：“禄之去公室五世矣，政逮于大夫四世矣，故夫三桓之子孙微矣。”

孔子说：“鲁君失去政权已经有五代了，政权落在大夫之手已经四代了，所以三桓的子孙也衰微了。”

这一章的目的是削藩。做皇帝的王莽反过身来要清算他出身的阶级。我认为这是王莽迅速灭亡的真正原因。王莽经济改革失败，导致民不聊生，最后亡于赤眉军的说法，与秦以苛政导致民变而灭亡的说法是同一伙人编造的。亡秦的真正力量是贵族，亡王莽的也是这伙人。

16.4 孔子曰：“益者三友，损者三友：友直，友谅，友多闻，益矣；友便辟，友善柔，友便佞，损矣。”

孔子说：“三种朋友有益，三种朋友有害：跟正直、诚信、见多识广的人交朋友，有益；跟谄媚、虚伪、花言巧语的人交朋友，有害。”

从这里一直到 11 章，内容都是文人阶级的行为准则，也就是三要三不要之类的道德教条。

16.5 孔子曰：“益者三乐，损者三乐：乐节礼乐，乐道人之善，乐多贤友，益矣；乐骄乐，乐佚游，乐晏乐，损矣。”

孔子说：“三种喜好有益，三种喜好有害：喜欢用礼乐节制自己的行为，喜欢谈别人的优点，喜欢多交好朋友，有益；喜欢纵情欲乐，喜欢闲游闲逛，喜欢酒桌上的欢乐，有害。”

16.6 孔子曰："侍于君子有三愆：言未及之而言谓之躁，言及之而不言谓之隐，未见颜色而言谓之瞽。"

孔子说："侍于君子之侧容易犯以下三种过失：没轮到他说就抢话的叫躁；该他说的却不说叫隐；不管别人的反应一味沿着自己的思路说叫没眼色。"

这一句很坏，可以成功地扼杀一个青年。

16.7 孔子曰："君子有三戒：少之时，血气未定，戒之在色；及其壮也，血气方刚，戒之在斗；及其老也，血气既衰，戒之在得。"

孔子说："君子需要谨守三戒：少年之时，血气未定，重点是戒色；及至壮年，血气方刚，重点在戒斗；及其老也，血气衰微，要戒贪婪。"

什么是"戒"？如果你做不到，又渴望做到，或知道自己必须做到且如果做不到后果很严重，就需要一个来自外部的强制性力量，也就是戒命。如果你强大而且柔韧如孔子那样，就可以运用自我的力量驯服你的本我，就没必要用一条戒命束缚自己了。尼采说："不能听命于自己的人就必须听命于别人。"

最糟糕的人既不能听命于自我，又反抗加在他头上的枷锁，这就是奴隶的心态。猪八戒头上有八条戒，其实这八条戒命是他灵魂里最好的部分。

16.8 孔子曰："君子有三畏：畏天命，畏大人，畏圣人之言。小人不知天命而不畏也，狎大人，侮圣人之言。"

孔子说："君子有三件敬畏的事情：敬畏天命，敬畏有地位的人，敬畏圣人之言。小人不懂天命，所以不敬畏，不敬重有地位的人，亵渎圣人之言。"

这话是对猪八戒这种人说的。精神的飞翔者不受这些小戒命的束缚。

16.9 孔子曰："生而知之者，上也；学而知之者，次也；困而学之，又其次也；困而不学，民斯为下矣。"

孔子说："有的人天生就好学，这是人中极品；后天勤奋好学的，在自我修行这件事上，次一等；在困境中发奋而学的，又次一等；境遇困苦，依然不学的，就是下等人了。"

这一章表面上是在劝学，其实是要把人划分成三六九等。这个世界是按照人性的高贵程度划分出阶层的，每个人的阶级地位其实是由他的学习力决定的。这是精英阶级的坦白。这个观点根深蒂固，而且今天也很流行。

我要奉劝精英们好好听听耶稣登山宝训说的话：

"那些知识精英、政治精英、经济精英们，你们有祸了！那些被所有人瞧不起的社会渣滓们，你们有福了！神的天国就是烂人的天国，我实话告诉你吧，骆驼穿过针眼这么困难的事，也比精英进入天堂更容易呢！"这话惊世骇俗！

16.10 孔子曰："君子有九思：视思明，听思聪，色思温，貌思恭，言思忠，事思敬，疑思问，忿思难，见得思义。"

孔子说："君子自我审视九件事：观察，是不是看明白了；倾听，是不是听清楚了；脸色，是不是和蔼；体态，是不是恭顺；说话，是不是诚实；办事，是不是靠谱；有疑问，是否不耻下问；发脾气，考虑有什么后患；有机会，该不该拿。"

16.11 子曰："见善如不及，见不善如探汤，吾见其人矣，吾闻其语矣。隐居以求其志，行义以达其道，吾闻其语矣，未见其人也。"

孔子说："因自己见到美德却还没有拥有而焦虑，怕自己沾染恶性所以避之唯恐不及，我见到过这样的人，也听过这样的话。隐居以磨炼意志，出仕而行义于天下，我听过这样的话，没见过这样的人。"

前者是个人修养，后者是行仁义于天下。后者意义更重大，所以对后者评价更高。然而我以为凡·高或者乔布斯这样的人都曾"隐居以求其志，行义以达其道"，吾闻其语矣，也见到其人也。

16.12 齐景公有马千驷，死之日，民无德而称焉。伯夷叔齐饿死于首阳之下，民到于今称之。其斯之谓与?

齐景公生前拥有马车千乘，然而其死后没有留下任何值得人们怀念的东西。伯夷、叔齐一贫如洗，最后饿死在首阳山下，人们至今还在称颂他们。这说明了什么呢?

按照儒家经典的唯一说法，伯夷、叔齐是商末的一个小国孤竹国国君的长子和三子，孤竹君有意将王位传给长子伯夷，伯夷一听，坚决不肯，跑了；于是又想传给叔齐，叔齐一听也跑了。他们跑来投奔周文王，可惜文王已死。武王即位，将伐商纣，二人拦住武王的战马说别去，你爸刚死你不在家守丧是不道义的。武王不从。二人随以周为耻，不食周粟，饿死。这个故事的前半部又是一个吴太伯禅让的情节，后半部想说的是“非攻”（和平）。汉儒伪造历史粗暴而且大胆，提炼出中心思想就不难理解其用意了。

《史记·伯夷列传》里司马迁写道：“伯夷叔齐虽贤，得夫子而名益彰（因为有了孔子对二人事迹的记述才有了后世之名）；颜渊虽笃学，附骥尾而行益显（拽着千里马的尾巴，其才华才被彰显）。”说白了，《伯夷列传》的作者从未在皇家档案馆（天禄阁）里看到过有关伯夷叔齐的任何史料，他是根据孔子的几段谈话编造出来的。

16.13 陈亢问于伯鱼曰：“子亦有异闻乎？”对曰：“未也。尝独立，鲤趋而过庭，曰：学诗乎？对曰：未也。‘不学诗，无以言。’鲤退而学诗。他日又独立，鲤趋而过庭。曰：学礼乎？对曰：未也。‘不学礼，无以立。’鲤退而学礼。闻斯二者。”陈亢退而喜曰：“问一得三。闻诗，闻礼，又闻君子之远其子也。”

陈亢（就是1.10章里跟子贡谈论孔子其人的那个陈子禽）问孔子的儿子伯鱼（名孔鲤）：“夫子有没有告诉你一些有异于他告诉我们的真经？”伯鱼曰：“应该没有吧。有一次，他站在院子里，我从庭院走过，他问我：学《诗》了吗？我回答说：没有。他说：不学诗，就不懂怎么说话。于是我开始学《诗》。又有一次他站在院子里，我从院子里走过，他说：学礼了吗？我说：没有。他说：不学礼就不懂得怎样立身。于是我回去学礼。一共就这两次。”

陈亢回去后兴奋地说：“我问了一个问题，得到三个收获：一是要学诗，二是要学礼，三是君子远离他的儿子。”

“君子远离他的儿子”：正如北辰与众星彼此保持着距离。

16.14 **邦君之妻，君称之曰夫人，夫人自称曰小童，邦人称之曰君夫人，称诸异邦曰寡小君，异邦人称之亦曰君夫人。**

国君之妻，国君称她曰“夫人”，她自称曰“小童”，国人称她“君夫人”，外邦人可以称她曰“寡小君”，也可以称作“君夫人”。

这也是无人读懂的一章，不知所云。其实称呼的实质就是社会伦理关系，或者说每个人在社会关系中的角色和地位。这一章的用意就是建立一种社会秩序。

第十七篇　阳货

这一篇的主题是：入世还是不入？这是困扰孔子一生的死结。

入世必然遭遇各种烂人，不入又何必奢谈使命。这一篇里，孔子袒露心扉，向我们讲述了他真实的人生处境：你自认为从天庭盗取了美好的火种，并把它传播给众人。然而你到城里和村庄走一圈试试，没人想要你的火种。在他们眼中，你和他们一样是个为了满足自己的欲望而努力奋斗者，他们说他们早就把你看透了。

我之所以说3.24“仪封人请见”是伪经，就是因为没人让你当代替天道发声的木铎，这个角色是你自封的。十七篇的孔子是纠结的，他必须入世，此外他无处可去，但他又有太强的洁癖，实质无法与人共饮一池脏水。

基督教的洗礼和圣餐礼都是集体礼，基督教寻求在人间化身为教会；孔子的礼乐说到底还是一种个人礼，一种极少数精英分子的进阶修行，这其中的差异是深刻的。“一日克己复礼，天下归仁焉”是一种通过个人修行拯救世界的计划，是个注定失败的计划。

17.1　阳货欲见孔子，孔子不见，归孔子豚。孔子时其亡也，而往拜之，遇诸涂。谓孔子曰：“来！予与尔言。”曰：“怀其宝而迷其邦，可谓仁乎？曰：不可。好从事而亟失时，可谓知乎？曰：不可。日月逝矣，岁不我与。”孔子曰：“诺，吾将仕矣。”

阳货是季氏集团的家臣，阳货欲见孔子是想拉孔子入季氏集团，孔子鄙视这个集团，一直躲着不见。阳货去孔子家里拜访，留下一只乳猪作为礼物。按照礼节，孔子应该回拜送礼者。于是孔子故意在阳货不在家时去拜访，结果在路上一头撞上阳货。阳货曰："来，我有话要跟你说。一个人怀揣着各种美德和才能，却始终游荡不肯有用于国家，这能算仁吗？我只能说不算。一个人一直声称学以致用，机遇来临却一再错失，这能算智吗？我只好说不算。时光一天天飞逝，岁月不等人啊，老兄。"

孔子说："你说得是，我将入仕为官。"

阳货的三句话，句句点中孔子的命门。"怀其宝而迷其邦；好从事而亟失时；日月逝矣，岁不我与。"这些话如芒刺在背，令孔子感到羞愧。

你是个音乐家吗？或者是个教育家？再或者你想做个思想家？你将满足于哪一个称号呢？这些称号不过是些角色和面具，你打算继续躲在面具背后，逃避真正的使命和责任吗？迄今为止，这些面具给你带来许多荣誉，这是否让你已经忘记了曾经的誓言。未完成的誓言如同一直没有愈合的伤口隐隐作痛。

古希腊有个舞者跟人说："哥可是曾经在罗陀斯舞蹈比赛拿到金奖的人哟。"那人曰："这就是罗陀斯，就在这里跳舞吧！这里有玫瑰花，就在这里跳舞！"

孔子总是在关键时刻躲闪，逃避行动。他缺少那"关键性的一跳"跃入池中，体验行动者的快感。因为"乘桴浮于海"，其实更难受，不是吗？

17.2 子曰："性相近也，习相远也。"

孔子说："若论本质与天赋，人与人本无多少差别，只因后天修习与操练的东西不同，人与人之间的差别渐行渐远，乃至天差地别。"让我告诉你咱俩差距为什么这么大吧，不是性格、天赋、血型、门第，乃是因为家庭、职业、操练的东西不一样，一点一点地塑造出你我思想和做派的差异，以至于彼此都认不出对方了。

有一种童年创伤心理学当下很流行，这种心理学热衷于在一个人的童年经历之中寻找创伤，并认为这就是造成此人一生不幸或者幸福的原始根源。而且，按照弗洛伊德的说法，一个人的性格在 5 岁之前就全部发育完成，随后的人生不过是这副性格发挥作用的过程。这是不行动和拒绝改变的多么好听的借口，尤其是它出自弗洛伊德之口。

孔子对此的劝告很委婉，他知道无力改变这种人。这甚至是一句表面上不带脏字的骂人话。我们就是培养我们性格的园丁，我们每天来修剪、抑制某些发育、鼓励另一些发育、细心呵护某些我们认为可爱的天性，并让它更易于让人看见。

17.3 子曰："唯上智（知）与下愚不移。"

孔子说："唯有最顶尖的智者与最底层的愚民这两种人，是坚定不移和不可改变的。"

这句话包含着三种人：上智，下愚，以及处于两者之间的大多数。请问你是哪一层？

这句话提供了一个坐标，人的处境当然在中间，却有滑向两端的可能。上智之坚定不移是"成为神"的美好诱惑，因为成为神，就能摆脱属于人的一切烦恼；下愚之不移是我们的消遣，正如柏拉图所说："和愚昧做斗争，天神也觉得无力呀"。

17.4 子之武城，闻弦歌之声。夫子莞尔而笑，曰："割鸡焉用牛刀？"子游对曰："昔者偃也闻诸夫子曰：'君子学道则爱人，小人学道则易使也。'"子曰："二三子！偃之言是也。前言戏之耳。"

子游在武城为相，孔子与众弟子来玩，忽闻弦歌之声。子游竟然在武城这么个小地方摆弄礼乐。孔子讥笑子游到："杀鸡需要牛刀吗？"子游答曰："我曾听先生说过：'君子学道就会懂得爱的真谛，小人学道也会懂得服从'。"孔子说："弟子们！偃（子游名偃）说得没错，我刚才说的是句玩笑话。"

煞有介事地操办一次聚会、一场演出、一个庆典，这既是做人的乐趣，也是做事的大道理。因为这正是我们远大胸怀的表达方式。孔子是职业祭司，他当然懂得举办一场又一场的祭祀、会饮、演讲和庆典的意义。

17.5 公山弗扰以费畔，召，子欲往。子路不悦，曰："末之也已，何必公山氏之之也。"子曰："夫召我者，而岂徒哉？如有用我者，吾其为东周乎？"

公山弗扰在季氏的封邑费（真是个多事之地）做宰相，结果公山氏据此宣布独立。然后向孔子发出邀请，请孔子来费治理国政。孔子心动了。

子路听闻孔子意欲前往很不爽，曰："就没地方可去了吗，干嘛投奔公山氏这种烂货。"孔子说："有人召我这是个机会啊，如果命运给我机会，我是一定有所作为的。实话告诉你吧，如果给我一个机会，我将在这个地方再现第二个文王的西周。"

这是伪经。第一，孔子贵为鲁国的司寇（公安部部长），公山氏在费宣布独立，相当于鲁国国内叛乱，完全名不正言不顺。如果这种聘书都接，他又为何不接受卫灵公之孙那次更合乎"正名"的邀请？

第二，造伪者总是利用《孔子》文本中已有的细节编故事。十四篇结尾发生在孔子故里的两则就是如此，这次又是拿"费邑"编故事。把谎言寄托在一个真实的细节之上，这是编谎话的人最常用的手法。

第三，这一章的真实用意是说"孔子干啥都能干成，他就是一个治国安邦的神奇之才，因为这就是儒家修齐治平这条道路的必然性的终点"。但我认为找孔子做宰相，就好比让歌德做德国总理一样不着调。修齐治平是后世儒家垄断社会权利的阶级利益所在，他们要把这一特权在其经典之中合法化。

第四，这一章里的孔子说如果给他机会，他将实现周礼的文艺复兴，这不就是王莽的政治目标嘛。孔子最终没有接受公山氏的邀请，我认为不是孔子拒绝了公山氏，而是并不存在这一邀请。然而王莽编此一章还有一个潜台词：孔子在公山氏那里没有做成的事业，正好让我来完成。

17.6 子张问仁于孔子。孔子曰："能行五者于天下为仁矣。""请问之。"曰："恭、宽、信、敏、惠。恭则不侮，宽则得众，信则人任焉，敏则有功，

惠则足以使人。”

子张向孔子问仁。孔子说：“能够将五种美德推行于天下，可以称为仁。”子张问：“哪五种？”孔子说：“庄重、宽厚、诚实、勤勉、慈惠。庄重就不致遭受侮辱，宽厚就会得到众人的拥护，诚信就能得到别人的任用，勤勉就会有绩效，施惠别人就愿意为你工作。”

这肯定是伪经。这一章在二十篇又重出一次，这次是为下次做铺垫。

17.7 佛肸（bì xì）召，子欲往。子路曰：“昔者由也闻诸夫子曰：亲于其身为不善者，君子不入也。佛肸以中牟畔，子之往也，如之何？”子曰：“然，有是言也。不曰坚乎，磨而不磷（lín）；不曰白乎，涅而不缁（zī）。吾岂匏（páo）瓜也哉？焉能系（jì）而不食？”

佛肸召孔子去，孔子又想去。佛肸是晋国大夫赵简子的家臣。“中牟”是赵简子的封邑，在今河南鹤壁。佛肸占据此地反叛赵简子。然后召孔子去。

子路曰：“我曾听你说过，把自己投入到一件烂糟事里面，这种事情君子绝不去做。现在佛肸占据中牟叛乱，你却要去，为什么呢？”孔子说：“没错，我说过这样的话。可是一个人如果果真坚硬，怎么磨也不会变薄；如果他果真纯洁，怎么染也染不黑。难道我只是个味苦的葫芦，只能挂起来看，却不能吃吗？”

这章是 17.5 公孙氏章的姐妹章。不同之处是，那一章的结尾言及复兴周礼，这一章表达的是：真君子和真儒家不是书呆子，而是学以致用的国家栋梁。

儒家是两千年以来中国历史上最成功的一个物种。

17.8 子曰：“由也，女闻六言六蔽矣乎？”对曰：“未也。”“居，吾语女。好仁不好学，其蔽也愚；好知不好学，其蔽也荡；好信不好学，其蔽也贼；好直不好学，其蔽也绞；好勇不好学，其蔽也乱；好刚不好学，其蔽也狂。”

孔子说："子路，你听说过六种美德可以养育出六种妖怪吗？"子路回答说："没。"孔子说："坐，让我告诉你，好仁不好学，人就会被人愚弄；好智不好学，就会变得没有核心，漫无所守；好信不好学，这种人的弊病是害人害己；好直不好学，其弊病是偏激好斗；好勇不好学，它的弊病是犯上作乱；好刚不好学，它的弊病是狂妄自大。"

这不是孔子的文风。

17.9 子曰："小子何莫学夫诗。诗，可以兴，可以观，可以群，可以怨。迩（ěr）之事父，远之事君；多识于鸟兽草木之名。"

孔子说："小子们，为何不去读读《诗经》呢，《诗》可以兴（兴，朱熹注'感发志意'），可以观（'考见得失'），可以群（'和而不流'），可以怨（'怨而不怒'）。近可以处理好家庭父子关系，远可以处理好君臣关系；还可以知道很多鸟兽草木的名字。"

这一章的主题是：我们为何需要艺术？让我们听听尼采对这个问题的回答：

"当我们遭遇命运的击打，或者被强大的否定性力量击倒，当我们感到再也无力推动现实这块巨石，却又不愿屈服。这个时候，艺术是我们唯一可以依靠的力量。

"在艺术这种形式之下，我们完整清晰地看到了生活的可疑性与可怕性，艺术让我们勇敢地直面人生。艺术让我们把苦难转化为激情，虽然它并不能改变现实，也不能解决我们的苦难，但在激情中，痛苦被美化，被神话，艺术使得痛苦成为一条通往极乐的道路。

"有人视艺术为美化生活的金粉，而我们把艺术当作在命运的低潮时期保持纯洁的一种最好的方式。"

17.10 子谓伯鱼曰："女为《周南》《召南》矣乎？人而不为《周南》《召南》，其犹正墙面而立也与？"

孔子对儿子伯鱼说："你学《周南》《召南》了吗？不学《周南》《召南》，就好像一个人面对着一面墙站着，完全看不到墙背后的世界究竟有怎样的广大和美好。”

这一章是上一章的延续，谈的依然是艺术的力量。

17.11 子曰：“礼云礼云，玉帛云乎哉？乐云乐云，钟鼓云乎哉？”

孔子说：“大家嘴里说的礼呀礼呀，难道是玉帛这些礼器吗？而所谓音乐，就是钟鼓之类的乐器是吗？”

17.12 子曰：“色厉而内荏，譬诸小人，其犹穿窬之盗也与。”

孔子说：“外表威严却内心虚弱的人，只能算是在墙上打洞的盗贼吧。”

17.13 子曰：“乡愿，德之贼也。”

孔子说：“人堆里那种貌似忠厚并以这种假象取悦大家的好好先生，是窃居有德者之位的人。”

17.14 子曰：“道听而途说，德之弃也。”

孔子说：“从别人那儿听说了一些东西就开口宣讲的人，是有德者所唾弃的。”

任何一个想要有所作为的人都应该认真思考这一章，无论是商人、管理者，还是学者、艺术家、管理者。可以做到彻底摒弃“道听途说”的人，就是真诚与独立判断的开始，这是一种良好的趣味和品质。

17.15 子曰：“鄙夫可与事君也与哉？其未得之也，患得之。既得之，患失之。苟患失之，无所不至矣。”

孔子说：“简直没法和鄙夫共事。他没得到的东西，唯恐得不到；已经得到的，唯恐失去。既然这样，便无所不用其极了。”

17.16 子曰：“古者民有三疾，今也或是之亡也。古之狂也肆，今之狂也荡；古之矜也廉，今之矜也忿戾；古之愚也直，今之愚也诈而已矣。”

孔子说：“古人有三种毛病，狂放、矜持、愚直，古人的这三个特点今天都变味了。古人的狂是直言不讳，今人的狂是放荡不羁；古人的矜（严正刚直）是严以律己，今人的矜是对人粗暴；古人的愚是过于直率，今人的愚是假装直率啊！”

从10章到16章，一路骂过来：10章骂不学无术的昏聩之人，11章骂不懂装懂的当权者，12章骂昏君，13章骂昏君之侧苟且偷生见义不为的老好人，14章骂朝堂之上的弄臣，15章骂唯利是图的同僚，16章骂貌似刚直出口伤人的乱臣。《孔子》一定在这里有骂人的章句，但我估计没这么多，我估计有人把他自己的私愤掺和进了孔子的话语中了，至于究竟哪些出自孔子，很难辨认。因为骂人的时候我们的语言总是很出彩的。

骂人可以有效地宣泄恶劣情绪，这是骂人这件事很人道的一面。尤其是骂得很精彩的时候。

17.17 子曰：“巧言令色，鲜矣仁。”

孔子说：“巧舌如簧、拍马逢迎的人，最缺乏仁啊。”继续骂人。

17.18 子曰：“恶紫之夺朱也，恶郑声之乱雅乐也，恶利口之覆邦家者。”

孔子说：“我痛恨用紫色取代红色，恨用郑国的声乐扰乱雅乐，恨用伶牙俐齿导致国家倾覆的人。”

我们并非碰巧活在一个小人当道的时代，因为任何时代都是小人们的时代。从某种意义上说，这个世界其实是他们的，我们实在需要好好想一想怎样和他们相处的问题。孔子这个问题处理得不好，因为只会骂人是不行的，即便骂得很高雅也没什么用。

17.19 **子曰："予欲无言。"子贡曰："子如不言，则小子何述焉？"子曰："天何言哉？四时行焉，百物生焉，天何言哉？"**

孔子说："我不再想说话了。"子贡说："先生如果无言，我们小子们传习什么呢？"孔子说："天说了什么呢？四季照常运行，百物照样生长，天说了什么呢？"

这一章是伪经，但写得很美。孔子的社会伦理模型是北辰与众星，君子就是拱卫着北辰的其中一颗星，孔子用他的生命在为众星做出一个榜样，让每一颗星明白自己的使命和与之相应的生活方式。然而"天何言哉"说的是一种类似万有引力定律一样的天道，这句话暗示：个人修行的顶峰就是成为天道本人。

犹太教与基督教明确划分神与人的分界线，不要说成为神，人甚至无法面见神。基督教发明了"道成肉身"就是为了让神派他的独生子来到人间彰显天道，基督教提出"效法基督"，就是说，我们可以效法神的儿子。然而"天何言哉"说的是效法耶和华，这完全是道家知识分子的胡言乱语。

"天何言哉，天何言哉"想要表达的是无为而治的道家天理观念，就是让君主一切不管，都由我们士大夫管。换言之，就是封建制。

这一章有一个细节值得关注：子贡作为垫话的，在这里垫的这句话从文法的角度看很繁琐，使得整个对话显得笨重，完全不像以往孔子师徒之间对话的那种轻灵和智性。其实拿掉子贡垫的这句问话更符合孔子一贯的行文风格。其实，造假者的心意就在子贡的话里的那个"述"字。这个"述"，就是第七篇篇首"述而不作"的"述"，意思是我们孔子后代传人，传述的就是孔子说出的那些话。

17.20 **孺悲欲见孔子，孔子辞以疾。将命者出户，取瑟而歌，使之闻之。**

孺悲登门求见，孔子托辞有病，不见。传话的人刚出家门，孔子操起琴开始唱歌，故意让孺悲听到他没病。

文本里没说孺悲是什么人，也没说他因为什么事得罪了孔子——男人之间的是非是大是大非。孔子对此人的不原谅肯定是原则问题，而这一章的真正重点，是孔子在此事之中表现出来的率真，那种内心坦荡没有任何利益算计的质朴和简单。这是一种贵族范儿。孔子肯定不是这种贵族范儿的鼻祖，但绝对是其代言人。后代儒家——比如魏晋风骨，学的榜样就是孔子。

孟子解读这段孺悲求见特没劲，他说孔子对孺悲这叫“不屑之教”，意思就是用拒绝的方式对孺悲实施一种教育。孔子对待烂人就是叫他滚一边儿去，他不在乎烂人是否从中受到教育（确实有）。论出身，孟子应该也是贵族，但是论贵族范儿，孟子离孔子差着一大块。

孟子说：“富贵不能淫，贫贱不能移，威武不能屈。”这些话里包含着隐忍和强烈的激情。或曰，用道德和激情加重话语的分量。孔子一点也不隐忍，因为那会残害率真。孔子的贵族范儿视率真和坦荡为真正的美德，他拒绝孺悲不需要借助道德和激情。你在背地里怎么评价一个人，就在这人的当面表达出来，凡做不到这一点的人就还算不上一个正人君子。

如果有人羞辱了你，你还继续保持涵养和风度，这种涵养令人恶心。孔子说“匿怨而友其人”，就是隐藏内心的怨恨，继续和这个王八蛋做朋友，这种事写《左传》的那个左丘明耻之，我孔丘也耻之！

尼采说：“如果你遭受到一个大的不公正，就还他五个小的不公正。”

有人说“以德报怨”，孔子听闻反问：“那你何以报德呢？”孔子说我的做法是“以直报怨，以德报德”。孺悲求见，就是孔子现场为我们表演怎样以直报怨。

朋友，你敢公开蔑视一个烂人吗？我把这个看作是你获得高尚修养的必修课。

98 年世界杯，法国队主教练亚凯自从上任以来一直受到法国足球报纸《队报》的诋毁和攻击，直到法国队最后夺得冠军。《队报》在头版刊登道歉信向亚凯正式道歉。此时，亚凯的回应堪称高贵：他回答说“我不接受你们的道歉，你们从前就是一伙小人，现在还是。请接受我对你们的蔑视！”“你当公开蔑视某人，而非怨恨。”这就是我把“以直报怨”翻译出来的现代汉语。

耶稣说，人家打你的左脸，你把右脸也给他打；人家要你的外衣，你把内衣也一起给他。我实实在在地告诉你吧，这种隐忍有毒，这是一种奴隶和贱民的复仇心。它首先会毒害这个贱民的心灵，然后这种毒素的泄漏也会污染这个世界。

我们复习一下春秋时宋襄公的那个著名的故事。宋国与楚国交战，楚军正在渡河，谋士提议宋军发起进攻，宋襄公拒绝；楚军渡河后立足未稳，谋士再次建议进攻，宋襄公再次拒绝。结果集结完毕的楚军开始进攻，宋军大败，宋襄公大腿中箭，不久身亡。今天的人都认为这个宋襄公是个迂腐的笨蛋。然而史书上说这场战役的获胜者是宋人的正义感和贵族精神。你的观点呢？

我想说一个这个故事的现代版本：法国队在欧洲杯决赛中迎战意大利队。齐达内用他的光头一头撞在马特拉济的胸口上，因为马特拉济一直在小声骂他。结果齐达内被红牌罚下，结果法国战败。

你认为胜利是唯一和最终的真实吗？换言之，“成者王侯败者贼”才是唯一的真理，宋襄公和齐达内追求的不过是一种空幻的贵族精神。如果换作是你，你会选择马特拉济的诡计与胜利，还是齐达内的骄傲与失败？如果我们退得足够远，小人们卑微的胜利又算得了什么？假如我们彻底失去纯真，这个世界将是多么令人厌恶和没有希望啊。

17.21 宰我问：“三年之丧，期已久矣。君子三年不为礼，礼必坏；三年不为乐，乐必崩。旧谷既没，新谷既升，钻燧改火，期可已矣。”子曰：“食夫稻，衣夫锦，于女安乎？”曰：“安。”“女安则为之。夫君子之居丧，食旨不甘，闻乐不乐，居处不安，故不为也。今女安，则为之！”宰我出，子曰：“予之不仁也！子生三年，然后免于父母之怀，夫三年之丧，天下之通丧也。予也有三年之爱于其父母乎？”

宰我问：“服丧三年，时间太长了。君子三年不习礼，礼必坏；三年不操乐，乐必崩。而且旧谷吃尽，新谷已收，火种也已更改（古时每年春节有个换火种的仪式）。我觉得守丧一年就够了。”孔子说：“一年时间，你就吃好饭，穿锦衣，心里没有不安？”宰我说：“心安。”孔子说：“心安就去做吧！君子守丧，吃不觉得美味，听音乐不觉得快乐，住在家里不觉得舒服。如果你觉得心安，就这么做吧！”

宰我出，孔子说：“宰予真是不仁啊！小孩生下来三岁离开父母怀抱。所以服丧三年，也是天下通行的习俗。难道宰予对他父母没有这三年之爱吗？”

这段文字行为极为琐碎，与孔子一贯文风很不一样。另外，5.9“宰予昼寝”孔子劈头盖脸就骂，为何这里说“宰予不仁”却一定要等到他出门之后？第三，幼儿一岁整即开始走步，为何说“三岁免于父母之怀”，即便说的是喂奶，从今日情况看，极少有一直喂到两岁的，如果说三年是指“养育”，那么三年哪里够，至少也要到十四岁才能脱离父母的养育，为何不守丧十四年？

本章漏洞百出，目的就是宣扬三年丁忧制度。

17.22 子路曰：“饱食终日，无所用心，难矣哉！不有博奕者乎？为之，犹贤乎已。”

孔子说：“饱食终日，无所事事，这种人麻烦大了！不是可以下棋吗？这至少更靠近贤德呢。”子路骂人。

17.23 子路曰：“君子尚勇乎？”子曰：“君子义以为上。君子有勇而无义为乱，小人有勇而无义为盗。”

子路自感自己最宝贵的品德大概就是刚勇，于是问：“君子崇尚勇敢吗？”孔子答道：“君子以义为至高无上，不是勇。君子有勇无义就会作乱，小人如果有勇无义就会成为盗贼。”“君子有勇而无义”，就是贵族叛乱，会对国家造成重大伤害；“小人有勇而无义”就是农民起义，就如梁山好汉。

17.24 子贡曰：“君子亦有恶乎？”子曰：“有恶。恶称人之恶者，恶居下流而讪上者，恶勇而无礼者，恶果敢而窒者。”曰：“赐也亦有恶乎？”“恶徼以为知者，恶不孙以为勇者，恶讦以为直者。”

子贡说：“君子也会厌恶和蔑视别人吗？”孔子说：“会啊。君子憎恶四种人，一种是说人坏话的人，一种是诽谤上级的人，一种是勇而无礼的人，一种是顽固不化的人。”孔子又说：“赐，你厌恶什么样的人？”子贡说：“我厌恶三种人，一种是以剽窃别人假装自己有知识的人，一种是把无礼当成勇敢的人，一种是当面攻击别人并以为这是直爽的人。”

本篇后半部分，孔子骂人骂得都很智慧，只是智慧在这里不是用来照亮自己，而是照别人的手电筒。

17.25 子曰："唯女子与小人为难养也，近之则不孙，远之则怨。"

孔子说："女子与小人我真是搞不定呀，亲近她吧，她就蹬鼻子上脸，疏远她吧，就满腹怨恨。"

这大概是《论语》全书中最具争议的一句话了。女性普遍不接受其中的无礼和粗暴，但有头脑的男性提醒大家留意后半句，他们说"近之则不逊，远之则怨"说的就是事实，如果女性觉得受到侮辱，她们不应该对说出这句话的人感到愤怒，而是对事实愤怒。

孔子极少谈论女人，《论语》全书中涉及女人的章句，就算连 18.4 "齐人归女乐"都算上，也就四五句吧。除了这一处之外，另一章就是 6.28 章"子见南子"，如果我和南子这种妖媚女子行淫，就让天灭了我吧。孔子对待女人，避之唯恐不及，这背后是他对女人怀有强烈的恐惧，也许这是他在女人那里受到了重伤之后获得的教训，总之，他明白他的哲学遇到女人，便不堪一击。

在希腊神话中，尤利西斯的航船必须经过三个塞壬（女海妖）的领海，然而途经此地的船上的水手们都会被塞壬的歌声引诱，导致翻船，做了三个塞壬的俘虏和玩物，无一例外。于是，尤利西斯事先用蜡堵住耳朵，又命人把他用铁链绑在桅杆上，防止自己抵挡不住那致命的诱惑。孔子的做法也是如此，"唯女子与小人"就是有多远离多远；"颜渊问仁"章，"非礼勿视，非礼勿听，非礼勿言，非礼勿动"，就是孔子堵塞和捆绑自己的蜡和铁链。

尼采因为一句"你到女人那里去，别忘了带上鞭子"，在女人那里同样名声不佳，其实不止这一句，尼采的每本书里都有大量谈论女人的段落，远比孔子智慧和精彩。但这并不妨碍他是毁在塞壬手里的另一个舟子，他最后神经病的直接原因就是失恋。在疯人院里尼采写道——莎乐美的诡计是，她根本就没唱歌，而是用蔑视和忽略对待尼采，于是尼采解开铁链，落水了。

兄弟们，我们应当像纪念革命先驱那样纪念尼采在莎乐美这里的这次惨败。

他以生命为代价为我们留下了迄今为止最为珍贵的有关女人的知识。比如：

“我们以不知道怎么爱别人开始，以知道我们不可爱而结束，这实质是一种极为危险的无知。”

我很想组织我的兄弟们一起读读尼采论女人的段落，尤其是《瞧这个人》和《疯人院日子》（这本书被无良书商起名叫做“我妹妹和我”）。而西蒙娜·德·波伏娃的《第二性》也是理解女人的一个很好的入口，请别误会，我不是男权主义，而且我觉得波伏娃也不是女权主义，她和尼采都是理解女性这个重要问题的宝贵财富。

《乞力马扎罗山的雪》里有一场戏：一个黑人仆役给海明威刮胡子，海明威说道：“还是你们黑人好啊，你们买卖妇女。”这话说到了问题的要害。100 年前，女人还只是仆从和财产，所以孔子可以简单粗暴地对待女人。但今天男女平权了，然而问题是：在几百万年以来的人化史中，女人被男人塑造成为男人希望的样子，也就是波伏娃所说的第二性别，但现在，她们要与男人平权了。

女权运动不是“让男人走开”这是早期女权主义者犯的一个错误，而是改变男人，但首先是改变她自己。

17.26 子曰：“年四十而见恶焉，其终也已。”

孔子说：“到了四十还被人所厌恶，他这辈子也就到此为止了。”

十七篇，以骂女人和骂不争气的发小而结束。

第十八篇　微子

十八篇很短，讲述了几个隐士的故事。这一篇说的是身处乱世的君子的最后一条路：做隐士。更准确地说，这一篇的真正主题是：我为什么不做隐士？

18.1 微子去之，箕子为之奴，比干谏而死。孔子曰："殷有三仁焉。"

微子是商纣王同父异母的兄弟，纣王无道，微子弃官而去，归隐山林。

箕子是纣王叔父，纣王无道，箕子向纣王进谏，纣王不听，箕子为自我保全，披发装疯，被纣王降为奴。

比干也是纣王叔父，纣王无道，比干上谏，纣王不听，比干强谏三日。纣王问："你的正义感与合法性从何而来？"比干曰："以我的忠义之心。"纣王曰："据说忠义者心脏有七孔，与常人不同，能否让我们看看你的心是否也有七孔。"于是剖其心。

孔子说："殷有三位仁者。"

第一章孔子是在问我们：假如你也遇到一个昏君，三人的道路你选哪一条？

有注经家曰："三人之中比干道德最高尚。"另有注经家曰："箕子能忍辱负重，最可贵。"孔子的问题不是"你认为三人之中谁最牛"，而是"这三条路你选哪一条"？

18.2 柳下惠为士师，三黜（chù）。人曰："子未可以去乎？"曰："直道而事人，焉往而不三黜？枉道而事人，何必去父母之邦。"

士师就是典狱官。柳下惠三次被罢官。有人说："为什么不干脆离开这个国家？”柳下惠曰：“以正道事君，到哪儿不会被罢官？若不以正道事君，也就没必要离开鲁国了。”

柳下惠的幸运是他活在鲁国，如果遇见的是纣王，就是第二个比干。人家能三次起用他，说明还是很认可其贤能的；但也受不了他一副正义化身的样子，因而三黜。

第二章的问题是：柳下惠是否应该坚守于此，等待第四次任命？

18.3 齐景公待孔子曰：“若季氏，则吾不能；以季孟之间待之。”曰：“吾老矣，不能用也。”孔子行。

据李零考证，孔子 35 岁时在齐国待过两年。景公听闻孔子这样的大人物来到齐国，相当重视，朝堂之上曾经说：“若按照季氏在鲁国的地位待孔子，则我做不到，但可以按照季氏和孟氏之间的地位待他。”（季氏是鲁国的上卿，孟氏是下卿，季孟之间地位其实不低）

然而过了一段时日，有人问及任用孔子之事，景公曰：“哎！我老了呀，用不了孔子了。”景公当初的热心逐渐冷静下来，变卦了。

听闻这个结果，孔子离开了齐国。

这一章是对前两章的回答：走。

柳下惠和比干追求并且获得的是他们自己的荣誉和一世英名，但不是仁道。这荣誉只是他们顺着他们的秉性行事的结果，他们忘记了他们原本承受着一项比他们本人更重要的使命。箕子更不可取，这个人除了在怨恨中度过余生，还能做些什么？相比而言，微子选择忘掉一切与殷有关的事，眼观别处。这就是他的高贵和仁慈。

18.4 齐人归女乐，季桓子受之，三日不朝，孔子行。

齐人送给季桓子一个歌舞伎乐团，季桓子邀请定公一起观看，一连三天没有上朝。孔子随即走人。

尼采说：“当一个思想家选择他的孤独时，事实上他没有放弃任何东西；相反，如果他不得不仍然埋头于实践，那对他来说倒是一种放弃。他一直拖延实践是因为他了解实践，他也了解他自己。因此，他纵身跃入他的水里，在那里欢乐地游戏。”

孔子若选择留在齐国，就意味着必须选择一个角色、一个任务和一个目标，也就是一次实践；但若离开，就可以依然畅游在礼乐、书写、友谊和宴乐之中了。

18.5 楚狂接舆歌而过孔子曰：“凤兮！凤兮！何德之衰？往者不可谏，来者犹可追。已而，已而！今之从政者殆而！”孔子下，欲与之言。趋而辟之，不得与之言。

楚国有个佯狂避世的疯子接舆，一日，此人从孔子的车旁经过，歌道：“凤兮！凤兮！这个世界真的像某人说的那样不可救药吗？过去的事说它还有什么意义，操心点未来还算是正经事。不如算了吧！算了吧！今天的当权者没人听你说话呀！”

孔子下车，想跟疯子说话。可是疯子转身离开，孔子只得把嘴边的话咽回去了。

孔子一直完胜对手，但在十八篇的最后，记录了三个例外，就是以下三章。

庄子对这个捉弄了孔子的楚狂接舆格外感兴趣，在《逍遥游》里特意安排孔子聆听接舆演讲，等孔子刚想说话时，接舆转身就走，噎死他。另一个是李白，李白诗曰：“我本楚狂人，凤歌笑孔丘。”直呼孔丘之名，让李白很有快感啊。小人就喜欢看到高士摔倒，如果摔得很脆，摔断了腿，他们会狂笑不止。这让我联想到查拉图斯特拉的故事。

查拉图斯特拉也曾路遇一位佯狂避世的疯子：

查拉图斯特拉路过一座都市，在城门外边一个傻子拦住他的去路，说：

“噢，查拉图斯特拉，这座城市里没你想找的东西。你为何要涉足这滩烂泥地呢？还是冲城门吐口唾沫，然后转身离开吧！

“在这里，一切伟大的情感都要腐败变质，这里只允许细微的小情感滴答作响！你闻到厨房和思想的屠宰场的味道了吗？他们把思想变成语言的游戏，他们互相追逐，但不知何往；他们互相激怒，但不知何故。他们冷酷，却从开水中寻找温暖；他们愤怒，却从冰冻的思想里寻找清凉：这里全是病弱者，就喜欢听公众舆论。

“噢，查拉图斯特拉！你心中的一切都是光明、强大、善良，所以向这个都市吐口唾沫就返回吧！这里，所有的血管里流动着的都是败坏的、微温的、泡沫状的血液。它是肮脏泡沫汇聚的垃圾堆。唾弃这个破碎的灵魂之都、心胸狭隘之都、目光辛辣之都、纠缠不休者之都、卖文者和爱吵闹者之都、发高烧者和沽名钓誉者之都吧。”

查拉图斯特拉听到这里，举手打断傻子的话，说道：

“别讲啦！我早就讨厌你和你的同类了！

“你为何在这泥沼里待这么久，乃至把自己变成鼓噪的青蛙呢？你的血管里不也流着败坏的、起泡沫的浑浊血液吗？你是因为这个才咒骂和鸣叫吗？你为何不到山里找块田种地，或是去一个海岛呢？

“我蔑视你对这个世界的蔑视。如果你这是在警告我，那你为何不首先警告你自己！你呀，口吐白沫的傻子，你的叫嚷败坏了我对傻气的赞美。是什么东西让你只会咒骂呢？是因为无人赞美你，所以你才坐在这个垃圾堆上咒骂垃圾吗？你呀，爱慕虚荣的家伙，你的虚荣心没得到满足就用咒骂来复仇吗？我看透你了！

“你的傻话让我非常不舒服，即使你说的有些地方在理，可你还是曲解了我的本意。”

查拉图斯特拉抬头看了一眼这个都市，然后仰天长叹：

“我讨厌这个傻子，也讨厌这个城市，因为确实，恶已成定局。

“你呀，傻子，让我送你一条临别赠言吧：人在哪里不再能爱，就应当离开！”

以上就是孔子追下车，想说而没说出来的话。不过他说不出查拉图斯特拉的这一番话。楚狂也比不上城门口这个傻子。而李白的诗，表明作者是一个轻浮的小丑。

18.6 **长沮（jǔ）、桀溺（jiè）耦（oǔ）而耕，孔子过之，使子路问津焉。长沮曰：“夫执舆者为谁？”子路曰：“为孔丘。”曰：“是鲁孔丘与？”曰：**

“是也。”曰：“是知津矣。”问于桀溺，桀溺曰：“子为谁？”曰：“为仲由。”曰：“是鲁孔丘之徒与？”对曰：“然。”曰：“滔滔者天下皆是也，而谁以易之？且而与其从辟人之士也，岂若从辟世之士哉？”耰（yòu）而不辍。子路行以告，夫子抚（wǔ）然曰：“鸟兽不可与同群，吾非斯人之徒与而谁与？天下有道，丘不与易也。”

长沮、桀溺二人正在耕田，孔子的车路过田边。孔子让子路上前打听哪里有渡口。长沮问：“驾车的那人是谁？”子路曰：“是孔丘。”长沮曰：“莫非是鲁国的孔丘？”子路曰：“是的。”长沮曰：“奥，那他肯定知道渡口在哪儿。”子路又去问桀溺，桀溺曰：“你是谁？”子路曰：“我是仲由。”桀溺曰：“是鲁国孔丘的门徒吗？”子路曰：“是的。”桀溺曰：“世间的万事万物难道不就像我们身边这条大河一样，其滔滔之势谁能阻挡？又有谁能改变它一点点呢？我看你与其做孔丘这种避人之士的门徒，还不如做我俩这种避世之人的门徒，岂不更明智？”说完只顾耕田不再搭理子路。

子路回来把这些话告诉孔子，孔子感慨曰：“我不混迹于他们两位所说的这个污浊的世界又混迹于何处？难道像他们一样与鸟兽为伍吗？假如天道已经行于天下，我孔丘也就不必非要改变什么了。”

这是两位令人尊敬的真隐士。隐士认为在我们真实地活着的这个世界背后，还存在着一个更为本质的世界，如果现实的世界叫作世界一的话，他们认为其背后的世界二才是更本质性的真实世界，世界一不过是世界二的表象。孔子极为自觉地意识到：其实只有世界一，这里就是唯一的真实，这里就是所有人必须把他的理想转化为行动，并在此做出成果的唯一世界。而任何以世界二作为借口的人都是在逃避难题。

确实，这里聚集着小人、昏君、叛徒和小丑，但我们舍此并无容身之处！哲学家不同于隐士，他们曾经是炼丹者或者占星师，他们把自己隔绝于阁楼之上，那里离上帝更近，他们在那里展开了一场与上帝之间的交谈。但是，他们那样只是貌似回避尘世，他们终归要重返人间。哲学家其实很像那个盗火者，从天庭盗取火种传播于人间。就是说，他们在与上帝的交谈之中获得真理，并作为使者在人间实施神的统治。

中国文人崇尚的箴言，叫作“达者兼济天下，穷则独善其身”。这句话出自孟子，中国的文人士大夫阶级从中找到了两种人生状态，曰：或儒或道，儒道互补。

这是十足的两面派：既非儒，也非道。真正的儒或真正的道，皆因他们的纯洁和真诚而令人尊敬，然而这些儒道互补者是些类似于青蛙或者泥鳅的两栖类动物。

如今已经再无隐士了。

18.7 **子路从而后，遇丈人，以杖荷蓧。子路问曰：“子见夫子乎？”丈人曰：“四体不勤，五谷不分，孰为夫子？”植其杖而芸。子路拱而立。止子路宿，杀鸡为黍而食之，见其二子焉。明日，子路行以告。子曰：“隐者也。”使子路反见之。至则行矣。子路曰：“不仕无义。长幼之节不可废也；君臣之义，如之何其废之？欲洁其身，而乱大伦。君子之仕也，行其义也。道之不行，已知之矣。”**

子路与孔子走散了，于是一边走一边打听老师的行踪。途中遇到一位用手杖挑着一担草的老者。子路问：“请问您看见我家先生没？”老者曰：“不事劳作，也分不清地里长着什么作物的书呆子，也好意思叫作先生？”一边说，一边割草。子路拱手恭敬地立在一边不敢造次。老者见子路很有教养，留他到家里住宿，还杀了鸡，做了饭，又叫两个儿子出来与子路见面。第二天，子路赶上孔子，把这件事说给他听。孔子说：“这人是个隐士啊。”叫子路回去再看看他表达敬意。子路到老者家里，老者出门了。

子路曰：“不入世为官损害的是道义。一家之内父子关系不可乱，一国之内的君臣之道岂能无人治理？隐士固然可以自洁其身，然君臣纲常之大伦必然荒废。至于我们坚决入世，为了正是行天道之所欲为。我这一套将被这个世界所不容，这是上路之前就已经知道的。”

在以上三个故事里，孔子都没有当面与隐士对话。他对隐士退让太多了。他既不选择入世，也不选择做隐士，结果，这位愤世妒俗、意欲改造世界的高洁之士，最终做了他的时代的漫游者。用尼采评价歌德的话说就是，他以忧愤的心情游历了他的时代。

18.8 逸民：伯夷、叔齐、虞仲、夷逸、朱张、柳下惠、少连。子曰："不降其志，不辱其身，伯夷、叔齐与！"谓："柳下惠、少连，降志辱身矣，言中伦，行中虑，其斯而已矣。"谓："虞仲、夷逸，隐居放言，身中清，废中权。我则异于是，无可无不可。"

逸民（从这个世界逃逸的人，隐士）有：伯夷、叔齐、虞仲、夷逸、朱张、柳下惠、少连。谈及这些人物，孔子说："理想和信念都不打折，也不辱其身的，是伯夷、叔齐二位。"又曰："柳下惠、少连，已经算是降志辱身了，不过依然能做到说话合乎伦理，行为合乎人心。"论及虞仲、夷逸："他们过着隐居的生活，说话很随便，能保持自身纯洁，放弃的东西也合乎道义。"

孔子最后说："我和这些人都不一样，请注意我们之间的差异，我'无可无不可'。"

"无可无不可"：可以像以上任何一种人那样隐，也可以像柳下惠那样坚决入世。其实，就是哪个也不选。

18.9 大师挚适齐，亚饭干适楚，三饭缭适蔡，四饭缺适秦，鼓方叔入于河，播鼗武入于汉，少师阳、击磬襄，入于海。

曾经在鲁国的乐师们——大师挚（首席乐师，名挚）去了齐国，二饭（掌管君王第二顿饭奏乐的乐师）干逃到了楚国，三饭乐师缭去了蔡，四饭乐师缺去了秦，鼓师方叔隐于黄河一带，摇小鼓的乐师武现在住在汉水，少师阳、击磬的襄流散到了海边。

鲁哀公最终被三家逼走，国家礼乐祭司团队四处流散，令人惋惜。是谁造成了这些逸民隐士？他们都是可以移风易俗改变世界的力量，太可惜了。

从此以下，再无一字出自孔子。

18.10 周公谓鲁公曰："君子不施其亲，不使大臣怨乎不以。故旧无大故，则不弃也。无求备于一人。"

周公的儿子被册封为鲁公，在册封典礼上周公对儿子说：

"君子（执政者）不疏远他的亲族，不使大臣抱怨没有得到任用。若旧友老臣没有大的过失，就不要抛弃他们。用人切忌求全责备。"

周公的这段话，是作为鲁国的立国之本（祖训）提出来的。引用这段话的用意是：第一，社会上中层联手，则国家兴旺；第二，君主要爱惜臣子，切忌刻薄。这些话二十篇里还会出现，二十篇全文都是伪经。

18.11 周有八士：伯达、伯适、仲突、促忽、叔夜、叔夏、季随、季騧。

周有八个贤士：伯达、伯适、仲突、仲忽、叔夜、叔夏、季随、季騧。因此，国家兴旺。

传说文王创立了阴阳八卦，所以这里出现了八。

中国古人对待数字是很神圣的：一是天道与世界的本源；二是阴阳；三是董仲舒的最爱，也代表"多"；四就是上下四方，以青龙、白虎、朱雀、玄武四种动物表示；五就是金木水火土，五颗行星对应的全世界所有事物都是由这五种基础物质（元素）组成，所以五意味着这个世界运转的规则；六代表女阴；七就是太阳和太阴加金木水火土五颗星，把七当作一个整数，一个神圣的轮回应该出自埃及；八是四的复杂化，六十四也是，道家把阴阳引入这套体系把方位弄成一个神秘的事情；九是一条蛇，它已经走到极限，表示蜕皮之后重生。

《孔子》原貌

今本《论语》，从第一到第七篇也是《孔子》原书的一至七篇；

第八篇是伪经；

九至十五篇也是原貌；

十六篇是伪经；

十八本是一篇，被分成了两篇；

所以《孔子》全书共十五篇。

我们或许永远也不会知道造假者删除了哪些章句。比如第二篇谈孝的部分，孔子的原意和造假者的目的明显不一致。不过我推测：

1.《季氏将伐颛臾》可能是《宪问》第十四篇的最后一章。

2. 记录在《孔子世家》里“匪兕匪虎，率彼旷野”是卫灵公第十五篇的最后一章。

第十九篇　子张

表面上看，本篇是孔子弟子的言论集。但这只是表面上。其余各篇都是在第一章就明确提出本篇的主题，但十九篇直到最后一章才说出这一篇的目标究竟是什么。

这个目标作者不想明说，所以我也先不说。

19.1 子张曰："士见危致命，见得思义，祭思敬，丧思哀，其可已矣。"

子张曰："士可以临危受命，见得就思考是否合乎道义，祭神庄重谨慎，丧礼的哀痛发乎内心，这样才行啊。"

这些话之前文本里都有，子张重说一遍有点像是临摹孔子文本的造句练习。把这种内容空洞、指向不清的句子当作第一章，太不像《论语》编辑学的方式了。

19.2 子张曰："执德不弘，信道不笃，焉能为有？焉能为亡？"

子张又说："如果执德不弘，信道不笃（忠信），有这个人也不算有，没这个人也不算没。"

这些话义理是没错的，但就是没有味道，其中的僵硬和固执令人厌恶。

19.3 子夏之门人问交于子张。子张曰："子夏云何？"对曰："子夏曰：'可者与之，其不可者拒之。'"子张曰："异乎吾所闻：君子尊贤而

容众，嘉善而矜不能。我之大贤与，于人何所不容？我之不贤与，人将拒我，如之何其拒人也？”

子夏的学生问子张交友。子张曰：“子夏怎么说？”对曰：“子夏曰：‘可交者交之，不可交者拒之。’”意思是结交那些值得结交的人，不与烂人称友。

子张回答说：“我从先生那儿听到的有所不同：君子结交贤德之人，但也包容普通人；赞美人之善者，但也容纳没本事的人。你想啊，假如我是贤德之人，于人何所不容？假如我不贤，别人就会拒绝我，根本就没机会拒绝别人呢。”

这一章是孔子的两个门徒争论“何为真正的夫子之道”，话题是交友，裁判是“夫子曾经说过——”。这一章的语境颇有孔子死后，弟子们继续聚集在书院里研讨夫子生前言行之意。言外之意，他们正在编修《论语》呢。

19.4 子夏曰：“虽小道，必有可观者焉，致远恐泥，是以君子不为也。”

子夏说：“即便雕虫小技，也有可取之处，但走远了难免陷入泥沼，所以君子不做这些事。”

这大概是强调“君子务本”之意，与第一篇第二章有子曰“君子务本，本立而道生”含义相通。

19.5 子夏曰：“日知其所亡，月无忘其所能，可谓好学也已矣。”

子夏说：“日知其所无，月无忘其所能，这才叫好学啊。”

孔子所说的好学，靠的是一以贯之和无牵无挂的生活方式。子夏这段话听上去很像今人所谓“书山有路勤为径，学海无涯苦作舟”的意境。好学者一定很勤奋，但把好学单纯理解为勤奋者，要么半途而废，要么最终变成一个令人厌恶的书呆子。

19.6 子夏曰：“博学而笃志，切问而近思，仁在其中矣。”

子夏这里搞错了。这是好学，绝不是孔子说的仁。

19.7 子夏曰："百工居肆以成其事，君子学以致其道。"

子夏说："匠人汇聚在作坊里，这可以彼此切磋磨练他们的技艺；同样的，君子汇集在书院里学习，然后入仕实现他们的理想。

这句话透着一股"有用于国家"的儒家人生模型。其用意是为汉代"举孝廉"制度做铺垫，它就是科举制的前身。

19.8 子夏曰："小人之过也必文。"

子夏说："小人犯错一定会掩饰。"

老师说："君子发现过错不怕改正；过而不改才叫过。"子夏接着发现："小人总是以掩饰代替改正。"这句话还挺有意思。观察小人掩饰过失，不失为一种乐趣。

19.9 子夏曰："君子有三变：望之俨然，即之也温，听其言也厉。"

这是对 7.37 章"子温而厉，威而不猛，恭而安"的模仿。

19.10 子夏曰："君子信而后劳其民；未信，则以为厉己也。信而后谏；未信，则以为谤己也。"

子夏说："君子先取得下属和百姓的信任，然后才指挥命令他们，否则他们会觉得你在盘剥他；对上，要取得信任之后才进谏，否则他会觉得你在诽谤他。"

这一句谈的是儒家入世为官之道，也就是今人所谓的驭人术。

19.11 子夏曰："大德不逾闲，小德出入可也。"

子夏说："大原则不出格，小节就可以通融。"

这一句的意思仍然是"君子务本"，抓住了大头，小头就不会出大问题。

19.12 子游曰："子夏之门人小子，当洒扫应对进退，则可矣，抑末也。本之则无，如之何？"子夏闻之，曰："噫！言游过矣！君子之道，孰先传焉？孰后倦焉？譬诸草木，区以别矣。君子之道，焉可诬也？有始有卒者，其惟圣人乎！"

子游说："子夏的学生，平日操练的都是洒扫应对这些礼节之事，这没什么错，不过都是些细枝末节；如果本失掉了，问题就大了。"子夏听闻曰："哎呀，子游此言差矣。君子之道，哪有先学与后学之分？君子修德岂能像园丁培育花草一样分别栽种？君子之道，怎么可以随便乱说什么是应当的，什么是不应当的？至于能循序渐进，深浅适当地学习修德，恐怕只有圣人才做得到吧！"

书呆子才会为学习的先后顺序担心呢。这个问题只是在书房里是个问题，如果走入生活，书呆子就会发现他们必须面对的是什么了。

19.13 子夏曰："仕而优则学，学而优则仕。"

古汉语里，"优"的含义是"富裕""有余力"，而"优秀"是后起的引申义。

子夏说："做官，觉得自己还有余力就学习；学习，觉得自己还有余力就去做官。"

这句话很像是阅读"文质彬彬，然后君子"的批注。其引申的含义，"通过书院可以直达仕途"，这一点与子夏前面说的"百工居肆"相同。

19.14 子游曰："丧致乎哀而止。"

这句话同样是模仿，同样是想以重复的力量强化某事。

19.15 子游曰："吾友张也为难能也，然而未仁。"

子游说："我的朋友子张高端大气上档次，但就是还未得仁。"

十九篇首先派子夏、子游出场，好比大赛之前找一个少年队踢一场垫场赛，目的是导引后面的重量级人物出场。尤其是如果后面的重量级人物其实分量也不够，就需要在前面安排一些更轻量级，总之就是烘托。

对比一下《论语》和《圣经》：

《旧约》的前五篇曰"摩西五经"，就是《创世记》《出埃及记》《利未记》《民数记》《申命记》，这就是《旧约·圣经》最重要的部分。此后的一篇曰《约书亚记》，说的是摩西死后，摩西的传人约书亚率领以色列人渡过约旦河，进入他们的应许之地。换言之，《约书亚记》说的是以色列人聆听神的使者摩西的教诲，然后沿着摩西的指引开始行动。《新约》的前四卷为四部福音书，然后第五卷《使徒行传》讲的是耶稣死后，门徒们开始四处传扬基督的福音事迹。相比之下，《论语》十九篇记录的是孔子死后，众弟子们继续坐而论道，继续得逼得逼。

19.16 曾子曰："堂堂乎张也，难与并为仁矣。"

曾子想说："子张看上去宏伟气派，不过很难和他一起修行仁道。"

19.17 曾子曰："吾闻诸夫子：人未有自致者也，必也亲丧乎！"

曾子说："我曾听夫子说过：如果人有极度痛苦的时刻，大概就是失去亲人的时候吧。"

曾子一以贯之地讲论孝和办好丧事这两件大事，抛开义理不谈，请注意这句话的语境："我曾听夫子说过，"言外之意，我曾子曾经亲耳聆听过夫子的教诲，现在他死了，想要听闻夫子话语的你们，就听我的吧。

19.18 曾子曰："吾闻诸夫子：孟庄子之孝也，其他可能也；其不改父之臣与

父之政，是难能也。”

曾子说：“我听夫子说过：孟庄子这个人之孝，其他那些事情我们也可以做到，只是他不改其父之道，依然任用其父的老臣，实为难能可贵。”

曾子在编造这段瞎话的时候还加入了一个细节，就是这个“孟庄子”。这又是他们惯用的造假手段。

19.19 孟氏使阳肤为士师，问于曾子。曾子曰：“上失其道，民散久矣。如得其情，则哀矜而勿喜！”

孟氏推荐曾子的学生阳肤做法官，阳肤向曾子请教做好这个职位的要点，曾子说：“如今这个时代，上层背离天道以致下民人心涣散，这种情况已经太久了。所以你办案子，应该同情犯罪的人，而不是以自己高超的办案能力而沾沾自喜。”

这一章的语境还是在模仿前文，比如“仲弓为季氏宰，问政，子曰——”章，这种不顾廉耻的模仿甚至败坏了原句的趣味。

就内容而言，曾子将道德凌驾于司法之上，而非以事实为准绳。

19.20 子贡曰：“纣之不善，不如是之甚也。是以君子恶居下流，天下之恶皆归焉。”

子贡说：“纣之荒淫与无道，应该不像后世的传说那样吧。所以，君子最怕落得纣王那样的下流之地，导致所有恶名都倾倒在他头上。”

之前的章句令人昏昏欲睡，子贡出场让人突然眼前一亮。子贡此言——当然是有人假托子贡所言——第一次看出，把纣王塑造成一个道德彻底沦丧的昏君或许是政治操弄。这段话表现出知识分子不愿继续受骗的独立性，这在儒家之中是可贵的。

19.21 子贡曰：“君子之过也，如日月之食焉：过也，人皆见之；更也，人皆仰之。”

子贡说：“君子之过，如日月之蚀：有过错，人皆见之；改正了，人皆仰之。”

我喜欢子贡这个比喻，意思是：君子绝对是个公众人物，其一言一行都是下属和臣民的榜样。这既是对君子的嘉奖，也是他必须承担的责任。子贡说话的水平堪比老师，远远高于之前各位弟子。

19.22 卫公孙朝问于子贡曰："仲尼焉学？"子贡曰："文武之道未坠于地，在人。贤者识其大者，不贤者识其小者，莫不有文武之道焉。夫子焉不学？而亦何常师之有？"

卫国大夫公孙朝问子贡："仲尼的学问是跟谁学的？"子贡说："文王武王死后，文武之道并未消散，而是被历代人物传承于世间。贤者传承了其中大者，次一等的人物也传承了其中次要的，但都是文武之道的一部分。夫子从哪儿不能学一些呢，难道非要有一个固定的老师吗？"

这一章的用意是：我们应当博采众家之长，充分吸收前人各种思想之精华，无论是道家、墨家、孔子和法家等等熔炼出当代最先进的思想。董仲舒所谓"独尊儒术"，里面其实包含了大量道家的东西，有些甚至是本质性的部分，说他是儒家甚至有点牵强。

这个熔炼的观点极为新锐，而且其背后意味着一系列战斗。我高度赞扬这种精神，这是汉儒身上最好的部分。

19.23 叔孙武叔语大夫于朝曰："子贡贤于仲尼。"子服景伯以告子贡。子贡曰："譬之宫墙，赐之墙也及肩，窥见室家之好。夫子之墙数仞，不得其门而入，不见宗庙之美，百官之富。得其门者或寡矣。夫子之云，不亦宜乎！"

叔孙武叔（此人仅见于这一章，据说是鲁大夫）在朝堂之上跟其他大夫们说："子贡贤于仲尼。"子服景伯（鲁大夫，见 14.36）把这话告诉了子贡。子贡说："让我拿宫墙做个比喻吧，我家的墙齐肩，所以站在墙外的人可以看到墙内各种美好的景象，然而夫子家的院墙高达数丈，外人又不得其门而入，所以无从看见墙内宗庙之美，宫殿之富。寻得其门而入的人少之又少。如此说来，叔孙武叔所云，说的也没错。”

子贡为夫子垫场，衬托其仰之弥高、钻之弥坚的伟大高度。

19.24 叔孙武叔毁仲尼。子贡曰：“无以为也！仲尼不可毁也。他人之贤者，丘陵也，犹可逾也；仲尼，日月也，无得而逾焉。人虽欲自绝，其何伤于日月乎？多见其不知量也。”

叔孙武叔继续诬蔑仲尼。子贡说：“不可这么做呀！仲尼不是你想毁就毁得了的。他人之贤，好比是一座小山，我们努力一下还是可以跨越的；然而仲尼好比日月，没什么方法可以跨越啊！就算有人非想要毁损日月，又怎么会真的伤及日月一根汗毛？只不过让我们看到其无知而已！”

子贡连说三个比喻，一个比一个华丽，一步一步地将孔子神化。

19.25 陈子禽谓子贡曰：“子为恭也，仲尼岂贤于子乎？”子贡曰：“君子一言以为知，一言以为不知，言不可不慎也。夫子之不可及也，犹天之不可阶而升也。夫子之得邦家者，所谓立之斯立，道之斯行，绥之斯来，动之斯和。其生也荣，其死也哀，如之何其可及也？”

子贡的弟子子禽对子贡说：“子贡你太谦恭了吧，仲尼怎么会比得上你呢？”子贡说：“君子一言出口就知道此人是智者还是笨蛋，所以说话一定要慎重。夫子之无可企及，正如你无法沿着阶梯登天一样。假如夫子果真有机会治理一个国家，他树立什么什么就确立，推动什么什么就运行，绥靖哪一番邦那里就会归顺，改造一个社会各方都会响应。当他来时，人们都受到其荣耀的恩泽，当他去时，所有人都感到丧失。这种境界你我凡俗之人如何企及？”

这个陈子禽在《论语》中一共出场三次。第一次是 1.10 节，他问夫子是个什么样的人，子贡告之“温良恭俭让”；第二次是 16.13 节，他问孔子儿子伯鱼，夫子教你和教我们有何不同，结果问一得三，知学诗、学礼、君子远离儿子。可是第三次，此人突然大变脸，非要说子贡贤于仲尼。造假者派陈子禽登场实在是驴唇不对马嘴。

如果让我造假，我会派樊迟或者宰我说出“子贡贤于仲尼”的话，然后被子贡的排比句排山倒海地打翻在地——

“夫子这个人，立之斯立，道之斯行，绥之斯来，动之斯和，无所不往，战无不胜……，他哪里是人，他是神！”

子贡在前十八篇里品德修行也就中等，优点是口才超级好。然而十九篇里，子贡被塑造为“子贡贤于仲尼”的次高地位，为了配合这一谎话，《史记·仲尼弟子列传》的下半篇几乎就是“子贡列传”，孔子死后，众弟子集体守孝三年，唯有子贡一人又追加守孝三年，这是巨大的荣誉啊。

所有这些，目的就是要让子贡在篇尾的最后一章里大声说出“孔子就是圣人”这句话。

孔子是私生子吗？

《孔子世家》关于孔子出生，记了一个细节：孔子的父亲与颜氏“野合”而生孔子。于是大家说孔子是个私生子。

“野合”的真正含义其实可以在《史记》的《殷本纪》和《周本纪》里找到。殷的祖先契的母亲去郊外祭拜，看见一个巨人脚印，就把自己的脚探进去，结果怀孕生下了契。周的祖先后稷的母亲在郊外洗澡，一只玄鸟落下一只鸟蛋，她吞服而生后稷。孔子的母亲“野合”，意思是在户外和神性交而生孔子。这个故事想要告诉我们：孔子如契、后稷一样，是从神而生的“神之子”。谁意欲把孔子从先秦诸子之一抬升为神，谁就是《孔子世家》这段文字的作者。

曾子和有子的底牌

十九篇还隐含着一个次要的目的，就是把曾子塑造为孔子真谛的传人。这个曾子说起话来的标准句式是：“我曾听闻夫子说过……”

我们看看这个曾子的底细。

此人是夫子之道一以贯之的传人，《孝经》和《中庸》的作者。而《孝经》就是与《论语》正典化配套的重点工程。曾子成为这项工程的代言人。

在十一篇结尾的“与点”一章里，孔子说“吾与点也”（“我赞同曾点的看法”）。这是《孔子》原文中孔子唯一明确地赞同其弟子的一次。于是，造伪者编造出曾点的儿子，名叫曾参，作为孔子真道的传承人。有趣的是，造假者其实没看懂那一章，他们弄错了，这是题外话。

为了增加这个人物的可信度，他们还编造了“曾参杀猪”的故事。塑造此人“诚实、可信”的形象。

曾子名叫曾参，其实就是“曾三”。“吾日三省吾身”、“三年无改于父之道”、“三年守丧”等等的“三”，其根源就是董仲舒“通三统”的“三”。

有子。《论语》的第二句就是有子曰，这个编辑安排绝非随意。在十八篇内，有子的戏份很少。但在《仲尼弟子列传》里，有子有一场大戏：孔子死后，门人苦于没有老师可以崇拜，但见有子长得很像孔子（黝黑、个子高），于是众人（故事中没说是谁）提出把有子装扮成孔子，接受众弟子的膜拜。后来这件事被子贡制止。

有子名叫有若。“若”的意思是：“他看上去就像孔子一样！”这个人是造假者按照孔子生前的样子打造出来的。“有”的意思是“确实”。这个名字想要告诉我们：“这确实就是活着的孔子，简直一模一样。”

第二十篇　尧曰

早就有人质疑二十篇“尧曰”章是伪经。最著名的是顾颉刚及其“古史辨派”。他们说，“尧曰”章基本上是王莽所为，里面参杂着尧舜禹神话和墨家尚贤、兼爱、天志、节用等各种教条。

我没看过古史辨派的书。我以我的方式辨伪。

虽然是伪经，这一篇很重要，值得一看。

20.1 尧曰：“咨！尔舜！天之历数在尔躬，允执其中。四海困穷，天禄永终。”舜亦以命禹。曰：“予小子履，敢用玄牡，敢昭告于皇皇后帝：有罪不敢赦，帝臣不蔽，简在帝心。朕躬有罪，无以万方。万方有罪，罪在朕躬。”“周有大赉（lài），善人是富。虽有周亲，不如仁人。百姓有过，在予一人。”

第一节：在传位于舜的禅让大典上，尧曰：“咨（据说是上古帝王专用的感叹词）！舜啊！天命那恒久轮回的历数就在你的一言一行之中，你的言行如果符合天命，王朝也将恒久延续，所以好好把握天道的历数吧。如果四海之内出现灾变，是上天对你行为失当的反应，那样的话，你的王朝的历数也将终结。”

舜传位给禹的时候，说的也是这些话。

第二节：这是商汤在一次祈雨典礼上的讲话稿。天不下雨就是对人间君王道德与行为失当的警醒，祈雨仪式的主要内容就是向上天忏悔过错。“履”是商汤的名字，“予小子履”是他在天神面前说话时的贱称。

曰："我是无德无才的小子履，今天斗胆以黑色的公牛向上天献祭（赎罪祭的牺牲品为'玄牡'），以此作为我的替身，向伟大的天帝表明我的内心：所有的过失和罪责我都无意隐瞒，更不应蒙混过关，请都归在我这个做君王的头上。此外，我不敢遮蔽天下任何一个贤德之人，我将他们挑选出来，请天帝择用。请将一切罪过归结于我身上，不在万方臣民。请将万方臣民的罪过，都归在我身上吧。"

第三节：这一节内容是武王面对天帝作的感恩祭。

"周得到上天的厚赐，善人于是多起来。纵然我有直系宗亲，不如拥有天下仁人。百姓有过错，都归于我一人。"请注意"善人"一词，在十三篇结尾"善人为邦百年"章出现过。

这些话有三个含义：

君王是天道的传承与受命者，他的行为和道德水平是天道在人间的反映，如果做得好，天就会奖励君王统治的天下，如果不好，就会警告、惩罚乃至灭亡他。

所以，所有的罪责都是君王一人的罪责。其他人向君王负责，君王向天神负责。君王应时时保持一颗"罪己之心"，他肩负着极为重大的使命和责任。经常下罪己诏可以有效保持其权力与使命的纯洁性。

君王当爱护臣子，尤其是文人士大夫阶级。他们是和谐社会的中坚力量。如果社会中上层保持和谐融洽，美好时代将恒久延续。

这是董仲舒"君权神授"思想的体现。"君权神授"的核心是将皇帝从孔子的"北辰"升华为连接天与地的唯一使者，他就是"天子"，其上曰天，其下曰他管辖的天下。这事实上剥夺了传统贵族士大夫作为众星的地位。这是帝国政治体制的重大变革。

"罪己"。在君权神授思想里，君王把人间的罪责都归在自己头上，他一个人向天道负责。天道是制约其权力的唯一监督者。于是众星不再有制衡皇上的权力，同时也将众星从"与天道对话和承受天命"的身份与职能贬低为"替皇上办事的公务员"。传统贵族士大夫不再需要判断力，皇上只要求他们的执行力。因为对错是由上天以各种征兆显现出来的，而非孔子所说的君子内心的仁。

“罪己”用一种完美的方式把先秦时代的贵族贬为皇帝的奴才。中国历史上有记录可查的第一个“罪己诏”出自汉武帝的“轮台罪己诏”，我认为这个诏书的真正用意绝非“罪己”，而是为了确立皇帝与公务员之间新关系的郡县制政治体制。

20.2 谨权量，审法度，修废官，四方之政行焉。兴灭国，继绝世，举逸民，天下之民归心焉。所重：民食，丧，祭。宽则得众，信则民任焉，敏则有功，公则说。

传统读本把第二章合并到第一章里，我为了方便分为两章。上一章讲纲，这一章讲目。

制定严谨的度量衡制度（权即秤砣），编制历法，填补空缺的官爵，君权和政令就会畅达天下四方。恢复被战乱灭绝的故国，接续断绝的世家宗族，选拔那些隐居者以及散落民间的人才，则全天下人心归服（指皇权秩序得以建立）。

重视三件事情：以粮食为核心的民生、葬礼、祭祀。

（为君者）宽厚则可以赢得民心，真诚则可以获得信任，勤勉则会有功绩，公正则会带给社会幸福。

这一段提供了一份皇帝的施政清单：

“谨权量”：说的应该就是秦统一度量衡。秦灭六国，并没有延续周的封建制，将六国的领地分封给各位嬴姓王，而是以郡县制将整个华夏诸邦聚合为一个结构严密紧实的整体，这件事开天辟地。与之配套的就是帝国之内各种制度体系的一体化：统一货币、文字、度量衡、历法和意识形态等。编订颁布统一的历法，让全国人民按照一种作息时间表统一行动，想象一下，全国每一个家庭统一春耕、统一炼钢、统一修筑黄河大堤，整合之后的帝国可以动员起多么了不起的社会能量。这就是中华帝国的核心竞争力之所在。而且，这个大一统帝国被极为深刻地认同为这个民族的常态。

“修废官”：既可以被封建制解释为“恢复旧贵族的待遇和地位”，也可以被郡县制解释为“建立高效的郡县制的官僚行政体系”。所以这是一句政体指向含糊不清的话。

“兴灭国”：从远处说，武王灭商后，封夏的后人于杞，封殷的后人于宋。从近处说，始皇灭六国，封六国后人于咸阳城。但这一远一近同样有着重要的不同：一个是典型的周朝封土建国的封建制，另一个是将诸侯王汇聚与京城剥夺其封地的中央集权制。董仲舒的“通三统”的要点就在于将封建制与中央集权的郡县制糅合到一起办，这是汉武帝一朝的典型做法。这也从侧面反映出，篡改《论语》的，绝非只有王莽，“尧曰”章的第一作者，我认为是汉武帝与董仲舒。

“举逸民”：秦焚书坑儒，以粗暴的方式统一思想，武帝认为这个方向肯定没错，但以铲除这个阶级为目标的做法事实证明是失败的。“举逸民”是吸收了秦的教训之后对儒家知识阶级的怀柔新政。“举”就是汉人之“察举制”的那个“举”。

“所重：民食，丧，祭。”比较一下7.12章“子之所慎：齐，战，疾”。孔子说的是知识贵族君子的个人修养；而这一段添加进来的东西是：皇上要时刻警惕和重视的民情。这是郡县制皇帝必须关心的重大问题，但在封建制下，责任与权力层层分解，君主无须操心隔着社会等级的下层民生问题。

20.3 子张问于孔子曰：“何如斯可以从政矣？”子曰：“尊五美，屏四恶，斯可以从政矣。”子张曰：“何谓五美？”子曰：“君子惠而不费，劳而不怨，欲而不贪，泰而不骄，威而不猛。”子张曰：“何谓惠而不费？”子曰：“因民之所利而利之，斯不亦惠而不费乎？择可劳而劳之，又谁怨？欲仁而得仁，又焉贪？君子无众寡，无小大，无敢慢，斯不亦泰而不骄乎？君子正其衣冠，尊其瞻视，俨然人望而畏之，斯不亦威而不猛乎？”子张曰：“何谓四恶？”子曰：“不教而杀谓之虐；不戒视成谓之暴；慢令致期谓之贼；犹之与人也，出纳之吝谓之有司。”

这段文字拖沓，累赘，唠叨，全是山寨《论语》正文的套话，且写得很烂。

20.4 孔子曰：“不知命，无以为君子也；不知礼，无以立也；不知言，无以知人也。”

这一章有点类似于很多文艺片用天空之类的空境收尾，让全书在一种舒缓庄严的氛围中淡出。

我的大历史观——丝绸之路、《论语》与华夏文明

何谓“华夏”

甲骨文“华”的本义，就是“花朵”，其延伸义就是植物之“精华”。何谓“植物之精华”？一棵植物的根、茎、叶、籽，就像人体器官一样缺一不可，并没有哪一部分是精华，但在以驯化植物（小麦水稻）为生的农业文明眼中，小麦的籽、白菜的叶、红薯的根就是其精华。

我们的祖先用这个字作为族徽和名字，意思是说：相对于周边的游牧和蛮荒部落，我们这种农耕文明的生产方式、社会体制、文化技术和生活方式是独特的和优秀的。

甲骨文的“夏”，左边是一个有个大头大眼睛的人，头顶的三根毛不是头发，是“智慧之光”，右边是一个锄地的农具。金文和小篆把农具融入了字的下半部，于是此人“做农事”的含义不明显了，但保留甚至突出了“大头”。这个字的意思是说：这个从事农耕的民族比周边游牧蛮荒部落更有智慧、道德、宗教和文化。“夏”字的本义就是“一个有宗教的人在耕地”。这个字表达的同样是华夏的本质属性，是其区别于周边游牧以及蛮荒种族的独特性与优越性。

“华”的甲骨文

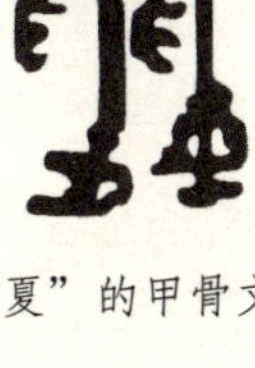

“夏”的甲骨文

华夏并未以血缘、人种、语言、某位神的名字（比如黄帝、炎帝）或地理区域等自然或文化属性自我定义何谓华夏，而是一针见血地指出：这是建立在共同的生产方式之上的下层经济社会组织与其上的宗教文化共同体。金文和小篆把农具放在宗教文化之下，这种改造令人联想到下层经济基础与上层建筑的政治经济学关系。

夏商周

二十世纪初，欧洲人曾经在中东搞过一场大规模的《圣经》考古，结果除了一部《死海古卷》可以说一无所获。或者说这次《圣经》考古间接证明了摩西、耶稣是仅仅存在于《圣经》文本里的人物。“夏商周断代工程”汇聚了当今最顶尖的学者，结果同样一无所获。他们用尽了科学和考古手段，但却无法证明“夏朝”的存在。他们实在不愿意承认这一点，他们说，二里头就是先商文化的遗存。有好事者把专家们所说的“先商”理解为就是“夏”，可是这恰恰就是“夏商周断代工程”想要证明的内容。

我能提出的只是：“夏”指的是我们这个农耕民族（文明体），但我也不能证明一个不存在的朝代确实不存在。就像相信上帝作为一个实体确实存在一样，夏朝的存在对很多人而言也是信仰问题。他们相信总有一天，关键性的考古证据就会出现。其实商只是区域性的城邦国家，说它是朝代已经很牵强，夏更是没影的事。

武帝一朝，董仲舒提出“通三统”（追溯并保留前两代王朝，以确保第三代天禄国运的正宗与合法性的理论）。按照这个理论，为了确立周的正统性，必须向前追溯两个朝代，于是在《史记》的文本里就有了夏和商。

大禹治水的目的

有人把大禹治水说成是中国版的“大洪水”。《创世记》里的“大洪水”神话，说的是耶和华要用洪水毁灭大地上一切已经泛滥了的在他眼中为恶的所有生物。“大禹治水”的目的完全不是为了杀人，而是兴修水利和国土整治，换言之，把禹塑造为华夏农耕文明的缔造者和开创者才是“大禹治水”这个故事的目的。

治水完工后，大禹做的第一件事就是将华夏全境划为九州，并评定了每一州的土壤等级。这是为中央向各州征收农业产出的所得税建立数字依据，也是建立农业社会的管理体系。可是只有秦汉之后的大一统帝国才有可能做这种大规模的国土整治、全国范围内的耕地与人口登记。

“大禹治水”其主题说的就是中华农业文明的根本之点，但这个故事是汉儒为了歌颂华夏文明的伟大传统，按照秦汉农业社会的模型编造的神话。

我读《史记》

讲中国历史必谈《史记》，因为它是唯一的。秦汉以后的大一统帝国，导致这个共同体特别在意其政治制度、法律、道德、民俗和意识形态的大一统性质。所以不光是《史记》，中国所有的历史书都是唯一的，都是“史家之绝唱”。

李开元说，我们今天读到的《史记》是东汉明帝朝修订过的版本。所以我质疑这本书上的每一个字。《史记》上的每一句话都有太明显的意识形态目的，和儒家地主阶级极为露骨的阶级利益。我相信司马迁父子肯定写过《史记》，但他是严格按照汉武帝的意志写的。你相信司马迁是那个身残志坚、秉笔直书、遍访诸夏，并如实整理了古代典籍的良史吗？我更愿意相信这个被塑造出来的司马迁是儒家史官想独立于皇权之外的理想人格的自我投射。

《史记》的作者，至少是其第一代的作者司马迁父子，肯定读过大量古代原始文本。比如《周本纪》的结尾处，“太史公曰”的部分突然提及武王派召公去洛阳勘查建东都的事。这意味着周克商后，在何处建都曾经是周王朝的一个大问题。或者，定都西安还是迁都洛阳正是东汉王室遭遇到的完全相同的问题，所以我高度怀疑《周本纪》结尾处的这段“太史公曰”其实出自东汉。

历史学家的工作就是处理这些已经被人处理过的信息，判断是非，从大历史观的角度理解一个时代的战略。

《殷本纪》第一个段落的文本分析

《殷本纪》开篇曰：殷的祖先名契（xiè），其母简狄。简狄和两个闺蜜（一共三个少女）到户外洗澡，有一玄鸟从空中坠落一只鸟蛋，简狄吞下随即怀孕生子曰契。迄今为止，无人理解这个故事的含义，也不理解上述四个细节（黑体字）的含义。

有人说“history”的原意就是“he story”，“他的故事”。“他”是谁呢？就是英雄或者诸神。所以，理解这个神话故事中的神意才是要点。

“简狄吞蛋”和福音书里的“圣母领报”出自同一个故事原型：

处女玛利亚刚刚婚配，还没有和丈夫同房，有鸽子飞来降在她头上，于是她怀孕生下耶稣。这鸽子就是神的化身或神的使者，携带着神的精液（鸟蛋）致处女怀孕。“圣母领报”里只有处女一人，“简狄吞蛋”里有三个少女。“简狄吞蛋”简化了神在三个女子中选择了最优秀的那一个的情节。“圣母领报”强调少女是处女，意思是：让她怀孕的不是她的新婚丈夫，而是神。

这个故事的希腊版是：凡人丽达和两个女伴在户外洗澡，宙斯变身为天鹅（鸟）与丽达交配，丽达怀孕后生下两个蛋。上述要素一应俱全，而结论是：凡人女子从神，生下了一个半神。

希腊神话“帕里斯的评判”用金苹果取代了鸟蛋：特洛伊王子帕里斯要把一只金苹果送给“世界上最美的女子”。在三位女子赫拉、雅典娜和阿芙洛狄特之中，他选择了美神阿芙洛狄特。“帕里斯的评判”突出的是“三选一”，以及这个选择最终造成了特洛伊城陷落的后果。

上述所有故事的最终目标都指向这个孩子：他的母亲是神在众多女子之中遴选出来的最优秀的一位，而这个孩子是天界的神与人间的女子结合而生的“英雄”，他是半人半神，他从天而降，是其父在人间的代言人，耶稣和契就是这样的人。

子

《殷本纪》接着说：契和他的后裔被赐姓“子”，这个姓氏有何含义呢？孔子、墨子也称“子”。传统的解释说“子”是“尊贵”之意。甲骨文“子”含义就是儿子，何来“尊贵”呢？

弗洛伊德曾经对“摩西”这个名字做过很精彩的分析（《摩西与一神教》第

一章），他发现好几个埃及法老的名字后缀都是“mose”，比如“图特摩斯”和“拉美西斯”，两个名字的结构就是“图特—摩西”和“拉—摩西”。“图特”是一位鸟神（鸟是交通天地的神圣动物），“拉”就是太阳神。两个法老的名字意思就是“图特之子”和“拉神之子”。只有法老或最高宗教领袖才可以号称“某神之子”，这个名字意味着他就是那位神在人间的传人。所以，弗洛伊德接着说，摩西这个名字的前缀本来也有一位神的名字，当一神教在埃及兴起，唯一神的名字因为避讳被隐去了。《圣经》文本中每次出现“神”，前面一定有一个空格，这个空格隐去的就是那位神的名字。

所以“摩西”这个名字正确的翻译就是“子”，这正是殷人的姓氏。换句话说，契的后裔被赐姓子这件事，说的是其最高祭司的职位，和他与神之间的关系，而非今天我们理解的“姓氏”。姓氏这件事的起源，是周天子分封诸侯时的爵位与封地的名称，姓氏的原始含义就是封建贵族体制。《史记》上说殷人被赐姓子，是在用秦汉以后形成的姓氏习俗套用古代。

再举一例：耶稣自称“人子”是说他兼具神的一面和人的一面。“人子”即所谓“道成肉身”：其父的真理和意图在人间的代言人和实际执行者。“人子”这个名字说的就是耶稣在人间一切行为之合法性的最大依据。

“殷”和“商”

甲骨文“殷”这个字，右半部是一个孕妇，左半边下面的“叉”说的是一只手在奏乐，一只箭头直指孕妇腹中的胎儿（强调这里的重点是这个“腹中的胎儿”）。金文将左右结构调转过来，但含义没变，指向更清晰了。右半边是一只手在奏乐，左半边的胎儿下面有一短横，同样是强调“重点是这个胎儿”。另一款金文的“殷”有一个大屋顶，意思是在宗庙里举办的祭祀活动，下面是一只鸟，鸟嘴正在把种子播进孕妇的腹中。《说文解字》说，“乐之盛为殷”，就是说，普天之下都因为神把他的儿子降生在人间这个喜讯而奏乐欢庆。

所以“殷”这个字说的就是那个圣婴，也就是“子”，它和“圣母领报”的故事完全一样：神把他的独生子耶稣投胎在一个处女的子宫里，全天下的人都因这个福音而歌唱。这个圣婴的名字叫“以马利内”“与神同在”，就是说，我们因

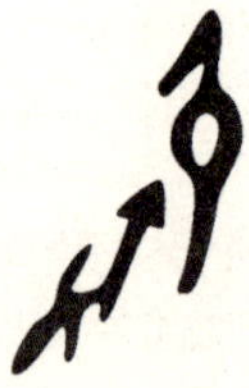

“殷”的甲骨文

“殷”的金文

“商”的甲骨文

“商”的金文

为这个“道成肉身”的神的儿子才得以与神同在。

甲骨文“商”的上半部是一个表示女性的倒三角，倒三角下面加了一横，表示生育，下面的一竖延伸的到下半部，意思是从这个女性而生的后代繁衍至后代。这个女性就是所谓“简狄”，也就是殷人的祖母。《殷本纪》说到其祖先契之后立即说到“其母简狄”，这意味着殷人的宗教原本是生殖女神崇拜的阶段。“商”这个字的下半部是一个半地穴式的房子，这意味着商人是定居部落，半穴居的方式是其重要的文明成果。但由于后代的定居方式远远超出了商人祖先，被甲骨文强调的这项成就后世就完全逸失了。合并上下两部分，“商”的本义就是他们的祖母简狄（从神）生下一个男婴，定居在他们的半穴居房子里的后代的根源都出自这个婴儿。这层含义与“殷”一致。

这个男婴的“价值”在于他是从神而生的，以及他是经由女神的产道出生的。这一层“价值”的意义后来被发展为“商业”之中的价值和利益。尼采说他是“拿着锤子思考哲学”和“重估一切价值”，就是“商”这个字“评估”、“掂量其价值”的意思。其本义的宗教和哲学价值反倒完全逸失了。

我只能说，三千年前的殷人从地中海文明圈引入了一种宗教，这就是我们仅仅从殷商两个甲骨文字的解读之中发现的真相。这种相似是本质性的，绝非巧合。

再比如希腊神话中狄俄尼索斯的故事。小男孩狄俄尼索斯作为祭品在祭坛上被众神撕碎，其父宙斯将这些碎块收集在一起，他割开大腿，将这个孩子缝在自己的大腿里（宙斯用他的大腿代替了母亲的子宫），将这个孩子再次孕育出生。这个故事干脆用男性神彻底取代了女神的作用，更明确地说明这个婴儿是从神而生的。婴儿死过一回然后重生，他将把其父的价值传播到人间。我认为，“商”的上半部代表女性的倒三角上加的那一横，就有这个婴儿被献祭而死，然后在商人的后裔中重生的意思。因为，如果只是强调这个婴儿或者这个母亲是商人的祖先的话，这一横应该是一竖，表示血脉传承。一横想表达的就是毁灭然后重生。

“契”和“简狄”

《殷本纪》又曰：舜委派契在华夏教化社会伦理——我把这句话理解为“契（殷人）在华夏传播他的宗教”。成汤（第一代商王汤）出场的第一件事，就是杀了一个叫葛伯的人，理由是“此人不祭祀神”。这是否可以理解为：殷人曾以武力传教。用马基雅维利的名言说，“凡是武装起来的先知都取得了胜利，凡是没有武装的先知，最后都成了烈士”。

殷人传的是什么教？如果说“契”就是苏美尔人的楔形文字，殷人传的就是这套文字体系所表达的宗教。“契”当然不是殷人祖先真正的名字，而是后人对这一族人身份与贡献的追谥：他在甲骨上楔刻文字，并将这一文明成果注入华夏文明。

甲骨文（也叫契文）和楔形文字在字形和读音上差异很大，但其书写方式和象形造字法有着本质上的一致性，两者都是“以抽象化的符号与象形图案表达的一套宗教”。文字的起源，我认为既非产生于劳动也非产生于商品交换，而是产生于宗教。

一万年前，苏美尔人的祖先发明了一套表达其宗教理念的抽象符号。然后在同一个地方（两河流域），苏美尔人在公元前 3200 年发明了楔形文字。这是已知最早的一套成熟文字。随后，这一伟大成就（宗教成就）迅速蔓延，现在已知埃及、赫梯、波斯的象形文字，源头都是苏美尔文字。如果两个城邦或民族拥有相同的文字，它们迟早是要统一起来的，或者说的直白一点，就是强者对弱者的吞并。事实上文字和语音差异是保持亚文明体独立的最重要的屏障。这就是为什么伴随在大国之侧的小国极为热衷于建立自己的文字，比如中国之侧的西夏、回鹘、满、蒙、韩、日（值得一说的是，除西夏文之外，其余都是拼音文字。其为了区隔与独立于汉语的意图非常明确），再比如英格兰之于苏格兰、威尔士、爱尔兰。这就是为什么苏美尔文字并未直接被传播，而是繁衍出许许多多的变形。

甲骨文一出现就是高度成熟的文字，一百年来的考古从未找到一件其早期形态的文物。如果甲骨文是借鉴了别的成熟的象形文字，在远东的华夏文明腹地一次性地完成了其本地化，这一现象就很好理解。毕竟，中国人有 2000 年的时间吸纳这一成果（从前 3200 年到前 1300 年）。在此期间，丝绸之路一直联通着两大文明体。我认为这条路极为古远，北京猿人很可能就是沿着这条路走到北京的。

契的母亲曰"简狄"。我对"简狄"两个字的理解是："经由狄人传入华夏的书简。"这里的"狄"，包含着"丝路"和"非华夏的舶来品"两个含义。殷人认为这一舶来品就是其宗教与文化之母。

周

《周本纪》开篇曰："周的祖先后稷，名弃，其母姜原。"这里有四个信息。

甲骨文的"周"说的就是"井田制"。所谓井田制就是被册封的贵族拥有的土地及其人口，这些人口以家庭为单位向贵族爵爷付出劳役和土地产出，偿付租种土地的地租。这种社会组织模式和生产方式就是周的封建制。"周"这个字的

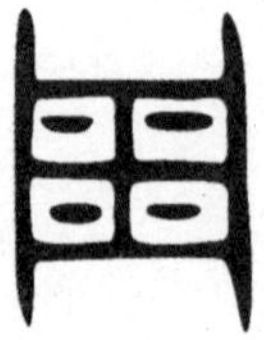

"周"的甲骨文

"周"的金文

"周"就是"土地四周的田埂与其中的农作物"，其中的种子强调的是周人在农业上的优势，田埂是划分封地的界限。"周边"这个词里的"周"，说的就是作为边界的田埂。"周全"里的"周"也是指着作为"周长的田埂"说的。

实质就是“封地而建”。周人以此作为族徽，一是强调他们在农耕技术上的优势，二是强调建立在这种经济基础之上的上层建筑：制度和税收、伦理和生活方式、宗教和思想。

“后稷”：所谓“稷”，就是史书上所说的神农氏，他将华夏领入了农耕之门。“后稷”是将其升级的人，他自西方而来，把新种子、灌溉、育苗或收割等新的农耕技术、新农具，以及农业社会组织等内容引入华夏。

人类最早驯化动植物（小麦、水稻、猪马牛羊）的伟大事件，相当集中地发生在1万年前的两河流域。这个时间点和这个地方目前被公认为是人类进入现代文明的起点。《旧约》里的伊甸园，其实就是一个谷物和蔬菜栽培的种植园。华夏文明也在时间稍晚的时候驯化了一些新品种，比如桃子和鸡，并将其反向输出到地中海圈，但自西向东的输入肯定是主流。

人类驯化动植物的重要性不亚于文字的起源，它为什么在人类的历史上出现得这么晚（仅在一万年前）？又为什么集中在某几个地区？美国学者贾雷德·戴蒙德的书《枪炮、病菌和钢铁》说的就是这件事。我的想法是：在1万年前的两河流域，出现了一种将世间万物划分为好的和坏的、善的和恶的这种“一分为二”的崭新的世界观，这是一种改变人类命运的伟大宗教。只有极为自觉地以一分为二的观点看待世界的民族，才有可能驯化出小麦和牛羊。亚当夏娃吃那“可知善恶”的果子前，蛇对他们说得很清楚：“吃了这个，就可以明目，具有像神那样以善恶的观点看待世间万物的眼光了，你俩吃不吃？”然后他俩就吃了。此乃现代文明的起源：人类因这果子里对恶的惩罚了受尽了苦难，却也因此获得了好的、善的、美的事物。

说句题外话，印第安人走出旧大陆建立他们自己的独立文明的时间究竟是何时？目前最流行的说法是2万到1.5万年前。其实我们只需从原始宗教和农耕技术的比较，就会获得令人惊喜的发现。我很期待这项工作。我认为印第安人为我们保留了1万年前旧大陆上原始宗教和原始农业的很多细节。

弃

后稷的名字叫“弃”，就是说他有两个名字。《周本纪》说，弃出生后，被其母弃之街巷，牛马过而不踩；再弃之山林，有好心人保护了他；再三弃之于冰面，飞鸟展开翅膀上下包裹住婴儿不被冻死，其母惊奇，收养了这个被三次丢弃的孩子。最后孩子长大后成为周人的伟大族长。这位母亲为何要再三弃婴？《周本纪》没说。

这个故事和以下四个故事出于同一个神话：

摩西出生的故事。有算命的博士告诉法老，有一个希伯来男婴即将出生，他将毁灭你的国家，于是法老下令杀死所有希伯来的新生儿。摩西出生后，母亲把婴儿放在一个密封箱子里，放入河里。一位埃及公主从水里捞起箱子，把孩子养大。后来孩子长大了，重创了法老的国家。

宙斯出生的故事。宙斯他妈生了 11 个孩子，每次孩子一出生，其父克罗诺斯担心孩子会威胁他的王位，就把新生儿吃掉。当第 12 个婴儿宙斯出生时，母亲盖亚用调包计用一块石头代替了婴儿，然后把婴儿放在一个盒子里放入海里。这个盒子被一个女人从水里捞起，她把婴儿养大了，最后宙斯杀死了父亲克罗诺斯，从克罗诺斯的肚子里解救出 11 个哥哥姐姐。

耶稣出生的故事。圣母玛利亚生下耶稣，有东方来的三个博士前来祝贺圣婴出生，并预言这个婴儿将要做犹太人的王。犹太人的希律大王听闻，立即追查并要弄死这个新生儿。玛利亚和约瑟夫妻俩于是带着婴儿逃往埃及去了。结果我们都知道，耶稣在上十字架前被人戴上荆冠，做了“犹太人的王”。

俄狄浦斯王子的故事。国王生下一个婴儿，先知告诉国王：这个婴儿将杀死你。于是国王把婴儿交给一个牧羊人去杀掉，牧羊人心软，把婴儿丢弃在山里。另一个牧羊人捡到这个孩子，把它交给了另一位没有孩子的国王。小俄狄浦斯以王子的身份在养父家里长大了，有一天，先知告诉他：你将杀死你父亲然后娶你的母亲为妻。俄狄浦斯为了逃避这个可怕的咒语，逃离了他养父的国家。然而这个魔咒指引他来到他生父的国家，他杀了他的生父，娶了他的生母，做了这个国家的国王。

根据上述四个同构的故事，我们可以补足《周本纪》里这个故事的完整情节：

占星师告诉商王，有一颗新星升起于西方，这意味着有一个将要灭亡你的国家的婴儿在西地出生了。于是国王下令杀死函谷关以西所有新生的男婴。弃的母亲于是将婴儿弃之街巷，牛羊走过却没有伤及婴儿，因为牛羊是通神的动物，它们遵从神意保护了婴儿。其母再次弃之于荒野，这次是一位好心人收养了他，（第二次弃婴目的是让这个婴儿从其出生的家庭流亡到另一个家庭）。第三次，弃之冰面（冰是凝固的水，婴儿必须入水然后出水），飞鸟伸出翅膀将其上下完全覆盖（四密的构造等同于承载摩西的“箱子”）。最后，其母惊奇，把婴儿从水里捞了起来（一个女人将婴儿“从水里捞起”）。故事的结局是：弃的后裔周武王姬发杀死了商纣王，取而代之。周人说其祖先的名字叫“弃”，这就是周人对武王伐纣所做的宗教解释。

姜

“姜”，上“羊”下“女”。甲骨文里所有羊部的字都与宗教祭祀有关，羊就是献给神的祭品。这与犹太教完全一致，比如耶稣就是“逾越节的羔羊”。

再比如“美”，就是“扮作羊的人”，就是狄俄尼索斯披上黑山羊皮在祭坛前上演的“羊皮戏”（希腊悲剧也叫“羊皮戏”）。换言之，狄俄尼索斯就是被奉献于祭坛的祭品。这祭品就是“在神的眼中为美的供物”，所谓美，并不是今人所谓的漂亮，而是“犁牛之子骍且角”所说的在神的眼里，仲弓的俊美和温顺。

还有“羔”，下面四点代表水，就是“婴儿过水而获得新生”。在拜火教里，下面的四点代表火（商人宗教就是拜火教），其含义是：在逾越节之夜，祭杀一只一岁的小公羊，用火烤了吃。这只羔羊经过火（牺牲和毁灭）而重获新生。

“姜”的本义是牧羊女，其实就是女巫或女祭司。所谓“姜原”，我以为是：“周人的祖先原本是一个由女巫主持祭祀的部落。”在埃及和希腊的宗教中就是这样女神承担着很重要的角色，即便在一神教的犹太教里也有女祭司：摩西的姐姐米利暗和他的妻子西坡拉就是女祭司。而且西坡拉、利百加（以撒之妻）、拉结（雅各之妻）都是牧羊女，其父都是重要的宗教领袖。

周人姓“姬”，今文意思就是“美女”，从造字法看就是“女”加“臣”，即“处于臣属地位的女子”。其实所谓女臣和姜是一个意思，就是女祭司。所谓“处于臣属地位”，就是从前姜姓时代是部落女首领的女祭司，在男性神时代变为附属性的女祭司。

《周本纪》说姬昌被商王囚禁，周人以美女、彩色骏马等珍奇行贿纣王，纣王接受贿赂放了姬昌。“周人以美女行贿纣王”，我的理解是：这些所谓美女就是从事宗教祭祀的歌舞姬（戏剧和舞蹈都是原始祭祀的变形形式），或者说庙妓。这些女祭司就是神的使者，纣王与之性交就是通过女祭司的身体领受天神的指令，这是这种宗教极重要的仪式。“姬”这个字后来就指女戏子，其女祭司的含义荡然无存了。

至于彩色骏马，应该不是出自华夏，这种稀罕物应该来自中亚草原。“彩色骏马”暗指周人当时实际控制着丝路。

在地球仪上看丝路

如果我们拿着地球仪思考全球化，会发现华夏文明其实是孤悬在远东的一块孤地。其北是极冷的荒漠，东和东南是海，西南是青藏高原和喜马拉雅山脉，唯一通往地中海文明圈的西方通道被一连串的沙漠、群山以及帕米尔高原阻隔，或者说被其间一系列的绿洲和东西向的山谷所联通。于是，这条漫长又艰险的丝绸之路，既把华夏文明和地中海文明圈连接，又将彼此隔绝。

这条东西走向的“丝绸之路”是华夏对外关系中最重要的方向。殷、周、秦先后三次自西而来，并入主中原，都是因为他们携带着来自地中海文明圈的先进宗教、农耕技术、军事和社会制度，他们是因这个相对优势而成为华夏霸主的。东西方之间的每一次大交流，都造成了华夏文明的一次大升级。（我们可以把鸦片战争带来的这次重大升级看作是最近的一次）全球化绝非大航海或者互联网带来的新东西，自有人类以来（少说有 190 万年），这个世界一直都是全球化的。丝绸之路是两个文明体的双向交流，华夏文明也输出了很多东西，甚至是很重要的东西，比如造纸术、鸡和科举制，但从地中海文明圈输入的更先进的文明成果无疑更多。所谓全球化，就是高端文明以武力和文化的方式流向较低端的文明并将其覆盖。自从直立人出现以来，人类的进化就是以这种方式发生的。雅思贝尔斯说的“轴心时代”，其本质就是全球化。

在华夏文明圈之内，还有一个较小的、较次要的对外关系，就是南方华夏与北方游牧之间的南北关系。北方人口虽不及南方华夏的 1%，但拥有广大的战略纵深，无法被消灭。在南北之间发生的永恒的战争、和亲、贸易、毁灭与征服，都没有给彼此带来东西关系那种级别的文明形态的升级。

农与牧

我想以农耕与游牧这两种生产方式，也就是政治经济学角度谈谈这个问题：

1 万年前我们的祖先驯化出第一批动植物，从此产生了农耕和游牧两种生产方式。农耕文明的优势是，人类第一次用一部分人高效的专业劳动生产出大量的社会财富，从而促进了人口密度的大幅提高和社会组织方式的高度发展。农业社会可以养活职业军队、各种工匠、会计、侍女、阉人、艺术家和祭司。人类社会第一次超越了家庭和部落组织形态，组成了人口众多的国家。农耕社会组织的优势是空前巨大的，它一经出现，就占据了地球上绝大多数的可耕地和宜居之地，把游牧部落逼退到不适宜耕种的地区。

然而，一万年以来的历史表明，农耕文明会不断遭到北方草原民族的武力入侵。农耕文明人口众多，财力雄厚，军队规模庞大，且战争动员能力远超北方；游牧民族的优势在于他们无须战争动员就是一个全民皆兵的社会。高纬度和高山民族都特别好战，似乎他们的血液里就有着好战的基因。其实原因不在基因，而是经济基础。

草原畜牧的产业基础很脆弱，一遇天灾或瘟疫就会遭到重创，且恢复期又比一年一收的农耕方式慢。游牧和高山民族产业形态单一，没有成套的冶炼、铸造、制盐、手工业和文化艺术等产业。其物产的市场也在农耕人口稠密区，所以必须和农耕区交换。用羊毛和羊肉换盐铁或者瓷器非常不划算，因为定价权在对方手里。农耕区完全可以不需要羊肉和羊毛而自给自足，游牧却不行，所以贸易制裁权永远掌握在农耕区手里。如果游牧民族买不起，或者被恶意封锁，就只能抢。

北方草原就这样天然地就养育着猎手和强盗。男孩子从小就被作为武士而培养，他们比拼彪悍、坚韧、狡猾，练习骑马射箭、伏击、传递情报、长途奔袭、野外求生等战争技术。草原民族是家族部落制社会，一旦出现一位强人，完成了家族部落之间的整合，组建起一支上万骑兵的军队，华夏农耕区的防御体系根本挡不住这种机动性和攻击力超强的军队攻击。所以自古以来，游牧和农耕两者之间，早就形成了一种数量稀少的狼和数量众多的羊之间的共生关系。

一道选择题

草原民族一旦强大到攻克了农耕区的首都，就面临一道选择题：是抢完就走，下次再来抢，还是干脆统治这个富庶的农业区？

选择前者的麻烦在于草原民族的部落联盟非常脆弱，很容易瓦解。强人一死，其内部统一随即崩溃。成吉思汗的儿子们还勉强可以遵从父亲的意志，拥立次子察合台为大可汗，到了孙子辈草原帝国基本瓦解。这就是草原民族最成功的一次。

如果选择入主中原，像北魏拓跋氏和忽必烈那样，就必须改变这个民族游牧的基因。即便不说融入，也必须学会全新的统治方式。北魏拓跋氏和忽必烈的尝试都是失败的教训。改变基因无不是必须经历脱胎换骨的内部革命。

当然也不乏成功者。奥斯曼土耳其、伊斯兰和清朝都成功地完成了从游牧到农耕的转型。这些成功经验的共同点，就是长期伴随在农耕文明之侧，一点一点地吸收农耕文明在上层建筑和经济基础两方面的核心成果，绝不能打下了都城才考虑怎样转型。

自西而入

《周本纪》曰，后稷做了华夏族的农事师。这个职位是世袭的，可是后稷的儿子就失去了这个职位，流亡到西戎做了游牧。这段情节颠倒过来才更接近真相：周人原本就是一个西戎部落，他们携带着来自西方的先进农业技术优势融入了华夏农耕区。根据《周本纪》的描述，周人很可能首先在天水甘谷一带定居下来实践农耕，然后把农耕区推进到关中，在这里逐步发展他们的农业产业和农业社会制度。

有一个细节：武王克商前在牧野举办了一个盛大的宣誓，武王开口的第一句话是："来自西方的同志们辛苦了！我们周族的各位官员和军士，以及庸、蜀、羌、髳、微、彭、濮各族的勇士们……"这段话说明，武王当时就是西戎各部的盟主，丝路就在他们的掌握之中。

关中是丝绸之路东端的第一个农耕区，理解了这一点才能理解这里在唐以前中国历史上的重要性质。谁掌握关中，谁就能以农耕产业优势和稠密人口建立一支大军，控制丝绸之路。然而向西控制与经营丝路，与向东控制与经营农耕，是两条互相冲突的国家战略，西周和东周、西汉和东汉都遇到了这个几乎不可调和的矛盾。

镐京

周人非常有耐心地在华夏文明的西侧酝酿了很久，直到“三分天下有其二”，才一举灭商。然而，已经从游牧转化为农耕的周人并没有迁都到华夏腹地，比如殷人的都城安阳，西周的首都始终是西安（镐京）。《周本纪》的结尾专门谈到武王派召公去洛阳勘测建立东都的事，但洛阳的地位始终都是西京的陪都。陪都既是向东控制中原农耕区的行政机构，也是一旦西京被游牧民族攻陷后可以退守的第二选择。东出函谷关就是洛阳，周人选择洛阳为陪都，说明他们的战略重心还是在关中。

选择关中就是选择丝路战略。西周王朝只要掌控着丝路，就能建立起相对于东方华夏诸邦国的相对优势。从宏观和大历史的角度看，源源不断的来自地中海文明圈的先进新奇的产业技术，和宗教思想才是支撑周天子的分封体系的战略基石，而不是周礼。西周丢掉关中其实就是亡国。

晋

甲骨文的“晋”，就是“插在箭袋里的两支箭”。其含义就是“针对北方游牧民族而做的战备”。换言之，在周天子的分封体系里，晋国公这个爵位及其封地的使命就是阻击北方游牧的战略防线。“晋”这个字的起源当然不是地名，而是游牧与农耕生态关系的产物。

从大历史的视角看，三晋这块土地始终就是农与牧两种文明互相交错的地

“晋”的甲骨文

区。农耕强时，则最北方的代郡和雁门关就是打击北方的要塞基地；游牧强时，则南端的运城就是游牧民族威胁华夏政权的尖刀。所谓三晋，就是夹在太行和吕梁两座南北走向的山脉之间的平原谷地，三晋就是从北到南扼守这条通道的三个军事要塞。太原居中，兼顾南北，所以自古就是一个屯田的兵营。

燕

燕子是一种候鸟，冬季看不见它们，春天一到就飞来。它在我们的房檐下筑巢，从定居者的生活方式中获取粮食和寄生虫。这就是游牧民族的本性：他们是季节性的劫掠者，又像麻雀一样无法被驯化而成为宠物。

“燕”也是周天子册封的姬姓一等公国。《周本纪》说第一代燕国公是武王和周公的兄弟召公奭，但我猜测这是一支归顺了周天子故而被赐姓姬的北方游牧。当华夏天子强大时，燕就是对抗更北方游牧民族的战略缓冲国；当华夏衰败时，这里就是女真、高丽或者安史之乱。

嬴

《史记》曰，秦的祖先被舜赐姓嬴。就是说，秦人自古以来就是中国人。无论《史记》多么恨秦始皇，也只好将其纳入华夏，否则承认华夏皇帝是蛮族岂不更丢脸。

小篆的“嬴”，就是一个“贩卖货物获取利益”的商队。这个字既透露着非农耕的商人属性，又直接指向丝路贸易。我把嬴理解为：“武装护卫丝路商队的镖局”，他们就是西戎。这个嬴姓氏族完全复制了周人的战略路线，首先栖身在华夏文明圈的西侧发展农业，然后入主华夏。

“嬴”的小篆

《秦本纪》说秦人起源于山东，后来经由山西，活跃于陕北和陇西，这个说法和后稷的儿子不做华夏的农事师，跑到西边做了西戎如出一辙，目的是把后来入主华夏的西戎说成本来就是中国人。

《史记》上关于秦人祖先们的说法只能被当成传说，这些传说的用意就是把秦人的祖先说成是华夏之子，这样就可以不用承认统一中国的秦始皇其实是西戎。秦人第一次出现在华夏历史上，是周幽王受到犬戎的进攻镐京沦陷之际，秦人护卫西周王室东迁洛阳有功（前770年）。接任幽王的周平王因此把关中这片已经丧失的国土册封给秦人，为一等公国。而秦人就从西戎手里夺回了这片失地，名正言顺地称秦国公。很多人的注意力集中在周平王给秦人开出的只是一张空头支票。我觉得这个故事的用意仍然是“周天子正式册封了秦人为秦国公”这一核心情节上。如果说舜曾经赐秦人的祖先姓嬴只是传说，那么这一次周平王的册封则显得很真实。《秦本纪》的前半段里有很多次记述周天子与秦人之间的互动，但秦国的历史真正开始清晰起来却是从商鞅变法为起点的。

赵

“赵”是从“嬴”姓中衍生出来的一个氏（姓大氏小）。秦始皇其实既不姓秦也不姓嬴，而是叫赵政。

《史记》称赵氏祖先曰“造父”。“造”与“赵”同音，而且都有一个“走车旁”，这个走车讲的就是其非农耕的属性。说白了，这是一支骑马或者驾马车打仗的军队。

“赵”的另一边是“肖”，“肖”就是“小肉”，其本义就是“我儿子像我”（惟妙惟肖）。所以，赵人原本就是一支骑马打仗的职业军队，当这伙胡人介入华夏农耕区之后，华夏文明被迫接受其存在。周天子以“赵”赐其姓，既指出其非华夏的胡人特性，又说他们就是华夏之子。可是如果真是亲儿子，比如鲁、蔡、卫，根本无需强调这层父子关系。

姓氏

所谓姓，原指周天子分封的一等公爵的爵位，其原意就是周天子的儿子们各从其母所获的血统、爵位、封地。他们都姓姬，但从其母各自获得了“氏”，也就是其公爵的名分。姓氏起源于西周的分封制，就是以血缘关系为核心基础的贵族社会等级制。

姓氏在秦汉发生了一次重大变革。西周封建制下只有贵族才有姓氏，秦汉实行郡县制，国民按户登记，每户赐一姓，曰“编户”，所有户籍一律平等（废除贵族享有的世袭等级特权，大家机会均等），曰“齐民”。这是为了建立扁平化的社会组织，并从每户中征税。所以秦汉户籍姓氏制度目的与含义与西周的姓氏文化正好相反，一个是整编下层社会，另一个是建立社会最上层的贵族文化。

后来中国的姓氏文化杂糅着上述两种内涵，既有身份证的作用（便于管理和收税），也有表明血缘身份高低的意思。

周召共和

“共和”一词古今所指差别极大，我们谈谈古代的含义。

武王驾崩，未成年的成王即位。武王的两个兄弟周公和召公联合摄政，《史记》曰“周召共和”。这件事是否确有其事其实根本不是重点，重点是汉朝的儒家把他们的阶级利益与政治抱负塑造在这件事之中了。摄政大臣辅助君王，君王只有名分，权力归摄政者。儒家史官把这塑造成为历史上的真事，以此为后世提供了效法的典范。

《殷本纪》还编造了一个叫伊尹的人，也是大权在握而且可以训斥君王的摄政大臣。简单说，伊尹就是周公的前传。而且，《史记》写得很清楚，伊尹和周公都是世袭的，周公的儿子还是周公，伊尹的儿子还当伊尹！换言之，傀儡王还当傀儡王。诸葛亮不就是另一个周公吗？他规定小皇帝读什么书，娶谁当皇后，还可以废黜皇帝另立新君。在周公、诸葛亮的光辉偶像的背后，我看到的是儒家阶级表达他们的诉求表达的既恬不知耻，又无法无天。

武帝托孤，就是三人共和。咸丰遗嘱，任命了八个顾命大臣。结果呢？中国历史上有多少次浩劫就是由于“共和”而生，但在儒家编修的史书里，根本不反省这些篡位与禅让的闹剧。全是大骂宦官和外戚的，为什么？

封建制

武王立国后的第一件事，就是册封姬姓和姜姓诸子为诸侯王。这就是被表述为周礼的封建制。封建或封建制一词，从学术角度说可以有多种解读，但其原始含义就是“以血缘的正宗性与继承顺位为标尺，分化社会等级与权利的社会组织体制”。封建制是金字塔形的社会组织模式，权利与责任的逐层分解。其结构非常稳定，即便君王能力较弱，或者社会组织内部的信息反馈系统并不健全，再或者社会上层建筑建设不够完备，局部的问题都不足以让整个结构迅速崩塌。封建制非常古老，而且非常有效，极少数的几个甚至一个精英家族就可以有效地组织起一个很大的社会组织。

血缘制经历了从母系到父系的重大转换，父系血缘制的核心，就是以金字塔尖的父亲王为元点，各位王子按顺序建立起来的封建社会组织的最上层，其下再依照这个模式建立各自的小社会。

封建君主之所以愿意分解他的权利，是因为这种制度是在以整个贵族阶级的力量建设社会组织秩序。封建制最大的问题在于它只建设金字塔的上层，最多只到中层以上的上层建筑，作为其基础的社会最下层阶级则被忽视、被剥削、被压迫，而且封建社会必然追求社会阶层固化，社会权利也被固化。如此一来，这个社会必然僵化。

《史记》的编辑体例就是封建制的体现：“本纪”就是天子血缘的正宗性和他的时代；“世家”就是诸侯血缘的源流及其封地上的大事件；“列传”就是诸侯家里的卿大夫所做的特殊贡献；占绝大多数的社会下层只是背景性的群众演员。

公元前 500 年前后，波斯国王大流士发明了一种全新的现代国家体制。100 年后，中国人听说了这个发明，并开始尝试着也建立这种新型国家。这就是郡县制。

从春秋到战国

从春秋到战国发生了怎样的转变？《史记》以“三家分晋”作为战国时代的开端：晋国的三家卿大夫瓜分了晋国公的权力和封地，并逼迫周天子册封他们三家为侯爵，而已经式微的周天子也封了他们侯爵位。这就是“礼坏乐崩”。

把“礼坏乐崩”理解为道德沦丧和传统的丧失是对真正问题的回避和歪曲。“礼坏乐崩”的实质是周礼所表达的封建制不可挽回地衰败。这是任何一个封建制政体的必然结果，比如东晋。

《史记》的战国史就像其开端的三家分晋一样，是华夏文明沿着礼坏乐崩的斜坡滑落下去，最终酿成集所有恶事于一身的秦出现。而纠正这一错误的方式就是复兴周礼。这个责任就落在儒家的肩上。

从春秋到战国，其实发生了一系列极为重大且本质性的变革：

比如铁器和冶铁技术经由丝路的传入。铁用于兵器和农具都显示出比青铜更大的优越性，这件事极大地促进了农业和军事的重大升级。冶铁技术一经传入就被国家垄断，因为是战略性的技术。

春秋的战争是贵族式的、以高举周礼的天道伦理大旗的讨伐性战争。战国时战争的目的就是夺取邻国一切的灭国战争，而且战争的强度、战术、规模和战争动员都是春秋的公候们闻所未闻的全新形态。这是一种深刻的社会变革造成的形态变化，《史记》对此不仅一字不提，在从春秋到战国转折的这段历史中，《史记》出现了70年的记载空白。

战国也是希腊哲学和诡辩术大量流入中国的时期。战国的诸子百家个个是慷慨激昂的辩论能手，这与孔子那种优雅舒缓的贵族风格差异巨大。比如墨子、孟子，终日游走于各国宫廷，这是孔子不齿的。

百家争鸣

百家争鸣是中国历史上极为罕见的“哲学繁荣期”，因而异常珍贵。其时代背景是：原有的建立在农耕文明基础之上的周天子分封体制，受到来自西方的郡县制，以及其他产业、哲学和军事技术的入侵，日益摇摇欲坠。华夏文明在这一刻失去了方向感，各种原生的和舶来的哲学在王权衰微的背景下野蛮生长，这就是百家争鸣。“大一统”就没有百家争鸣。马丁·路德宗教改革能够成功，是因为罗马教皇的权力管不了德国、瑞士、荷兰的各位领主。同样的，周天子式微，各路诸侯王才能豢养他们各自喜欢的哲学家。

我始终觉得，真实的百家争鸣一定比汉朝儒家为我们塑造出来的样子要丰富得多，也精彩得多。可惜这是一个无法追查的问题。

不应忽视的是，百家争鸣和新文化运动一样，都是浮躁和消化不良的时代，其中有很多受到刺激之后的过激反应。如果说中国缺少一个启蒙运动，他就不应忘记，发生在欧洲的启蒙运动是以文艺复兴以及伽利略开创的近代物理学的革命为其土壤的。哲学需要孕育。一个民族若想独立就必须拥有他自己的哲学。这个民族若想领导全世界，就必须拥有最先进的哲学。

一种新的哲学就意味着一个民族新的可能性。

可惜哲学天生营养不良，非常容易地就做了王权的奴仆或者刺刀下的顺民。然而我们也必须牢记尼采说过的话：最伟大的哲学就是历史上发生过的最伟大的事件。因为历史一再证明，如果出现一位热衷于军事和哲学的君王，几乎注定要出现改天换地的大时代。

秦

“秦”这个字，上半部是两只手握着一根杵，下面是两个“禾”，说的就是收获粮食。换言之，秦就是个“粮仓”。秦人的属性从“嬴”或“赵”转变为“秦”，就是他们从西戎转变为农耕社会的写照。秦国是从商鞅变法开始，尤其是定都咸阳和实行郡县制之时，才摆脱了其“嬴”姓的犬戎本性，转为“秦”这个极具农耕含义的本质特性。

秦的崛起几乎就是当年周崛起的翻版：以西戎的身份占据关中的周人首先完成了从游牧到经营农业社会的生产方式转型，接受商纣王的册封号称“西伯”（华夏农耕区西侧的伯爵），融入华夏农耕文明，然后吞并东方诸夏；秦人则以军事上的胜利获得周平王的册封，从“嬴”和“赵”人转变为秦国公，最终统一中国。

事实证明，关中盆地并非西戎与华夏之间的战略缓冲国，谁占领关中，谁就是华夏的霸主。有文字记载以来的三千年华夏史，从西周到先秦的第一个千年，以及从秦汉到唐的第二个千年，长安和丝路一直是重心之所在；从宋到清的第三个千年，重心转移到大运河一线。

商鞅变法

商鞅变法是秦国国家道路的转变，更是西周封建制社会结构的革命。它为华夏文明注入了一股闻所未闻的新东西，从《史记》对商鞅变法以及秦的态度可以看出，它极大地刺激了华夏传统的神经，因为它从根本上触动了西周封建制的建筑基础。

其实在商鞅之前，李悝在魏国，吴起在楚国就发起过变法，且内容大同小异。就是以一套绩效考评制度重新确立每个人的地位和待遇，或耕织或从军，每个人都能以个人对国家的贡献获得相应的社会地位。须知，这些变法是以破坏并废除华夏文明原有的封建制社会为前提、道路与目标的社会结构的深层革命。这就是为什么属于华夏的魏国和楚国，变法都遭到失败，而在非华夏的秦国却能成功。

所谓“废井田，开阡陌”就是两千年前的土地革命。它必须首先摧毁分封制下的贵族领主土地所有权，由国家将土地重新分配给每一户。这种重新分配土地的过程最好是伴随着对旧社会的军事意义上的消灭同时进行，商鞅变法出台了与之配套的军功爵制度，就是以军功而非血统定义军人的社会等级，这同样是以破除贵族世袭等级制，将全体国民一律平等对待为基础的社会体制变革。建立强大的农业产业基础与发展强大的军事力量，在儒家治国理念中这是两个无法调和的根本矛盾，但在商鞅变法的伟大实践之中，两者互为手段、互为目标地紧密结合在一起，最终塑造出一支摧毁西周封建制，将中国历史从先秦变成后秦的力量。

商鞅变法及其郡县制，就像甲骨文一样横空出世，在华夏文明史上没有任何先行的实践。如果我们对照一下发生在商鞅变法之前 100 多年波斯国王大流士的郡县制改革，就会发现连细节都是一样的。联想到秦人本来就是一支经营丝路的职业军队，他们接触到大流士的郡县制就是很自然的事情。

《史记》以商鞅最后被车裂的讲述代替了对商鞅变法的正面评价。这就是儒家史官在记述商鞅变法这件事上的阴毒，他们当然完全反对商鞅变法，却又无法忽视商鞅变法对华夏文明的巨大冲击，于是《史记·商君列传》大快人心地讲述商鞅被捕以及被车裂的情节。

《战争论》

毛泽东大概是受列宁的影响，在延安的时候认真阅读了克劳塞维茨的《战争论》。这本书说，拿破仑的法军之所以可以横扫欧洲贵族公国，根本原因是法国大革命首先发动了全民动员，法国人民现在是为法兰西而战。

同理，日本在日清（甲午）和日俄两场战争的胜利也是首先发动了下层社会动员。而日本在抗日战争中对中国的不胜，主要就是因为中国共产党领导的人民战争。毛泽东领导的中国共产党不仅用人民战争，打败了国民党贵族，甚至打败了美帝这个世界头号军事强国。纵观两千年前发生在秦国的革命，与发生在两千年后朝鲜和越南的两次对美战争，一直以来被儒家精英歪曲了的真理就会显现出来。

黄仁宇曾经做过辽沈战役时国民党东北剿总司令郑洞国的副官，他在总结国共两党得失的时候说，共产党赢在对下层社会的整合。

冷战胜利后的美国被国内军火集团控制，着力发展高精尖武器，然而伊拉克和阿富汗两场战争证明，美国人的这次军事变革严重背离了战争基本事实。失败是纠正各种错误的药方。

立木建信

商鞅在都城的南门口立了一根木桩，说谁把木桩从南门扛到北门，现场发钱十金。商鞅要以此证明他说的事虽然很离奇，但却是真的。

立木建信是商鞅与秦国传统封建贵族势力之间争夺社会下层民众的一场舆论战。封建制的基础其实就是下层社会，封建贵族这朵鲜花必须插在下层社会这堆牛粪之上。所以商鞅首先就是搅乱社会下层人民的头脑。一直以来，社会下层阶级认为，他们与贵族阶级之间这种统治与剥削的阶级关系是天经地义的，这种关系无处不在地体现在生产和生活，娱乐和文化各个领域，其表现形态就是郁郁乎文哉的周礼。商鞅动员他们起来革命的方式很简单，就是首先在他们的头脑里制造一种狂热和混乱。

大流士的郡县帝国

大流士（前 558—前 486 年）与孔子的生卒年几乎相同，这位篡位者通过一系列的变法把居鲁士冈比西斯的波斯建设成为人类历史上第一个郡县制帝国。此人不仅是商鞅、秦始皇的老师，也是奠定现代国家体制的伟大实践者。

他首先强化君权神授的思想。君权神授废除了封建贵族层层分解君王权力与责任的封建制，一切官员都出于君王及其中央办公机构的任命。在理论上，君王是天神唯一指定的他在人间事务的代理人，所有其他贵族不再直接承担来自天神的责任（责任意味着权力）。换言之，君权神授的君王变成了神或者半神。董仲舒后来为汉武帝量身定制，再次抛出君权神授理论，为武帝的帝国提供了理论基础。后代君王失去了意识形态最高领导权，其地位和角色被儒家塑造为“仁君”。儒家依然以周天子与分封贵族之间的分封关系定义郡县制帝国皇帝与群臣的关系，这种巨大的错位在宋明两朝表露得非常充分。

大流士把全国划分为 20 个省，由中央政府任命各省的总督、省军区司令和独立税务官，三权分立，互不归属，各自独立向中央负责。这就是郡县制。

在全国设立 5 大军区，建常备军，军事指挥权直属国王。主要任务是对内镇压叛乱。

修建帝国直道，保障中央与地方官僚体系之间信息交流通畅。帝国直道也是国内贸易和保障军事调动机动性的基础设施。统一全国的货币和度量衡，货币具有消除各地文化差异的神奇作用，从而逐步塑造全国统一市场。

这一切都被商鞅和秦始皇完整地复制到秦国。包括大流士在首都波斯波利斯建了一个世界主题公园，把被波斯征服的国家分别建一个微缩景观；以及大流士一直保持在帝国疆域内巡视的制度（因为没有报纸电视）。秦始皇比大流士做的更多的是统一文字和意识形态，从而彻底结束了春秋战国华夏诸邦的封建割据状态。这才是建立大一统帝国的必做之事，从此统一成为常态，分裂为变态。

楚虽三户，亡秦必楚

秦始皇自称“始皇帝”就是要开创华夏文明全新的场面。“皇帝”和周天子所称的“王”完全不同。这就是为什么，聚集在“楚”的旗帜之下的反秦复辟势力发动的是一场封建制与郡县制的大对决。

有人说项羽对秦的残暴迫害包含一种华夏文明对域外文明必欲除之的本能敌视，这话说对了一半。亡秦之战的本质是封建贵族对新兴的郡县制的疯狂反扑，而《史记》故意回避这一本质，把舆论焦点聚集在秦的道德问题上。《史记》把项羽提拔为本纪，又把陈胜提拔为世家，不就因为他们是亡秦的主力军吗？

陈胜吴广起义原本是一场完全可控的下层社会叛乱，而最终颠覆国家的绝非这伙暴民，而是趁机死灰复燃的封建旧贵族。他们曾经彷徨，不知道封建制的未来在哪里，现在好了，只要反秦就行了。但是秦亡了之后，中国将向何处去？《史记》给出了答案，那就是继续骂秦，甚至不惜大肆编造谎话。

“百家争鸣”是封建制走向衰败之际中国道路的哲学大辩论，现在他们用反秦的仇恨与非理性代替了对真正问题的严肃思考与实践。

屈原投江的神话原型

在《史记》里，商鞅是个成功的小人，而屈原是一个失败的君子。屈原是楚国贵族，他更是华夏传统文化的杰出代表，他的任务就是联合东方各国抗击秦国东扩。然而这一任务是悲剧性的，他以投江自尽的壮举提醒诸夏：华夏文化是多么的美丽，又是多么无可挽回地即将遭到强盗的蹂躏。

时过境迁，今天的人们已经感受不到端午节曾经是被用于纪念野蛮部落入侵华夏而设立的悲剧性节日。每年五月初五，中国人要以吃粽子纪念屈原投江。吃粽子和屈原投江之间有何关系呢？

《旧约·出埃及记》里关于摩西出生的记载是这样的：法老听说有一个希伯来男婴即将出生，这个人将颠覆法老的权力，于是法老下令杀死每一个希伯来人新生的男婴。摩西出生后，母亲不敢留下婴儿，就把婴儿放在一个箱子里，四周用柏油密封好，把箱子放进河里。箱子顺流而下，正好法老的女儿在河边，她从水里捞起箱子，并把婴儿当作自己的孩子养大成人。本文在讲述周的祖先弃的时候就讲过这个非常经典的神话，其含义是新生的婴儿从水里经过一趟，然后重获新生，并将长成为杀死父王的大英雄。

“箱子”这个词在《圣经·旧约》里一共出现过两次，另一次是诺亚在大洪水中乘坐的那个方舟。方舟的造法就是一只“四密的箱子”，因为地上充满了罪恶，上帝要用大洪水毁灭全地，方舟是承载着人类渡过罪恶世界奔向未来的唯一希望。这就是屈原投江神话的诉求：秦就是充满罪恶的世界，屈原则像粽子一样把自己藏在一只四封密闭的箱子里。他必将过水而重获新生，成为秦的终结者。

“筑台拜将”背后的军事变革

韩信以项羽军中执戟郎中的身份参加了鸿门宴，也是亲历者。鸿门宴散席后，韩信认定项羽非天下王者，转投刘邦。什么叫“非天下王者”？鸿门宴让所有人明白了一件事：眼下的和平是假象，天下非打出一位总霸主不可。只有项羽项伯叔侄俩依然活在幻觉里。项羽是要做天下人的大哥，他就是因为这个才没杀刘邦。

投奔刘邦后，韩信过得并不开心。后经夏侯婴的全力举荐，做了一个仓库管粮的小官。然后萧何再次向刘邦举荐重用韩信，刘邦不肯。然后就是萧何追韩信，半说服半逼迫刘邦任命韩信为大将，而且筑拜将台，仪式搞得很大。这段故事想说什么？是说萧何慧眼识人？是刘邦善于听取意见？还是衬托韩信未来兔死狗烹的悲剧结局？

刘邦为何一再推脱重用韩信？夏侯婴和萧何反复力荐，说明韩信肯定是人才，刘邦却为什么一再推脱不用韩信？李开元在《楚亡》一书中比较隐晦地指出，此时刘邦需要面对的是如何面对从沛县起兵时就一直追随着他的“砀泗楚人军官团”（来自砀郡泗水郡的刘邦旧部，比如樊哙）。“筑台拜将”就是萧何、刘邦、韩信串通好了演给军队实力派的一场戏。启用韩信意味着一场军事体制的重大变革，在此之前刘邦首先必须打破固有的权力体系。

韩信要搞什么军事组织变革呢？刘邦和韩信的一段对话记录在《史记·淮阴侯列传》：韩信列举了项羽的三大弱点以及刘邦的三大优点，结论是：转弱为强，以弱胜强完全可能。但这些并不是重点。李开元指出，韩信汉中对的真正精华是“申军法”。

具体内容就是：自商鞅变法以来，秦军逐步建立起一套军事体制。以20等级的军功爵制为核心的这套军事制度，包括了军队的编制训练、征兵动员、旗鼓通讯、退役抚恤，还包括军人转业、社会待遇等基层组织建设等方方面面，几乎牵扯到整个国家体制。换言之，萧何、刘邦、韩信发动的这次军事变革，其实质就是将这支楚军变成秦军。

萧何其实是这场变革的总导演。当初刘邦攻入关中占领咸阳之后，萧何立刻截获了大量秦朝国家档案，包括户籍、行政体系、军队管理。说白了，萧何进咸阳之前就明确地要效法所谓秦制，（就是后来所谓的汉承秦制）然后他又带着这批文献入汉中。他一心想搞的就是秦始皇的郡县制。韩信肯定是人才，然而萧何追韩信就是为了在汉中搞这次体制改革。

所以，暗度陈仓重新夺取关中之后的汉军其实就是一支秦军。这支军队对项羽的最后胜利是萧何的胜利，也是秦始皇商鞅的郡县制对封建制的胜利。

刘邦的建国之路

《史记》把刘邦描写成一个奸雄和无赖，那些绘声绘色的细节无论是否真实我认为都不是重点。刘邦真正的缺点是缺文化。

刘邦以反秦和复辟封建的旗帜起兵：对外，他因此获得了大批贵族势力的支持；对内，有功之臣等着封赏。但他至少在汉中的军事变革之中，深刻地理解了秦和郡县制。但却只以模糊的“汉承秦制”这个说法，代替了光明正大搞郡县的国家道路。

刘邦在汉中或在关中，应该掀起一场关于未来国家道路的大讨论。但他没文化，无法首先占领意识形态高地，故而只能一再运用权谋。韩信就是这一权谋造成的典型悲剧，可是韩信既然是汉中郡县制军事组织变革的主导者，却对刘邦要搞郡县的真实意图完全误解，也是利令智昏。打败项羽后，天下诸郡的实际占领者仍然是各地的王，刘邦必须加封其为王。刘邦的建国道路就是能郡县则郡县，不能则封王，然后再以“谋反”罪诛杀异姓王。

刘邦最大的战略失误就是从未光明正大地说他就是要搞郡县。他以刘姓王代替异姓王，可是周天子当年分封的不就是同姓王吗？同姓王和异姓王其实毫无区别。对比景帝朝晁错削藩和武帝朝以“君权神授”和“推恩令”成功削藩这后两件事，就可以理解前后三位皇帝究竟为何而战。

外戚

《史记》不记《惠帝本纪》而记《吕太后本纪》，为什么？如果说因为吕后是实际的专权者，随后专权的窦太后为何不记本纪？太后专权，在吕后之前和之后的历史上多的是，但唯有吕后有本纪。说白了，《史记》这是暗指吕后要篡位做女王。不仅如此，《史记》在吕后这一段里还发明了一个词叫“外戚专权”。罪名仅次于女人篡位，和“宦官弄权”不分上下。

在隋唐创立科举制以前，执政者通过政治联姻扩大权力基础——就是外戚，这种事极为普遍，且几乎无法回避。比如汉武帝就毫无顾忌地大量启用卫青、霍去病、李广利掌握国家核心权力，《史记》对此并无负评。说到底，无论外戚还是宦官，都挡了权臣和贵族的道。《史记》以及儒家后世所有史书丑化外戚和宦官，就是指鹿为马。（问题是，大多数人根本没见过那只鹿，却无不随声附和“就是马，就是马”）

吕后能做的，就是继续强化中央，尤其是启用外戚控制军政大权。但刘姓诸王知道他们不过是刘邦削藩的过渡棋子，所以拼命屯兵自强，广泛结盟对抗中央。吕后一死，帝国中心权力体系崩塌，封建贵族和刘姓诸王立刻政变。他们从山西找来毫无根基的刘恒，立为汉文帝。

这位被后世儒家歌颂为中国历史上开启“文景之治”盛世的傀儡皇帝，上任伊始就是嘉封各位消灭吕氏集团的有功之臣为封建诸侯。随后宣布本朝奉黄老之学为最高意识形态纲领，君王实行“无为而治”，就是像个偶像一样端坐在君王的宝座之上，具体权力全部交由拱卫在君王之侧的封建贵族们去做。这是谁的盛世？

霸陵和杜陵

西汉皇陵沿着渭河北岸一字排开，这是刘邦定都长安制定的一项配套性的国策。目的有两个：一是自古长安最容易受到来自北方和西方的进攻，比如唐太宗朝突厥人就是从北方一直打到渭河北岸，太宗赶快收拾长安城内所有金银细软拿给突厥人才保住了长安城。所以刘邦要把耗费国家财政近三分之一修建的皇陵，同时建成保护长安的军事要塞。二是各地贵族世家都必须举家迁往皇陵之侧的陵邑，给他们很高的政治待遇，但这相当于软禁各地封建贵族于长安城旁边的新建小区。董仲舒、孔安国都是陵邑子弟，大概是因为整天闲着没事，只能读书。汉高祖刘邦的陵叫“长陵”，第二位皇帝汉惠帝的陵叫“安陵”，两个字合起来就是“长安”。

可是汉文帝和汉宣帝的陵址是两个例外。文帝霸陵在西安东郊灞河岸边，宣帝杜陵在今长安县三兆原上，都在渭河以南。这是为什么？《汉书》给出的解释是因为孝，且符合西汉一朝的礼制。可是如果因为孝，可以把母亲的坟迁到咸阳原上；而且如果因为孝文帝的儿子景帝的陵应该也随其父葬在霸陵之侧，所以那个礼制是说不通的。我认为——

文帝是反吕集团的大佬陈平周勃立的皇帝，把文帝陵址排除在西汉皇家陵园之外，是在警告新立的皇帝：我们可以立你，也可以废你。宣帝一样，霍光先废了昌邑王刘贺，用事实证明给后立的汉宣帝刘询“不听话就废你”。文帝和宣帝两朝的权臣们这么做，离篡位也就只有一步之遥。因为黄帝的血统是古代皇权体制的核心，把陵址选在皇家陵园之外，意味着你的血统并不纯正，最多是粉红。

汉武帝

中国历史上的改革分两种：一种是李悝、商鞅、王安石、戊戌变法这种，几乎都没有好结果；另一种就是秦始皇、汉武帝和大流士这种，他们自己就是君王，而且是官二代，政治资源雄厚，做事稳准狠。

武帝要做的第一件事就是削藩，这是刘邦、吕后以及文景两朝给他留下的一笔负资产。武帝刘彻不是刘邦，他的革命首先发起的就是意识形态战。由董仲舒提出君权神授——这就是郡县制。然后以“罢黜百家”建立大一统帝国必须具备的意识形态统一；以“独尊儒术”针对黄老之学。其实董仲舒的儒学是道家、墨家等先秦诸子思想的集成，并无“独尊”。所谓“独尊”还是强调意识形态统一。

说汉武帝的榜样是秦始皇是不准确的，两人甚至有本质的差别。武帝在战略上处处妥协，他不像秦始皇那样意欲消灭封建贵族阶级，而是以察举制吸纳贵族子弟进入国家权力体系；他打击黄老之学，又派董仲舒暗中把道家吸纳进国家意识形态之中；他削藩，推行的却是让子孙一同享受祖先遗产的“推恩令”。汉武帝无疑是华夏文明史上排名前五的伟大帝王，但他实现的只是刘邦的郡县制帝国，他并未深刻理解秦始皇的理想。

汉匈战争

事实证明长城从来就是一个只能骗华夏自己却骗不了北方游牧的谎言。在明朝，这个谎言达到了最高峰。秦始皇也修长城，但秦长城的主要作用是在心理上隔绝游牧与农耕两种文明，秦朝北拒匈奴的真正力量是蒙田在河套地区就地军屯的 30 万大军。

华夏南北关系的历史常态就是“和亲 + 贸易 + 长城”，这是一种容忍北方劫掠的不得已的对应策略。2000 年以来，只有秦始皇、汉武帝、唐太宗和朱元璋四朝完全扭转了这种局面。

这是郡县制的胜利。当汉武帝成功地削藩，真正把中国建成一个郡县制的帝国，可以在全国范围内统一行政，编户齐民，从每户抽丁抽税，才能动员起数十倍于匈奴的大军。和秦一样，武帝朝首先发展的就是农业，汉匈战争从产业基础角度看是两种文明生产方式的较量。从军事角度说，武帝的战略很简单，就是毛泽东说的“你打你的，我打我的”，汉军既不建立防御体系，也不寻求与匈奴主力决战，而是直捣匈奴腹地，捣毁其都城、人口和畜牧产业基础。

有人说，“和亲 + 边贸”并适当容忍劫掠的战略看似被动，却节约了巨大的军费开支，这不是更好吗？但是汉武帝和唐太宗两朝北拒匈奴突厥之后，开启了华夏文明和地中海文明之间的东西交流。汉唐两朝在文化、军事、产业、宗教哲学和科学技术方面的伟大进步，极大地得益于实际占领了西域绿洲。打通东西交流的前提就是首先解决南北问题。所以那时的长安不仅是远东的首都，而且是联通地中海世界的世界性帝国之都。

王莽的遗产

王莽把周文王、周公和周礼塑造成为华夏文明曾经达到的顶峰和后世的目标。事实上，王莽塑造了诸多属于“华夏文明核心基因”的内容。王莽“述而不作”，但我们绝不能因此就忽视他对华夏文明的影响。我认为这个民族之所以叫“汉族”，王莽的因素超过一半。

本书的任务是重新清点华夏文明的遗产，辨别真伪，重估其价值。彰显真理，暴露谎言的本来面目。如果本书并未说清“我们究竟应该继承哪些伟大遗产”，至少可以帮助人们建立新趣味，超越《史记》那些有趣但无聊的境界。

宋齐梁陈

魏晋南北朝的割据政权最喜欢选宋齐梁陈这种字，它们曾经是周天子分封的一等公国的名字，这些名字表露了他们的政治理想和国家道路。

科举制

隋文帝是汉武帝的粉丝，这一点史书上没说，也不会说，但他就是这么做的：首先是再次定都长安；其次是以郡县制重新统一中国；第三是恢复察举制。恢复察举制就是废除魏晋南北朝的“九品中正制”，即一套以血缘门第为基础的贵族爵位世袭制。这套察举制在唐朝，被进一步完善为科举制。

科举制是以革新者和战斗者的姿态登场的。它是一套公平和公开的面向全社会所有成员的考试体系，以公正和才能的名义取代了封建制固有的门第和世袭的观念。然而我们必须认识到，再公正再完善的科举制也只是对旧制度的改良与妥协，而非革命：考试的内容是读书，这正是贵族最大的优势。优质的教育资源和应考技术确保了更多的贵族子弟科举中第。科举制的构思者就是以这样一种计算诱使贵族们同意放弃世袭制，接受了这种社会上下层平等应试，并以此确定社会等级的制度改革。“率土之滨莫非王臣”这句话里包含的就是这种平等观念，但它与欧洲宗教改革提出的“在上帝面前人人平等”还有距离。平等只是蕴含在其中，并未成为一种普世的原则和理念。

我们看看科举制为下层社会子弟打开的这道窄门：它为下层社会吹入了一股公正与平等的清新之风。我认为科举制真正的精华其实还不是上文所说的成功地说服了贵族放弃了世袭制，而是诱降了下层社会中的最优秀分子，让他们参与到上层社会之中。科举制的核心绝非推动社会上下层的平等，而是成功地将社会下层的不满转化为跃升成为上流社会的冲动。多么完美的诡计！

科举是华夏文明的独立发明。它产生于郡县制与封建制从西汉至南北朝长达600年的深刻较量——既是这一较量妥协的产物，也是造成这种妥协的原因。一方面，君王终于实现了将所有权力收归中央的"大一统"模型，废除了"北辰与众星"那种和谐共治的封建君主体制；另一方面，先秦传统贵族也终于摆脱了世袭封地模式，在新制度中，他们变身为操纵国家机器的官僚集团和社会文化精英阶级；第三方面，下层社会农民摆脱了对其领主的人身依附关系（至少在理论上如此），他们的利益与税收，希望与不满，成功与失败，现在都是与皇上直接发生关系的。他们永远见不到皇上，而是接受他的代理人的管理。皇上既然没收了封建贵族的统治权，也必须承担来自下层社会的直接反叛。

唐太宗的世界帝国

武帝的丝路战略是实际控制丝绸之路的东段，然后对西域和地中海各国开展贸易和文化交流。唐太宗以及盛唐的雄心更是要以武力占领西亚。他本身就是胡人，没有《论语》《史记》规定的"华夏"本土意识，他梦想的是一个华夏文明闻所未闻的世界帝国。

唐军首先解决了东西突厥和从未战胜过的吐蕃，从而完全解决了南北问题。高仙芝甚至在兴都库什山取得了胜利，（这是上世纪英美苏三个超级大国都没能做到的成就）可惜后来败给了正在崛起的阿拉伯。华夏文明差一点成为横跨两大文明体的世界帝国，可惜没能实现这一宏大的战略目标。正在崛起的阿拉伯人阻止了唐朝成为西亚的新主人，不然的话华夏文明就是横跨两大文明体的世界帝国。

唐朝在宗教、哲学和艺术方面的世界性空前绝后，佛教、伊斯兰、基督教（"景教"）极为繁荣。"大秦景教碑"记载，唐朝皇帝批准波斯人阿罗本在全国

100个城市建景教教堂。安史之乱后的唐朝是另一个唐朝，唐武宗"灭佛"清洗了所有域外宗教。儒家史官更是从华夏文明的记忆中完全抹去了这段他们不愿提及的历史。谁能为我们恢复这些伟大先辈创造出来的真实的历史，告诉我们一个真正的唐朝？

贞观之治

在宋儒修的唐史里，李世民文治武功的伟大成就被塑造成为"君臣和谐共治"的样板间！所以我质疑他们写下的每一个字。

从长安到汴梁

从唐到宋，新帝国的首都向东平移了1000公里。这里是华夏农耕区的腹地，大运河南北交通的枢纽。从长安到汴梁，华夏文明发生了一次极为深刻的转型：世界性的、开放性的、外向性的全球化战略被彻底放弃，从此，这个民族龟缩在远东一块乐土上过起一种小日子，就是《清明上河图》那种像蚂蚁一样忙碌而幸福的小日子。

宋朝放弃了东西交流战略，南北问题就逼上家门了。宋人以国家财政收入的一半豢养一支防御性的军事威慑力量，以数量和装备的巨大优势建立一套针对北方的防御体系。然而历史一再证明，这就是一层窗户纸一捅就破。比如宋明就是以相同方式亡国的。"杯酒释兵权"的实质是文官阉割武官，这是赵匡胤对安史之乱做出的消极反应。然而赵匡胤的这个策略却成为宋明清三朝的基本国策。朱元璋总结宋朝的教训设计文武分治、各自独立分别忠于皇权的体制，结果明武宗正德皇帝之后完全回到宋朝文官阉割武官的局面。清朝自己就是女真游牧，结果更惨。到了太平天国，官军已经毫无战斗力，而打败太平天国的曾国藩、李鸿章的民兵又完败给完成了军事变革的日军。

文官集团对这一事实完全不顾，睁着眼说瞎话。他们忙于饮鸩止渴，把眼前的阶级利益置于民族存亡之上。事实上，庞大而被阉割的官军只有两个任务：对外炫耀武力并宣扬平和（北洋水师的建军思路就是如此）；另一个更重要的功能是对内镇压叛乱。

农民暴动表面上声势浩大，烈火烹油，其实毫无军事素养，一击即溃。比如陈胜吴广起义在职业化的秦军面前完全不堪一击。然而，遭遇惨败却没被剿灭干净的农民军一旦建立了根据地，就会迅速完成军事组织与训练的职业化。根据地是农民军财政税收和兵源的基础，有了根据地农民军就会变成朱元璋、李自成和太平天国那样的颠覆国家的力量。

大规模的农民军叛乱是郡县制独有的问题，原因是权力和责任从层层负责的封建贵族手里收归到中央，帝国基层政权一旦出问题，就会导致民变。唐太宗的名言“水可以载舟，也可以覆舟”，说的就是这个问题。

上帝之鞭

历史从来都不是简单的重复。主题往往不变，但后继者由于有了前辈的实践，对同一主题总是做出全新的应对。

比如成吉思汗就是以全新的视角思考游牧与农耕文明之间的生态关系。他不再满足于劫掠农耕，而是用大屠杀意欲消灭农耕文明。就算这一目标根本无法达到，蒙古人的战争表现出一种想要尽量把草原游牧区尽量向南推进的方式。大屠杀常常被解释为蒙古军队采取的一种恐怖战术，目的是瓦解下一次进攻时抵抗者的信心，但这并不能掩盖蒙古人战争的目的就是消灭农耕文明。

这是两种文明残酷的大对决。游牧民族信萨满教，这与农耕文明信仰的教义宗教本质上不同。反过来说，汉武帝和唐太宗对游牧民族的战争也是残酷野蛮的种族灭绝。中国的史书极为热衷于讨论商纣王和秦始皇为什么亡国，却无视东汉、东晋、两宋和明朝为什么亡国。西方人说成吉思汗是“上帝之鞭”，是上帝对人类所犯错误的惩罚。成吉思汗纠正了很多农耕文明固有的观点，莎士比亚说得好：“瘟疫和战争可以纠正一切错误。”

蒙古人在中国的屠杀其实并不弱于西亚，元朝为了破坏华夏文明尤其屠杀了大量知识分子。以至于只有基督教和佛教的寺庙里才保存了一些读书人，朱元璋就是其中之一。蒙古人的这项政策对后来的中国历史造成了极为深刻的影响。明朝建国后，知识分子极度缺乏，以至于各级政府缺少足够的识字的人做官。朱元璋总结宋朝的教训，非常不喜欢知识分子，但明朝政府却出台了大力扶持鼓励知识分子的政策，包括笔墨纸砚免税和私人出版的自由。因为没有办法，朱元璋必须扶植汉文化，这成为他抵御草原帝国的战略支柱之一。然而，朱元璋这项临时性的策略就是明朝最终灭亡的原因。当崇祯皇帝说出“我非亡国之君，尔等都是亡国之臣”的时候，或许才会意识到亡国的祸根是在明朝建国的时候就埋下的。

五千年绵绵不绝

华夏文明既没有五千年，也没有绵绵不绝。汉朝人已经不认识甲骨文，如何能说绵绵不绝呢？这期间一定发生了重大的文化断裂。还有五胡乱华和蒙元入侵都是毁灭性的断裂。

从大历史的角度看，由于华夏文明相对独立于地中海文明圈，一方面可以长期偏安于远东，并容纳周边少数民族的冲击；另一方面，又由于它向西经由丝路与地中海文明圈相连，以及来自北方的毁灭性打击，造成了华夏文明不断地更新。

绵绵不绝其实不是好事，比如印度、沙特阿拉伯和日本就是被海洋、沙漠和高山阻隔的封闭性文明体，极少遭遇外敌入侵。文明体内部长期固化，很难对外部挑战做出有效对应。更极端的例子是美洲印第安人，与旧大陆文明隔绝了至少一万年，当西班牙人登陆美洲，结果就是种族灭绝。哥伦布在陈请国王派舰队西征美洲大陆的信上说：

“阳光每天都这样白白地洒在这片没有领受福音恩泽的大陆上，如此不合理的事情，上帝怎能容忍这种情况继续存在下去呢？”近现代崛起的每一个列强都一再用行动告诉我们，人类的历史从来就是一部全球化的历史，东西方文明之间的交流是不可能被阻断的。谁选择偏安，各种列强就会找上门来。

三条道路

三千年以来，华夏文明实践过以下三条道路：

第一条道路是封建制。秦汉以后它演变为半郡县半封建的精英政治社会。它时间最长，可以说是华夏文明的常态。

第二条是汉武帝和唐太宗对外征伐的外向型国家道路。战争是优先、紧急且最重大的选项，战争可以消除观点和利益的分歧，把什么都统一到战争意志之上。然而战争模式是不可持续的，因为没钱了。战争制造了国内产业和社会发展的不均衡，又掩盖了这些内部矛盾不去解决，尤其是军队和军工产业集团利益优先的特权。回顾二战以来美苏两个超级大国的对外战争战略，就可以清楚地看到这些问题。

秦始皇走出了第三条道路。

秦始皇把匈奴驱赶到北方，筑长城做出游牧与农耕的区隔。对内发动了一系列整合：统一文字、意识形态、货币和度量衡、建立郡县官僚体制、建立户籍制度。开展大规模的国土整治，修建帝国直道打通全国统一市场。这是深刻且不可逆转的民族统一，也是从社会结构的革命之中，从内部获取的进步动力。

收场白

有两个孔子。一个是“荣耀的孔子”，另一个是“困局中的孔子”。

有人从《论语》中读到的是荣耀的孔子，并且也只喜欢这个孔子。也有人读到后一个，困局中的孔子。

“荣耀的孔子”是那个光明的、智慧的、医治别人的不安、驱散他们的平庸与无聊的孔子。说出“人不知而不愠”的就是这个荣耀的孔子，就好像说出了这句话就可以战胜误解和孤独一样。但其实，想要靠词语的力量战胜孤独和误解，就像拿针扎小人一样只是一种法术。

说出“三军可夺帅也，匹夫不可夺志也”以及“君子居之，何陋之有”的也是这个荣耀的孔子。这是个因为充满了美德故而得意洋洋的孔子。他们最喜欢用谦虚装扮他的美德和智慧，并认为这就是可以修身齐家乃至治国和平天下的密码。

这就是盛行于今天各处讲坛上的那个高大上的孔子。然而我实话告诉你吧，这些美德与智慧并非属于孔子其人，那不过是他从他的榜样，以及从他所敬畏的天神那里借来的东西。

“困局中的孔子”是那个高喊“是可忍孰不可忍”结果却不得不忍的孔子。是“乘桴浮于海”，进退失据，命中注定漂泊在这茫茫的海上的孔子。是从卫国辞职之后，随即不知所终，最后对着苍天大喊“我要回家！”的孔子。是被楚国的一个疯子说中了心事，并且哑口无言的孔子。是面对阳货的提问，除了“是是是”之外一句话也说不出来的孔子。

“荣耀的孔子”就是所谓“鸡汤孔子”。鸡汤的可恶之处是，它像一个风箱，先把人吹胀，然后让你更加空虚（尼采语）。活跃在今天讲坛上的荣耀的孔子假装战胜了世上的苦难、丑恶和不公正。兄弟们，他们这是骗人的。而我们深知，这世上的苦难、丑恶与不公正是我们挥之不去的现实处境，故而只有我们才能学会如何忍受、如何面对。而真理总是诞生于龌龊与不安之中，圣婴诞生在伯利恒一个破马槽里，说的就是这样一个关于真理的出身的比喻。

这就是为什么我选择认同困局中的孔子，并认为这是正确阅读孔子的唯一方式。

这当然是真实的孔子，但荣耀的孔子也是真实的，这是同一个人的两个面。孔子的正直与勇敢，在于他毫无隐瞒地向我们讲述了他的困局。惟其如此，他的书因其诚实和正直才值得读。因为那里面写的，不是他一生中收割的智慧和美德，而是他的人生。惟其如此，我们读他的书，就会产生一种兄弟般的柔情。

这倒不是因为看到了他的缺点让我们感到安心，而是因为“他和我们一样！”在自我中迷失，在困境中彷徨。如果神祇没有在大雨中哭泣，我们又能从哪里学会悲伤（尼采语）。与孔子的相遇，是当我们在深夜的街道上游荡时，两个不知所措的故人的相遇。与他相遇，会让我们获得更深刻的智慧，从而让我们的人生之路从此上一个台阶吗？不，与他相遇意味着我们原来所走的那条路的终结。（至少是转折）当我们发现了作为榜样和参照的孔子在此无路可走之后，就会坚定我们的决心去走那条通往真理的新路。这才是他希望的，因为那里才是他的重生与拯救之所在。